Wirtschaftsethik in Russland

Christine Frank

WIRTSCHAFTSETHIK IN RUSSLAND

Gestern – Heute

PETER LANG
Frankfurt am Main · Berlin · Bern · Bruxelles · New York · Oxford · Wien

Bibliografische Information der Deutschen Nationalbibliothek
Die Deutsche Nationalbibliothek verzeichnet diese Publikation in der Deutschen Nationalbibliografie; detaillierte bibliografische Daten sind im Internet über http://dnb.d-nb.de abrufbar.

Gedruckt auf alterungsbeständigem,
säurefreiem Papier.

ISBN 978-3-631-63408-0

www.peterlang.de

Danksagung

An dieser Stelle möchte ich mich sehr bei der BMW Stiftung bedanken, die mich bei meinen Forschungen zu dieser Doktorarbeit umfangreich unterstützt und hilfreich begleitet hat. Herzlich bedanken möchte ich mich außerdem bei meinen beiden Betreuern der Universität St. Gallen, Herrn Prof. Dr. Florian Wettstein und Herrn Prof. Dr. Ulrich Schmid, die sich stets konstruktiv mit ihren Anmerkungen und Diskussionsanregungen in den Arbeits- und Schreibprozess der vorliegenden Dissertation eingebracht haben. Mein ganz besonderer Dank gilt allerdings meiner Familie, welche stets für mein Engagement mit eingetreten ist und damit das gesamte Promotionsstudium in einzigartiger Weise gefördert hat.

Christine Frank, Juli 2012

Inhaltsverzeichnis

Danksagung V

Verzeichnis der Abkürzungen XII

Abbildungsverzeichnis XIV

Tabellenverzeichnis XV

1 Einleitung 1

1.1 Vorbemerkung 1

1.2 Forschungsfrage und Thesen 2

1.3 Aufbau der Arbeit 4

1.4 Stand derForschung 5

1.5 Theoretische Konzepte 9

1.6 Methodik 10

1.7 Beitrag zu Wissenschaft und Praxis 11

2 Wirtschaftsethik 13

2.1 Integrative Wirtschaftsethik 13

2.1.1 Ulrich'sche Unternehmensethik 14

2.1.2 Unternehmenseigene Geschäftsethik: der Konsens in der Gemeinschaft 16

2.1.3 Ordnungspolitische Mitverantwortung: die demokratische Kontrolle 16

2.2 Zwischenbilanz 19

2.3 Forschungsschwerpunkt 20

2.3.1 Der dritte Weg 20

2.3.2 Die russische Praxis unternehmerischer Verantwortung 20

2.3.3 Die russische Transformationsökonomie 21

2.3.3.1 Die Transformation der Kapitalformen 25

2.4 Zwischenbilanz 27

3 Ethik des Wirtschaftens in Russland 29

3.1 Wandel und Kontinuität der Obščina 30

3.1.1 Die Obščina als Familienverband ... 30
3.1.2 Die Obščina als Interessengemeinschaft ... 31
3.1.3 Die Obščina als Verwaltungseinheit ... 32
3.1.4 Die Entwicklung der bäuerlichen Obščina ... 34
3.1.5 Die innerbetriebliche wirtschaftliche Obščina ... 36
3.1.6 Die außerbetriebliche wirtschaftliche Obščina ... 42
3.1.7 Zusammenfassung ... 45
3.2 Obščestvo im Spannungsverhältnis zwischen autoritär und libertär ... 46
3.2.1 Obščestvo als Gesellschaft mit orthodoxen Moralvorstellungen ... 46
3.2.2 Obščestvo als staatliche Herrschaftsausübung ... 48
3.2.3 Obščestvo als Sobornost' ... 54
3.2.4 Obščestvo als alternatives Gesellschaftsmodell ... 58
3.2.5 Zusammenfassung ... 60
3.3 Zwischenbilanz ... 61
4 Eine integrative Wirtschaftsethik für Russland ... 63
4.1 Solidarismus ... 63
4.2 Staatskapitalismus ... 64
4.3 Russisches ökonomisches Denken im 21. Jahrhundert ... 66
4.4 Die Entwicklung gelebter Unternehmensethik in Russland ... 69
4.5 Gelebte Unternehmensethik für Staat und Angestellte ... 72
4.6 Obščestvo – ordnungspolitische Mitverantwortung und die demokratische Kontrolle der Unternehmen? ... 76
4.6.1 Die Kirche ... 76
4.6.1.1 Die Grundlagen der Sozialdoktrin der russisch-orthodoxen Kirche ... 77
4.6.1.2 Der Kodex des Patriarchen über moralische Prinzipien und die Regeln des Geschäftslebens ... 79
4.6.2 Die Wissenschaft ... 82
4.6.2.1 Managementschulen und Fakultäten ... 83
4.6.2.2 Internationale Akademie für Philanthropie ... 84

4.6.3 Wirtschaftsverbände 84
4.6.3.1 Wirtschaftsethische Richtlinien für russische Unternehmen 85
4.6.3.2 Sozialcharta der russischen Wirtschaft 86
4.6.3.3 Memorandum – über die Prinzipien der sozialen Unternehmensverantwortung 88
4.6.3.4 Russische Partnerschaft für verantwortungsvolle Geschäftspraktiken 89
4.6.4 Staatliche Initiativen 89
4.6.4.1 Nationaler Rat für Unternehmensführung 90
4.6.4.2 Nationales Forum für soziale Unternehmensverantwortung 90
4.6.4.3 2006 – Jahr der Wohltätigkeit 91
4.6.4.4 Gesetzesinitiativen 92
4.6.4.5 Russische Sozialpolitik unter der Flagge der Wohltätigkeit 94
4.6.5 Zivilgesellschaft 96
4.6.5.1 Resonanz zivilgesellschaftlicher Akteure 96
4.6.5.2 NGO CSR – Russian Centre 97
4.6.5.3 Zentrum für Wirtschaftsethik und Unternehmensführung 98
4.7 Obščina – autonome Geschäftsethik der Unternehmen? 98
4.7.1 Rezeption von Ethikstandards in russischen Unternehmen 99
4.7.1.1 Unternehmerische Berichterstattung 100
4.7.1.2 Ethikkodexe 101
4.7.1.3 Sozialleistungen des Unternehmens 102
4.7.1.4 Investitionen in die soziale und kommunale Infrastruktur 104
4.7.1.5 Unternehmensstiftungen 104
4.7.1.6 Mitarbeiterbeteiligungen 107
4.7.1.7 Integrierte Unternehmensverantwortung 107
4.8 Leistungen der russischen Unternehmensethik 108
4.8.1 Sponsoring als soziales Mäntelchen? 109
4.8.2 Shareholder-Konflikte 111
4.9 Exkurse 113

4.9.1 Exkurs 1: Private Philanthropen in Russland und Familienstiftungen ... 113
4.9.2 Exkurs 2: Kleine und mittelständische Unternehmen ... 118
4.9.3 Exkurs 3: Ukraine ... 120
4.9.4 Exkurs 4: Belarus ... 123
4.10 Zwischenbilanz ... 126
5 Der gesellschaftliche Mehrwert ... 131
5.1 Ökonomische Autonomie und soziale Sicherheit ... 131
5.1.1 Das Schaffen des gesellschaftlichen Mehrwerts ... 133
5.2 Generieren des gesellschaftlichen Mehrwerts in der betriebsinternen wirtschaftlichen Gemeinschaft ... 136
5.3 Generieren des gesellschaftlichen Mehrwerts in der betriebsexternen wirtschaftlichen Gemeinschaft ... 139
5.4 Beispiele russischer Unternehmen ... 140
5.4.1 Beteiligung schaffen ... 141
5.4.2 Selbstorganisation fördern ... 142
5.4.3 Ressourcenallokation im Unternehmen ... 143
5.4.4 Sichtbarkeit schaffen ... 144
5.5 Zwischenbilanz ... 146
6 Anforderungen an Unternehmen ... 149
6.1 Das Unternehmen als Kommunikationsplattform ... 149
6.2 Die Umsetzung eines ausgewogenen Arbeitsprozesses ... 157
6.3 Förderung des regionalen Unternehmertums ... 164
6.3.1 Beispiele für die Förderung des regionalen Unternehmertums durch Wirtschaftsorganisationen ... 166
6.4 Das Unternehmen als öffentliche Institution ... 168
6.5 Zwischenbilanz ... 170
7 Zusammenfassung und Schlussfolgerungen ... 173
8 Bibliographie ... 177
8.1 Deutsch-, Englischsprachige Literatur (enthält auch russische Autoren) ... 177

8.2 Russischsprachige Literatur 191
8.3 Zeitungsartikel (nach Datum der Erscheinung sortiert).................... 198

Verzeichnis der Abkürzungen

Abb.	Abbildung
CAF	Charity Aid Foundation Russia
CSR	Corporate Social Responsibility
CSV	Corporate Shared Value
EBRD	European Bank for Reconstruction and Development, Europäische Bank für Wiederaufbau und Entwicklung
FTD	Financial Times Deutschland
FSC	Forest Stewardship Council (zur Zertifizierung von Forstwirtschaft)
Gosplan	Gosudarstvennyj Komitet po Planirovaniju, Государственный комитет по планированию, Staatskomitee für Planung der UdSSR
Gossnab	Gosudarstvennyj komitet po material'no-techničeskomu snabţeniju,Государственный комитет по материально-техническому снабжению, Staatliches Komitee für materiell technische Versorgung der UdSSR
Gulag	Glavnoje upravlenie ispravitel'no-trudovych lagerej i kolonij, Главное управление исправительно-трудовых лагерей и колоний, Hauptverwaltung der Besserungsarbeitslager
i. e.	id est, das ist / das heißt
ISO	International Organization for Standardization, Internationale Organisation für Normierung
IWF	Internationaler Währungsfond
KMU	Klein- und Mittelständische Unternehmen
KPdSU	Kommunistische Partei der Sowjetunion
LTAFR	Lost Time Accident Frequency Rate
MBA	Master of Business Administration
NGO	Non-Governmental Organization, Nichtregierungsorganisation
NYSE	New York Stock Exchange (Wertpapierbörse)
OECD	Organisation for Economic Co-operation and Development, Organisation für wirtschaftliche Zusammenarbeit und Entwicklung
OHSAS	Occupational Health and Safety Assessment Series, Arbeitsschutzmanagementsystem
OOO	Obščestvo s ograničennoj otvestvennost'ju, Общество с ограниченной ответственностью, Gesellschaft mit beschränkter Haftung
OPORA	Obščrossijskaja obščestvennaja organizatsija malovo i srednevo predprinimatel'stva, Общероссийская общественная

	организация малого и среднего предпринимательства, Allrussische Vereinigung der kleinen und mittelständischen Unternehmen
PPP	Public-Private-Partnerships
PR	Public Relations
PSPP	Public-Social-Private-Partnerships
RSPP	Rossijskij sojuz promyšlennikov i predprinimatelej, Российский союз промышленников и предпринимателей, Russische Union der Industriellen und Unternehmer
Tab.	Tabelle
u. a.	unter anderem
UdSSR	Union der Sozialistischen Sowjetrepubliken
UN	United Nations
US	United States (of America)
VBE	Very Big Enterprises
vgl.	Vergleiche mit
WWF	World Wildlife Fund

Abbildungsverzeichnis

Abb. 1.1: Darstellung des Arguments. Quelle: eigene Darstellung, 2011 3

Abb. 2.2: Darstellung der Legitimationskomponenten. Quelle: eigene Darstellung, 2011 19

Abb. 3.1: Darstellung der russischen Wirtschaftsethik. Quelle: eigene Darstellung, 2011 62

Abb.4.1: Transneft Says Higher Dividends Would Deprive Orphans, Sick. Quelle: http://www.bloomberg.com/news/2011-04-19/transneft-says-increased-dividends-would-deprive-orphans-sick.html 112

Abb. 4.2: Darstellung der russischen integrativen Wirtschaftsethik. Quelle: eigene Darstellung, 2011 129

Tabellenverzeichnis

Tab. 1.1: Darstellung der Vorgehensweise. Quelle: eigene Darstellung, 2011 ... 4

Tab. 2.1: Darstellung des Forschungsschwerpunktes. Quelle: eigene Darstellung, 2011 ... 28

Tab. 3.1: Die Genese der Obščina. Quelle: eigene Darstellung, 2011 ... 46

Tab. 3.2: Obščestvo - zwischen staatlicher Herrschaftsausübung und Sobornost'. Quelle: eigene Darstellung, 2011 ... 61

Tab. 5.1: Darstellung des gesellschaftlichen Mehrwerts. Quelle: eigene Darstellung, 2011 ... 132

Tab. 5.2: Das Schaffen des gesellschaftlichen Mehrwerts. Quelle: eigene Darstellung, 2011 ... 134

Tab. 5.3: Abgrenzung des gesellschaftlichen Mehrwerts. Quelle: eigene Darstellung, 2011; angelehnt an Porter/Kramer (2011) ... 135

Tab. 5.4: Beispiele, wie gesellschaftlicher Mehrwert generiert wird. Quelle: eigene Darstellung, 2011 ... 140

Tab. 6.1: Handlungsempfehlungen im Rahmen der wirtschaftlichen Gemeinschaft. Quelle: eigene Darstellung, 2011 unter Berücksichtigung von Ulrich, 1993; Ulrich, 2001; Knox/Maklan, 2004; Chen/Sil, 2006; Blagov/Ivanova, 2009 ... 150

Tab. 6.2: Handlungsempfehlungen im Rahmen des gemeinsamen Wirtschaftens. Quelle: eigene Darstellung, 2011 unter Berücksichtigung von Raymond, 2010; Monitor Institute, 2009 ... 158

Tab. 7.1: Zusammenfassung der vorliegenden Arbeit. Quelle: eigene Darstellung, 2011 ... 174

Zusammenfassung

Die Arbeit analysiert die ethisch-normativen Grundlagen sowie die gewinnbringende und sinnstiftende Generierung des gesellschaftlichen Mehrwerts auf der Grundlage legitimen Wirtschaftens in Russland. Vor diesem Hintergrund der Suche nach neuen Formen des Zusammenlebens und des Wirtschaftens stellt sich die Frage, was die ethisch-normativen Grundlagen legitimen Wirtschaftens in Russland sind, die einen gewinnbringenden wie sinnstiftenden Beitrag zum gesellschaftlichen Mehrwert leisten können.

Dabei ist die Entwicklung der russischen Obščina zu berücksichtigen. Sie vollzog sich vom Familienverband über die Interessengemeinschaft und Verwaltungseinheit und führte zur Genese der außer- und innerbetrieblichen Obščina. Diese handelt einen gemeinschaftlichen Konsens in einer Wirtschaftsorganisation beziehungsweise einem Wirtschaftsrayon über die Zumutbarkeit ökonomischer Aktivitäten aus. In den Extremen des Verständnisses von Gesellschaft, Obščestvo, von staatlicher Herrschaftsausübung bis hin zur egalitären Beteiligung aller an allen Entscheidungs-, Arbeits- und Verteilungsprozessen im Zusammenhang des Ideals der Sobornost' vollzieht sich die Kontrolle dieser Zumutbarkeit sowie der ökonomischen Aktivitäten insgesamt.

Auf diesen Legitimitätsvoraussetzungen baut das Konzept der russischen integrativen Wirtschaftsethik auf. Obščina und Obščestvo als Grundlagen bilden die Voraussetzung, um einerseits eine ökonomische Autonomie der Wirtschaftsorganisationen und gleichzeitig deren Beitrag zur sozialen Sicherheit zu diskutieren. In der Ausprägung einer individuellen Autonomie der Wirtschaftsorganisationen sowie als Kommunikationsplattform können Unternehmen einen nachhaltigen Beitrag zum gesellschaftlichen Mehrwert leisten. Gleichzeitig können ordnungspolitische Regulierungen und das Prinzip Sobornost', hier verstanden als Harmonie zwischen den divergierenden Interessen und Ansprüchen, zu einem guten und gerechten Zusammenleben führen. Die Arbeit schließt mit Handlungsempfehlungen dazu ab, wie dieses faire Zusammenleben ganz konkret umgesetzt werden kann.

1 Einleitung

1.1 Vorbemerkung

Vor dem Hintergrund der zunehmenden moralischen und sittlichen Unsicherheiten in einer Epoche des politischen, sozialen und wirtschaftlichen Wandels rücken breite gesellschaftliche Gruppierungen von den Trends des 20. Jahrhunderts – der Ausdifferenzierung der Teilsysteme Politik, Wirtschaft, Gesellschaft und Arbeitsteilung – ab. In Anbetracht folgenschwerer gesellschaftlicher Herausforderungen durch die Entkopplung der Wirtschaft von anderen Teilsystemen sind Gesellschaften um eine neuerliche Zusammenführung bemüht. Der Ausdifferenzierung wirtschaftlicher, vor allem finanzwirtschaftlicher Aktivitäten fehlen mehr und mehr die Legitimitätsgrundlagen; Forderungen nach einer „Humanisierung" der Wirtschaft und neuen Rahmenbedingungen in einem globalen Kontext wurden vor allem nach der internationalen Finanzkrise von 2008 laut. Die aktuelle Krise zeigt aber auch, dass Staaten ebenfalls in die Pflicht zu nehmen sind, wenn es um den gesellschaftlichen Zusammenhalt geht. Zwar steht vor allem das gesellschaftliche Teilsystem Wirtschaft unter öffentlichem Druck, weil es viele der heutigen sozialen und ökologischen Probleme hervorgerufen hat. Das kann allerdings nicht zu einer Staatsvergessenheit führen, welche entweder die Verantwortung des Staates an den gesamtgesellschaftlich zu tragenden Risiken negiert oder seine Rolle als regulierende Instanz vernachlässigt. Er muss nach wie vor einen ordnenden Rahmen schaffen, innerhalb dessen ein gerechtes Leben möglich ist, wobei darauf verwiesen wird, dass der Staat deswegen trotzdem nicht auf der operativen Ebene tätig werden sollte.

Die Krise 2008 hat auch Russland betroffen. Nach den Transformationsprozessen in den 1980er und 1990er Jahren, einer zunehmenden Kapitalisierung der Wirtschaft und weit reichenden Privatisierung der Unternehmen stand die Profitmaximierung als zentrale wirtschaftliche Aktivität im Vordergrund. Die neue strategische Ausrichtung der Unternehmen auf rein ökonomische Faktoren warf jedoch die Frage nach ihrer Legitimität auf. Denn Themen wie soziale Sicherheit, politische Stabilität, Bildung, Gesundheit und Umweltschutz sind unmittelbar mit dem ökonomischen Erfolg eines Unternehmens verknüpft. Das wurde besonders deutlich, als die Finanzkrise 2008 das aufgrund der hohen Rohstoffpreise auf dem Weltmarkt rasante und stabile Wachstum der russischen Wirtschaft bremste. Strukturelle und institutionelle Probleme, aber auch die Vernachlässigung eines werteorientierten Handelns von Unternehmen, die fehlende Rückkopplung an eine ganzheitliche Sichtweise sowie der unausgewogene Dialog und die ungenügende gegenseitige Kontrolle gesellschaftlicher Akteure führten zur Legitimitätskrise unternehmerischen Handelns (Riha, 1994; Taylor/Kazakov/Thompson, 1997; Meirovich/Reichel, 2000; Allen, 2003; Clarke, 2004; Guriev/Rachinsky, 2005; Hasse/Kunze, 2005; Adachi, 2010).

Die vorliegende Arbeit nimmt eine Rückkopplung der Wirtschaft an die übergeordnete Ganzheit, die Gesamtgesellschaft vor und legt in einem ersten Schritt einen kulturhistorischen Abriss über die ethisch-normativen Grundlagen des Wirtschaftens in Russland vor. Die Erkenntnisse aus diesem Abgleich werden in einem zweiten Schritt der aktuellen Debatte über die russische Ökonomie und Wirtschaftsethik in Russland gegenübergestellt. Ziel ist es, herauszufinden, wie eine zeitgemäße russische integrative Wirtschaftsethik aussieht und wie sie in der Umsetzung zum gesellschaftlichen Mehrwert sowie zu einem guten und gerechten Zusammenleben beiträgt.

1.2 Forschungsfrage und Thesen

Die Arbeit analysiert die ethisch-normativen Grundlagen sowie die gewinnbringende und sinnstiftende Generierung des gesellschaftlichen Mehrwerts auf der Grundlage legitimen Wirtschaftens in Russland. Die steigende soziale Ungleichheit und die wachsende Brisanz von Themen wie Umwelt- und Ressourcenschutz sowie Gesundheits- und Rechtsschutz in Russland zeigen, dass sozialer Friede und Gerechtigkeit nicht auf der Grundlage von Wirtschaftswachstum allein zu gewährleisten ist. Entsprechend wird aktuell nach neuen Formen des Zusammenlebens und des Wirtschaftens gesucht. Vor diesem Hintergrund stellt sich die Frage, was die ethisch-normativen Grundlagen legitimen Wirtschaftens in Russland sind, die einen gewinnbringenden wie sinnstiftenden Beitrag zum gesellschaftlichen Mehrwert leisten können.

Daraus ergeben sich folgende Thesen:

I. Die interne und externe Legitimität, das heißt unternehmenseigene Geschäftsethik und ordnungspolitische Mitverantwortung, sind die Voraussetzungen für jedwede wirtschaftliche Aktivität.

II. Die Legitimität des Wirtschaftens in Russland setzt sich traditionell aus den ethisch-normativen Prinzipien der wirtschaftlichen Gemeinschaft „Obščina" und des gemeinschaftlichen Wirtschaftens „Obščestvo" zusammen.

III. Die Erneuerung der Begriffe Obščina als „gemeinschaftlicher Konsens" und Obščestvo als „gesellschaftliche Kontrolle" schafft die zeitgemäße Legitimitätsvoraussetzung für wirtschaftliche Tätigkeit in Russland.

IV. Auf der Basis dieser Legitimitätsvoraussetzung können ökonomische Akteure durch Erweiterung ökonomischer Autonomien sowie durch Erhöhung sozialer Sicherheiten ihren Beitrag zum gesellschaftlichen Mehrwert leisten.
V. Die russische integrative Wirtschaftsethik kann zu gewinnbringenden und sinnstiftenden Wirtschaften führen.

interne und externe

Legitimität

↓

zusammengesetzt aus

unternehmenseigener Geschäftsethik ordnungspolitischer Mitverantwortung

sowie

Obščina Obščestvo

(wirtschaftliche Gemeinschaft) (gemeinschaftliches Wirtschaften)

↓ ↓

werden erneuert durch

gemeinschaftlichen Konsens gesellschaftliche Kontrolle

↓ ↓

schaffen Voraussetzung für

ökonomische Autonomie soziale Sicherheit

↓ ↓

tragen in ihrer Ausprägung als

↓ ↓

- individuelle Autonomie - ordnungspolitische Regulierung

- Kommunikationsplattform - Sobornost'

zum gesellschaftlichen Mehrwert bei

Abb. 1.1: Darstellung des Arguments. Quelle: eigene Darstellung, 2011

Es gilt also, eine russische integrative Wirtschaftsethik zu entwerfen, die in ihrer Anwendung in der Wirtschaft zum gesellschaftlichen Mehrwert ökonomischer Aktivitäten beiträgt. Die Konzentration auf den Begriff „Legitimität" als Ausgangspunkt rührt daher, dass er am besten geeignet ist, den Aushandlungsprozess zu berücksichtigen, während Termini wie „Verantwortung" zu sehr moralisierend sind oder „Bürgerschaft" beziehungsweise „Citizenship" (Unternehmensbürgerschaft, Corporate Citizenship) politische Kategorie darstellen.

1.3 Aufbau der Arbeit

Der erste Teil der vorliegenden Arbeit befasst sich mit der Legitimität als Voraussetzung für wirtschaftliche Aktivität. Nur auf der Grundlage legitimen Wirtschaftens lässt sich gesellschaftlicher Mehrwert schaffen, der zu einem guten und gerechten Zusammenleben führt. Die Arbeit erschließt in ihrem zweiten Teil die kulturellen Möglichkeitsbedingungen. Es wird danach gefragt, was das ethisch-normative Fundament des legitimen Wirtschaftens in Russland ist.

Im dritten Teil wird daran anknüpfend die Wirtschaftsethik auf ein neues Fundament gestellt: die interne Legitimität „Obščina" als Konsens und die externe Legitimität „Obščestvo" als Kontrolle. Beide Prinzipien sind Voraussetzung für die Legitimität wirtschaftlicher Aktivitäten in Russland. Sie bilden für die Wirtschaft Russlands insgesamt und russische Unternehmen im Einzelnen die Voraussetzung für einen Beitrag zum gesellschaftlichen Mehrwert.

Der vierte Teil befasst sich mit dem zu schaffenden gesellschaftlichen Mehrwert ökonomischer Aktivitäten und unternehmerischen Tätigseins. Hier wird außerdem ein Vorschlag entworfen, wie gesamtgesellschaftliche Zielvorstellungen realisiert werden können und welchen Beitrag unternehmerische Tätigkeit dazu leisten kann.

Tab. 1.1: Darstellung der Vorgehensweise. Quelle: eigene Darstellung, 2011

Schritt 1	Entwurf des Legitimitätsbegriffs im ökonomischen Kontext
Schritt 2	Darstellung des Legitimitätsbegriffs im speziellen russischen ökonomischen Kontext
Schritt 3	neue Definition des Legitimitätsbegriffs sowie Entwurf einer russischen integrativen Wirtschaftsethik
Schritt 4	Definition des gesellschaftlichen Mehrwerts ökonomischer Aktivitäten

1.4 Stand der Forschung

Der Stand der Forschung zur Wirtschaftsethik in Russland und der sozialen sowie ökologischen Rechenschaftspflicht russischer Unternehmen ist vielfältig. Im westeuropäischen und angelsächsischen Raum kamen erste Untersuchungen aus der Richtung des Managements mit der Beschreibung von Ethik und Moral des Betriebsdirektors sowjetischer Betriebe sowie deren Belegschaft (Delamotte, 1962). Aus der Soziologie und den Religionsstudien kam der Versuch einer nach Weber'schem Vorbild hergeleiteten Wirtschaftsethik des russisch-orthodoxen Christentums (Buss, 1989). Weite wissenschaftliche Kreise befassten sich mit den unterschiedlichen Aspekten der wertnormativen Desorientierung von Wirtschaft und Gesellschaft im russischen Transformationsprozess am Ende des 20. Jahrhunderts (Riha, 1994; Apressyan, 1997; Taylor et al., 1997). Die mangelnde moralische Vorbildfunktion von Oligarchen, Finanzholdings, Betriebsdirektoren und Unternehmern sowohl während als auch nach den wirtschaftlichen Restrukturierungsprozessen ist ebenfalls Thema diverser Arbeiten und Untersuchungen (Meirovich/Reichel, 2000; Robertson et al., 2000; Summer et al., 2000). Hinzu kommt die Arbeitsmoral als spezifisches Thema der auf die moralischen Grundlagen des Wirtschaftens gerichteten Forschungen (Tidmarsh, 2000). Einige empirische Untersuchungen befassen sich auch mit den philanthropischen Ansprüchen der russischen Wirtschaftseliten. Vor allem Dinello (1998) hebt das Aufleben privaten Engagements für die Kunst in Russland hervor, begrüßt die Privatisierung der Wohltätigkeit in Russland nach Jahrzehnten der staatlichen Regulierung von Charity und Gemeinnützigkeit.

In all diesen Forschungen werden Wünsche und Hoffnungen gehegt, dass die russische Wirtschaft sich nach den Vorstellungen westeuropäischer und angelsächsischer Vorbilder transformieren und die ethisch-normativen Grundlagen dieser Gesellschaften adaptieren wird. Doch gut ein Jahrzehnt nach der Auflösung der Sowjetunion setzte sich in der Wissenschaft zunehmend die Erkenntnis durch, dass Russland im Bereich der Wirtschafts- und Unternehmensethik einen anderen Weg beschritten hat und wohl auch verfolgen und weiterentwickeln wird. Cordeiro (2003) beispielsweise fragt nach einer anderen Wirtschaftsethik für Transformationsökonomien; andere Forschungen versuchen, die Unterschiede der russischen und der US-amerikanischen Wirtschaftsethik (Beekun et al., 2003) sowie die Westeuropas und Russlands (Matten/Moon, 2008) einander gegenüberzustellen. Es werden Gemeinsamkeiten und Unterschiede herausgearbeitet; gleichzeitig tauchen Themen wie Corporate Governance und Compliance in der wissenschaftlichen Auseinandersetzung rund um die Wirtschafts- und Unternehmensethik in Russland auf (McCarthy/Puffer, 2003). Die Korruptionsanfälligkeit und die Frage nach der Gesetzeskonformität russischer Unternehmen dominieren heute die Debatte in Westeuropa und Nordamerika, aber auch in Russland.

Darüber hinaus spielen Philanthropie und Philanthropen in der russischen wissenschaftlichen Auseinandersetzung eine große (Livishin/Weitz, 2006). Russische Autoren kommen knapp zehn Jahre nach Dinello (1998) und von der russischen Wirklichkeit ganz anders geprägt zu dem Ergebnis, dass mit dem philanthropischen Engagement russischer Wirtschaftseliten im Wesentlichen staatliche und politische Herausforderungen adressiert werden. Die Stärkung bürgerschaftlicher Partizipationsmöglichkeiten und privater Wohltätigkeit ist hier weit weniger relevant als beispielsweise im angelsächsischen Raum. Wirtschaftspolitische Themen wie Gesundheit, Wohnungsbau, Landwirtschaft und Bildung stehen bei den privaten Philanthropen im Vordergrund und lassen der persönlichen Entscheidungsfreiheit Einzelner zur Verwirklichung eigener Projekte sowie zum Einbringen eigener Themen wenig Handlungsspielraum. Gegen diese weit reichende Lenkung privater Wohltätigkeit durch den Staat sowie seine Einflussnahme in den Prozessen, Strukturen und Aktivitäten unternehmenseigener sozialer und ökologischer Rechenschaftspflicht wendet sich beispielsweise Polishchuk (2010), der um die Effektivität hervorragender CSR-Maßnahmen fürchtet. Strižov (2006) hebt außerdem die Konzentration der Unternehmensressourcen auf die soziale Infrastruktur der Mitarbeiter und Angestellten hervor, während Frye (u. a. in: Yakovlev/Yasin/Frye, 2009) in seiner Forschung nach den Gründen für die Investitionen in nationale, staatlich aufgelegte Großprojekte fragt. Beliebt für eine wissenschaftliche Analyse sozialen Engagements in Russland ist außerdem Archie Carrolls dreidimensionales Modell für Unternehmensperformanz (Alyamkin, 2007), ebenso sein mehrstufiges CSR-Modell (Blagov, 2007). Durch die in diesem Modell auf der einen Seite vergleichsweise oberflächliche Darstellung unternehmerischer Verpflichtungen innerhalb der vier Teilbereiche lässt sich andererseits eine breite Masse ganz unterschiedlicher Aktionen und Aktivitäten russischer Unternehmen als erfolgreiche Unternehmensverantwortung bewerten und darstellen. Soboleva (2006) hingegen schlägt vertrauensvolle Partnerschaften vor, welche zwischen Unternehmen und deren Anspruchsgruppen für ein besseres Leben im Unternehmensumfeld etabliert werden sollen. Diese Partnerschaften bilden für sie die dritte Ebene eines verantwortungsvollen Handelns, dem die erste in Form von regelmäßigen Lohnzahlungen, Steuerzahlungen und Qualität der Produktion sowie die zweite Ebene in Form von Investitionen in die Mitarbeiter und Sozialpakete vorausgingen. Diese Darstellung von Unternehmensverpflichtungen ist weit verbreitet und findet sich neben der Wissenschaft auch in einer Reihe öffentlicher Debatten sowie den Eigendarstellungen der Unternehmen wieder.

Darüber hinaus findet auch eine Auseinandersetzung mit dem Wandel des negativen Images der Wirtschaft und des Unternehmertums in Russland statt. Yakovlev und Avraamova (2008) beispielsweise kommen zu dem Schluss, dass nur neue Player, neue Unternehmer sowie eine neue politische Elite zu einer neuen Legitimität verhelfen können. Eine Minderheit befasst sich mit den Menschenrechten im Zusammenhang verantwortungsvoller Unternehmensführung (Puncheva-Michelotti, 2010). Das von Porter und Kramer (2011) neu entworfene Modell des Creating Shared Value (CSV) ist ebenfalls in die russische Debatte mit aufgenommen worden. Allerdings findet die CSV-Debatte bis dato kaum in Begleitung der Wissenschaft statt; Treiber der Diskussion sind die Öffentlichkeit, allen voran Wirtschaftseliten des Landes mit internationaler Ausrichtung.

Junge Nachwuchswissenschaftler (u. a. Sidorov, 2003; Lachina, 2009) bedienen sich weitestgehend der westeuropäischen und angelsächsischen Debatte um soziale Unternehmensverantwortung, nutzen deren Modelle und theoretische Rahmenbedingungen. Gleichzeitig machen sie jedoch zunehmend auf die Andersartigkeit russischer unternehmerischer Verantwortung aufmerksam, versuchen, sie auf die russische Realität anzuwenden, und unterlegen diese Überlegungen mit praxisnahen Untersuchungen russischer Ökonomen und Wissenschaftler (Blagov, 2009) oder werten eigene Erhebungen und Datenmaterial aus. Die Ergebnisse sind recht ähnlich und besagen, dass sich die russische soziale, ökologische und ökonomische Rechenschaftspflicht durchaus an globalen Prozessen orientiert und dennoch ihre eigene Ausprägung hat. So schlägt Verevkin (2010) beispielsweise vier Modelle der sozialen Verantwortung vor: die Unternehmen der Monostädte, welche große Teile der sozialen Infrastruktur zur Verfügung stellen, Unternehmen mit freiwilligem Charity/Sponsoring, die Unternehmen, welche Teile ihrer Produkte im Tausch für die Dienstleistung anderer Organisationen in Anspruch nehmen, und die Unternehmen, welche in Form von Sozialpartnerschaften eingebunden sind. Letztere sind allerdings bis dato ausgesprochen selten anzutreffen, so Verevkin (2010). Den Weg vom Dialog zu Partnerschaft und Institutionalisierung der Gegenseitigkeit hält Kostina (2010) wesentlich für die Entwicklung sozialer Unternehmensverantwortung in Russland. In beiden Arbeiten wird die aktuelle Vielfalt der sozialen Verantwortung russischer Unternehmen beschrieben; es fehlt jedoch an einem auf russischen Grundlagen beruhendem ethisch-normativen Prinzip. In Russland konzentriert man sich auf westeuropäische und angelsächsische Wirtschaftstheorien und -modelle. Die Übernahme von Erfahrungen aus anderen Teilen der Welt allein reicht jedoch nicht aus; daneben sollte nach einer der russischen Realität entsprechenden ethisch-normativen Grundlage des Wirtschaftens gefragt werden. Nur dann kann man die aktuellen Prozesse und Debatten um Unternehmensverantwortung, das Engagement im Bereich der sozialen und ökologischen Nachhaltigkeit sowie den Dialog der Unternehmen mit ihren unterschiedlichen Anspruchsgruppen nachvollziehen und adäquate Handlungsempfehlungen ableiten. Denn das Anknüpfen an eine nicht spezifisch russische ethisch-normative Grundlage erklärt beispielsweise nicht die staatliche Präsenz in dem Bereich der sozialen Unternehmensverantwortung oder die Konzentration der Sozialinvestitionen auf die Belange der Mitarbeiter, ganz abgesehen von den Unternehmensinvestitionen in die kommunale und soziale Infrastruktur einer Region.

Dabei ist das Fehlen einer Verbindung westeuropäischer und angelsächsischer Modelle sowie der gelebten Praxis in Russland mit den eigenen nationalen Ökonomen keineswegs zwingend. Gerade nationale Wirtschaftswissenschaftler und -philosophen feiern in den vergangen zwanzig Jahren eine Renaissance in Form ausgesprochen vieler Neuauflagen und Veröffentlichung klassischer Texte – allen voran derjenigen Autoren, die im 18. und 19. Jahrhundert die Sonderentwicklung Russlands gegenüber den westeuropäischen Großmächten betonten. Die aktuellen Debatten über die wirtschaftstheoretische und -philosophische Ausrichtung des Landes werden von Wissenschaftlern einer neuen nationalen Ökonomie dominiert. Theoretisch bedient man sich in Russland darüber hinaus einerseits des Modells des Solidarismus, welches bereits von im Exil lebenden russischen Ökonomen in der Mitte des vergangenen Jahrhunderts als Alternative zum sowjetischen Staatssozialismus gedacht wurde und die wirtschaftliche Solidargemeinschaft hervorhebt. Andererseits scheint der Staatskapitalismus eine Alternative zu sein, welcher Elemente des Kapitalismus und des Sozialismus in sich vereint und auf eine enge Verbindung der Wirtschaft mit der Politik abstellt. Diese Auseinandersetzung befasst sich zwar mit der Stellung der Wirtschaft in der Gesellschaft und den ethisch-normativen Grundlagen einer gerechten und sinnvollen Wirtschaftspraxis. Sie lässt allerdings außer Acht, welchen Beitrag die Wirtschaft und ganz konkret die Unternehmen im Rahmen einer leistungsfähigen Gesellschaft leisten, auf welchen Grundlagen ihre Legitimität beruht und wie eine verantwortungs- und vertrauensvolle Gegenseitigkeit erlangt werden kann.

Für die spezifische Frage der vorliegenden Untersuchung sind die integrative Wirtschaftsethik von Peter Ulrich sowie die Weiterführung seiner Gedanken durch Palazzo und Scherer relevant. Peter Ulrich fand in Übersetzungen eines russischen Philosophieprofessors der Universität Konstanz bereits den Weg nach Russland. Sein Werk wird dort allerdings verkürzt dargestellt: Auf Russisch liegt von ihm lediglich seine Kritik der Ökonomie vor, als der zweite Teil seiner Integrativen Wirtschaftsethik, während sein Lösungsansatz und die weiteren Teile seiner Integrativen Wirtschaftsethik nicht mit übersetzt worden sind. In einer Art Zusammenfassung von circa fünfzehn Seiten ist dieser zweite Teil allerdings gesondert im russischen Journal für ökonomische Theorie unter der

Reihe „Wege der Orientierung im ökonomischen Denken" im Jahre 2003 erschienen. Palazzo und Scherer hingegen haben bis dato noch keinen Eingang in die russische Debatte um Wirtschafts- und Unternehmensethik gefunden. Des Weiteren erfolgt in der vorliegenden Arbeit ein Abgleich mit russischen Ökonomen des 19. und 20. Jahrhunderts (Pososkov, Golicyn, Voroncov, Bunge, Tugan-Baranovskij, Kočarovskij, Vitte, Stolypin, Lenin) sowie mit philosophischen Überlegungen zur Sobornost' unter anderem von Solov'ev, Bulgakov und Berdjaev, um die Prinzipien der Ethik des Wirtschaftens in Russland herauszuarbeiten. Eine Weiterführung ihrer Gedanken schließt sich durch die Berücksichtigung russischer Regionalökonomen des 19. und 20. Jahrhunderts (Semenov-Tian-Shanskii, Kržižanovskij, Kolosovskij, Nekrasov) an. Die Suche nach einem eigenen Lösungsansatz für die Frage nach dem gerechten Zusammenleben und dem sinnvollen Wirtschaften wird durch die Ökonomen des 21. Jahrhunderts (Abalkin, Sorokin, Kul'kov) eingeleitet.

1.5 Theoretische Konzepte

Die vorliegende Arbeit versucht, eine Brücke zu schlagen zwischen West und Ost sowie zwischen den Disziplinen. Sie bezieht sich explizit auf die Ulrich'sche Integrative Wirtschaftsethik, weil die Frage nach der Legitimität wirtschaftlicher Aktivitäten elementar für ein faires Miteinander in der Gesellschaft ist. Es wird in der Weiterführung dieser Überlegungen jedoch ein etwas pragmatischerer Ansatz als der Ulrich'sche gewählt und die Konzeption der anwendungsbezogenen deliberativen Unternehmensverantwortung von Palazzo und Scherer berücksichtigt. Anschließend werden die im russischen Wirtschaften verankerten Prinzipien Obščina (wirtschaftliche Gemeinschaft) und Obščestvo (gemeinschaftliches Wirtschaften) herausgearbeitet und als Grundlage des neuen Legitimitätsbegriffs, des Beitrags der Wirtschaft und der Unternehmen zum gesellschaftlichen Mehrwert in Russland, konzipiert. Dabei findet erneut die Rückkopplung zu Peter Ulrich und seinen Modellen der unternehmenseigenen Geschäftsethik sowie der ordnungspolitischen Mitverantwortung von Unternehmen unter Berücksichtigung der zuvor herauskristallisierten ethisch-normativen Grundlagen des Wirtschaftens in Russland (Obščina und Obščestvo) statt.

1.6 Methodik

Methodisch wird auf die Beschreibung interner und externer Legitimität russischer Unternehmen sowie die Erläuterung der Zusammenhänge mit sozialen und politischen Prozessen anhand von Fallbeispielen zurückgegriffen. Abweichungen von der Methode der Phänomenologie wird es dahingehend geben, dass die Arbeit an den Schluss der Beobachtungen eigene Handlungsempfehlungen für die Unternehmen in Russland setzt.

Der Auswertung der Fallbeispiele liegt die qualitative Inhaltsanalyse des Datenmaterials von und über das gesellschaftliche Engagement russischer Unternehmen sowie einer Reihe weiterer gesellschaftlicher Großgruppen in Russland vor. Zudem werden Erkenntnisse aus der teilnehmenden Beobachtung bei den Deutsch-Russischen Gesprächen in Baden-Baden mit einbezogen. Diese Gespräche finden zwei Mal jährlich zwischen deutschen und russischen Managern statt, setzen sich aus Vorträgen, Workshops und Diskussionsrunden zu Wirtschaft und Gesellschaft im deutsch-russischen Kontext zusammen und bieten dadurch eine Plattform des informellen Austauschs von Wissen, Erfahrungen und Erkenntnissen.

Ein Kriterium dieser Untersuchung ist das unternehmerische Engagement in Russland, zusammengesetzt aus Indikatoren zum Business Case für Corporate Social Responsibility, aus Indikatoren zu Corporate Givings und Indikatoren für gesellschaftlichen Mehrwert. Das Schaffen von Beteiligung, die Förderung von Selbstorganisation, die Ressourcenallokation im Unternehmen sowie das Schaffen von Sichtbarkeit sind statistisch messbar und auswertbar gemacht worden. Selbiges gilt für die Indikatoren der Prinzipien Obščina im Rahmen der Aufwärts- und Abwärtsstrukturierung eines Unternehmens und Obščestvo im Rahmen der ordnungspolitischen Mitverantwortung als direkte und indirekte Unternehmensbeteiligung.

Die Auswahl und Aussagefähigkeit der Fallbeispiele haben während des gesamten Forschungsprozesses eine Reihe von Methodenproblemen hervorgerufen. Das rührt im Wesentlichen daher, dass nur Großunternehmen, das heißt Unternehmen ab einer Milliarde US-Dollar Umsatz jährlich, in die Betrachtung mit einbezogen wurden. Zudem beschränkt sich die Auswahl der Fälle lediglich auf Unternehmen, die ihren Hauptsitz innerhalb der Grenzen der Russischen Föderation haben. Das breite Band der Materialien und Quellen liefert keine repräsentative Datenbasis, dennoch ist es im Rahmen der vorliegenden Arbeit möglich, bestimmte Daten gezielt einzusetzen und sich nicht auf rein zufällig gefundene zu beschränken, da der Abgleich der Daten mit unterschiedlichen Quellen erfolgte sowie Unternehmensvertreter und russische Wissenschaftler persönlich konsultiert wurden.

Die Beschränkungen dieser Vorgehensweise insgesamt werden durchaus berücksichtigt. Entsprechend widmet sich ein eigenes Kapitel den privaten Philanthropen in Russland, den russischen kleinen und mittelständischen Unternehmen sowie jeweils ein Kapitel der Geschäftsethik und der ordnungspolitischen Mitverantwortung der Unternehmen in Belarus und der Ukraine, welches jedes für sich Gegenstand weiterführender Forschungen sein können.

Es wird außerdem darauf hingewiesen, dass da, wo es notwenig war, russische Zitate, aber auch russische Titel von Institutionen, Organisationen und Dokumenten von der Autorin nach bestem Wissen und Gewissen selbst vom Russischen ins Deutsche übertragen und übersetzt worden sind.

1.7 Beitrag zu Wissenschaft und Praxis

Die politischen Ökonomen Russlands führen zwar eine rege Debatte über die normativen Grundlagen des Wirtschaftens im Lande. Diese findet jedoch parallel zur Diskussion über fundamentale Fragen der Wirtschaftsethik sowie die moralische und ethische Grundhaltung der Wirtschaft in der Gesellschaft statt. In dieser Arbeit geht es um die Kritik der normativen Grundlagen der Wirtschaftsethik in Russland mit dem Ziel, diese auf ein neues Fundament stellen zu können: auf die Prinzipien Obščina als gemeinschaftlicher Konsens und Obščestvo als gesellschaftliche Kontrolle zur Erlangung ökonomischer Autonomie und sozialer Sicherheit. Der starke Bezug zu Peter Ulrich sowie zu Palazzo/Scherer rührt daher, dass es eine Reihe äußerlicher Ähnlichkeiten zwischen deren theoretischen Konzepten und der Wirtschafts- und Unternehmenspraxis in Russland gibt. Allerdings fehlt in Russland das Fundament, die moralische Basis ökonomischen Handelns: die interne und externe Legitimität. Soziale Investitionen von Unternehmen und ihr gesellschaftliches Engagement bleiben überwiegend instrumentell, sind karitativ oder korrigieren begangene „Fehler" der Unternehmen. Erst die Legitimität auf der Grundlage neuer Definitionen von wirtschaftlicher Gemeinschaft und gemeinschaftlichem Wirtschaften tragen zum guten und gerechten Leben in der Gesamtgesellschaft bei. Fehlt die Legitimität, sind weder Geschäftsethik noch ordnungspolitische Mitverantwortung freiwillige Bestandteile unternehmerischer Praxis und werden von der Gesellschaft lediglich als Vehikel zur Durchsetzung eigener Partikularinteressen der Unternehmen gewertet. Der Mehrwert dieser Arbeit für die Wissenschaft und Praxis liegt erstens in der Schaffung eines neuen ethisch-normativen Fundaments für das Wirtschaften in Russland. Zweitens ist die Auflistung praktischer Handlungsempfehlungen relevant, die darlegt, wie auf der theoretischen Basis einer russischen integrativen Wirtschaftsethik gesamtgesellschaftliche, das heißt ökonomische, politische und soziale Zielvorstellungen und Erwartungen verfolgt werden können.

2 Wirtschaftsethik

2.1 Integrative Wirtschaftsethik

Spätestens seit der Auflösung der Sowjetunion durchleben ihre Nachfolgestaaten, aber auch die Staaten Westeuropas und Nordamerikas eine umfassende Ordnungskrise (Ulrich, 2009). Im Zuge der dritten Industriellen Revolution erfahren unsere Gesellschaften einen Wandel, bei dem wir sowohl den Bedeutungsverlust des Nationalstaates und der nationalen Identität als auch die Abnahme der produzierenden zugunsten der Dienstleistungswirtschaft erfahren (Habermas (2001) in Palazzo/Scherer, 2006). Im Zentrum dieses Wandlungsprozesses steht das unklar gewordene Verhältnis zwischen Wirtschaft und Gesellschaft. So unklar dieses Verhältnis auch ist, fest steht, dass es auch in Zukunft kein von ethisch-normativen und politischen Voraussetzungen freies Wirtschaftssystem geben wird. Wie bei allen postindustriellen Nationen und verstärkt durch die Transformationsprozesse im ausgehenden 20. Jahrhundert stellt sich auch in Russland die Frage nach der Gestaltung einer „zivilisierten Marktwirtschaft“ (Ulrich, 2009: 15), in der die „Lebenslage der Bürger [...], deren reale Freiheit und Gleichberechtigung“ nicht von der „strukturellen Parteilichkeit des [reinen] Marktes“ (Ulrich, 2009: 15) eingegrenzt und die Lebensqualität sowie die Leistungsfähigkeit der Gesamtgesellschaft durch eine reine ökonomische Rationalität eingeschränkt wird.

Inspirierend für diese Überlegungen ist die im Geiste einer humanistischen und liberalen Sichtweise entwickelte Integrative Wirtschaftsethik von Peter Ulrich. Im Allgemeinen befasst sich Wirtschaftsethik mit der Anwendung ethisch-normativer Prinzipien auf die Ökonomie. Diese „angewandte“ Ethik zielt auf die Vorgabe von Bedingungen ab, die als „Gegengift“ gegen zu viel Ökonomie helfen sollen, das gesellschaftliche Gleichgewicht zu wahren oder wiederherzustellen. Die Wirtschaftsethik hat hier eine die Wirtschaft eingrenzende Funktion, indem sie Fehlentwicklungen zu korrigieren versucht. Ein zweiter Ansatz von Wirtschaftsethik befasst sich mit der Nutzung von Moral und normativen Prinzipien, um ökonomisch noch erfolgreicher zu sein. In diesem Fall hat die Wirtschaftsethik die Aufgabe einer funktionalen Voraussetzung für erfolgreiche unternehmerische Tätigkeiten (Ulrich, 2001).

Das Reizvolle an der Integrativen Wirtschaftsethik ist jedoch die Tatsache, dass sie auf dem einfachen Grundsatz beruht: „Behandle andere so, wie du selbst behandelt werden willst.“ Damit werden die ethisch-normativen Prinzipien über alle anderen Rationalitäten, auch die ökonomische, gestellt. Ulrich nennt sie die „Vernunftethik des Wirtschaftens“ (Ulrich, 2001: 126). Es bedeutet, dass vernunft- und verantwortungsvolles Wirtschaften stets auf der Grundlage einer kritischen Auseinandersetzung mit der reinen ökonomischen Rationalität, den Kosten-Nutzen-Kalkülen und der unbedingten Profitmaximierung zu erfolgen hat. Im Gegensatz zur korrektiven und zu funktionalistischen Wirtschaftsethik stellen hier die ethisch-normativen Prinzipien nicht das Gegenstück zur ökonomischen Rationalität dar. Sie bilden vielmehr das Fundament, auf welchem die Verträglichkeit und Zumutbarkeit ökonomisch begründeter Entscheidungen geprüft werden muss (Ulrich, 2001). Lediglich das Primat der Politik vor der Logik des Marktes und eine angemessene Zeit-, Arbeits- und Sozialpolitik können die Leistungsfähigkeit einer Gesellschaft (Arbeit, Einkommen, Bildung, Gesundheit, Ökologie, Partizipation) gewährleisten und ein „gutes Leben" ebenso wie ein „gerechtes Zusammenleben" ermöglichen. Das „gerechte Zusammenleben" zielt ferner auf die Legitimitätsfrage des Wirtschaftens ab: Für wen sind Werte zu schaffen? Demgegenüber geht es beim „guten Leben" um den Sinn wirtschaftlicher und unternehmerischer Aktivitäten: Welche Werte sind zu schaffen? Es geht also um die Legitimität ökonomischer Aktivitäten angesichts gesamtgesellschaftlicher Zielvorstellungen und der Zumutbarkeit des Wirtschaftens gegenüber Mensch und Natur. Lediglich die von der Gesellschaft, also vom Unternehmensumfeld, als zumutbares Wirtschaften erachtete unternehmerische Aktivität ist legitimes Wirtschaften. Auf den Tätigkeiten der Unternehmen, als wichtigster Organisationen marktwirtschaftlicher Strukturen, liegt in diesem Zusammenhang ein besonderes Augenmerk.

2.1.1 Ulrich'sche Unternehmensethik

Für die weiteren Überlegungen in dieser Arbeit und der Frage danach, wie die ökonomische Tätigkeit eines Unternehmens auf der Basis ethischer und moralischer Prinzipien erfolgreich ist, bietet Peter Ulrich mit der von ihm entworfenen Unternehmensethik ein hilfreiches Fundament. Er definiert Orte der Moral des Wirtschaftens (Ulrich, 2001) auf der Mikro-, Meso- und Makroebene, verortet also die Ethik auf der individuellen Ebene (Wirtschaftsbürgerethik), auf der Ebene der einzelnen Wirtschaftsorganisationen (Unternehmensethik) und auf der Ebene des ordnenden Rahmens, genauer: des Staates (Ordnungsethik). Auf der individuellen Ebene plädiert Ulrich für einen ausgeprägten Bürger- und Gemeinsinn, der in der Lage ist, eine kritische Öffentlichkeit zu schaffen, um Legitimationsdruck zu erzeugen. Nur so kann wirtschaftliche Tätigkeit auf ihren Sinn und auf ihren Beitrag zu einer leistungsfähigen Gesellschaft hin geprüft werden. Auf ordnungspolitischer Ebene steht integrative Wirtschaftsethik für eine Marktlenkung nach ethischen Prinzipien, für das Primat der Politik vor der

Logik des Marktes. Nur so kann ein menschenwürdiges Leben und das gerechte Zusammenleben realisiert werden (Ulrich, 2001). Im Vergleich dazu sieht er auf der Mesoebene die große Herausforderung für Wirtschaftsorganisationen im Ausgleich des Verhältnisses von „Gewinnprinzip" und dem Sinn sowie der Legitimität ihres unternehmerischen Handelns. Vor dem Hintergrund der Sinn- und Legitimitätsfragen „Welche Werte – für wen?" kann die „[s]trikte Gewinnmaximierung [...] prinzipiell keine legitime unternehmerische Handlungsorientierung sein [...]. Legitimes Gewinnstreben ist stets moralisch begrenztes Gewinnstreben" (Ulrich, 2001: 415).

Die Unternehmensethik klärt sozusagen die Geschäftsgrundlagen eines Unternehmens: Wirtschaften heißt demzufolge, in sinnhafter und legitimer Weise Werte schaffen (Ulrich, 2004). Dieser Legitimations„zwang" als normative Voraussetzung für die Gewinnerwirtschaftung führt dazu, dass die Legitimation wirtschaftlicher Aktivitäten anders erfolgen muss, als nur durch gelegentlichen „situativen Gewinnverzicht" im Falle einer korrektiven Unternehmensethik, der „außerökonomischen Gewinnverwendung" im Falle der karitativen Unternehmensethik oder der „instrumentell ethischen Gewinnerzielung" im Falle einer instrumentalisierten Unternehmensethik. Was man stattdessen erfährt und begreift, ist ein ganzheitlicher Ansatz, der Ethik und betriebswirtschaftliche Erfolgslogik zusammenführt. In der Umsetzung bedeutet dies, den Ansprüchen werteorientierten Handelns Genüge zu tun sowie gleichzeitig der Profitorientierung Rechnung zu tragen: „Es ist nicht alles unmoralisch, was unternehmerischen Erfolg bringt, aber auch nicht alles unökonomisch, was ethisch verantwortbar und sinnvoll ist" (Ulrich, 1993: 16). Diese Integration von Ethik und Ökonomie kann jedoch nur dann Basis der wirtschaftlichen Tätigkeit eines Unternehmens werden, wenn sie ordnungspolitisch Unterstützung erfährt. Gleichzeitig setzt diese Unterstützung aber voraus, dass „die Unternehmen [...] über die unmittelbare Geschäftsethik hinaus ihre republikanisch-politische Mitverantwortung auf Firmen- ebenso wie auf Verbandsebene wahrnehmen" (Ulrich, 2001: 429). Die eigens dafür von Ulrich (2001) entwickelte und vielfach zitierte zweistufige Konzeption der Unternehmensethik sieht auf ihrer ersten Stufe der republikanischen Unternehmensverantwortung die Aufgabe der Unternehmen, rentable Wege für legitimes Wirtschaften innerhalb bestimmter ordnungspolitischer Rahmenbedingungen zu finden. Ziel dieser Geschäftsethik ist die unternehmerische Wertschöpfung einerseits und die Sinngebung im Tun andererseits. Auf der zweiten Stufe der Unternehmensverantwortung steht die kritische Hinterfragung vorhandener Wettbewerbsbedingungen, die Unternehmen in Dilemmasituationen führen können. Ziel der republikanischen Unternehmensethik ist die Standardisierung ethisch verantwortbaren unternehmerischen Tuns einerseits und die Schaffung von Engagementinfrastrukturen für die Teilhabe von Unternehmen an gesellschaftlichen und politischen Entscheidungsprozessen andererseits.

2.1.2 Unternehmenseigene Geschäftsethik: der Konsens in der Gemeinschaft

So gesehen, liefert die republikanische Unternehmensverantwortung, deren praktische Umsetzung eine unternehmenseigene Geschäftsethik ist, die Basis für eine interne Legitimation unternehmerischen Handelns. Idealerweise ist das Unternehmen als Gemeinschaft zu verstehen, die auf der Basis eines „solidarischen Zusammenhalts jenseits der Partikularinteressen" (Ulrich, 2001: 290) ökonomisch aktiv ist. Die Geschäftsethik setzt sich aus Grundsätzen und Prinzipien zusammen, die innerhalb dieser Gemeinschaft einer Wirtschaftsorganisation ausgehandelt wurden und nach denen sich jedes Mitglied dieser Wirtschaftsorganisation richtet. Praktische Umsetzungen im Unternehmenskontext sind beispielsweise der Code of Ethics oder ein Verhaltenskodex, der das „richtige Tun", das anerkannte Arbeiten definiert. Nur die Tätigkeiten im Rahmen dieser republikanisch, also allgemein und öffentlich ausgehandelten Geschäftsethik sind legitim. Dabei geht diese republikanische Unternehmensverantwortung von einem autonomen Individuum aus, das nicht nur an der wirtschaftlich tätigen Gemeinschaft partizipiert, sondern sich auch über seine Teilhabe an dieser Gemeinschaft identifiziert. Zentrale Prinzipien einer Geschäftsethik in dieser Gemeinschaft sind die Gerechtigkeit untereinander sowie die größtmögliche persönliche Freiheit für jeden Einzelnen.

2.1.3 Ordnungspolitische Mitverantwortung: die demokratische Kontrolle

Wenn es nun aber um die Schaffung von Engagementinfrastrukturen geht, die Unternehmen in gesellschaftliche und politische Entscheidungsprozesse einbinden sollen, dann ist ein eher pragmatischer Ansatz gefordert. Doch zuvor muss die Frage geklärt werden, ob es Wirtschaftsorganisationen überhaupt zusteht, sich an solchen Prozessen zu beteiligen, beziehungsweise ob es der Öffentlichkeit zusteht, solche Forderungen an die Unternehmen zu adressieren. Vor dem Hintergrund der bereits geschilderten gesellschaftlichen Wandlungsprozesse (postindustriell, das heißt dienstleistungsgetriebene Wirtschaften, und postnational, das heißt Verlust der nationalen Identität als Bezugsgröße) wird hier die Auffassung vertreten, dass Unternehmen sich durchaus an diesen Prozessen zu beteiligen haben und dass es der Öffentlichkeit zusteht, den Einsatz von Unternehmensressourcen zur Lösung aktueller gesellschaftlicher Herausforderungen zu fordern.

Unternehmen haben im Zuge der gesellschaftlichen Wandlungsprozesse mehr kommerzielle Möglichkeiten erhalten (Moon/Crane/Matten, 2008). Durch das Outsourcen und die Privatisierung staatlicher Aufgaben zugunsten privatwirtschaftlicher Unternehmen sind diese für immer mehr Bereiche des bürgerlichen Lebens verantwortlich. Gleichzeitig ist der Trend weg von der Güterproduktion hin zum Konsum und einer immer neuen Güterentwicklung zu beobachten. Durch die Erhöhung nationaler Direktinvestitionen, des inter- und transnationalen Handels sowie des Waren- und Dienstleistungsverkehrs üben Unternehmen einen immer stärkeren Einfluss auf nationale ordnungspolitische Rahmenbedingungen aus. Einerseits haben Regierungen und politische Organisationen „reduced some modes of exercising their authority" (Moon/Crane/Matten, 2008: 51); andererseits entwickelt sich der Kapitalismus in unterschiedlichen Staaten und Regionen ganz unterschiedlich und wir beobachten eine „institutional diversity in contemporary capitalism" (Kinderman, 2009: 12). Eines dieser Resultate ist beispielsweise die Bereitstellung von Renten, Bildung, Gesundheit, Arbeitnehmerrechten und Umweltschutzmaßnahmen durch Wirtschaftsorganisationen. Das Unternehmen wird damit immer mehr zum Teil der (Staats-)Bürgergesellschaft. Der Status eines Staatsbürgers bleibt für sie allerdings eingeschränkt. Ihr Verhältnis zum Staat ist zwar durch das Primat der Politik von Über- und Unterordnung gekennzeichnet, und sie haben auch die Möglichkeit der kritischen Reflexion und Stellungnahme zu politischen Entscheidungen (Ulrich, 2001). Doch ihr Engagement bleibt auf Lobbying, Entscheidungsfindung und Mobilisierung sowie das Denken in den Kategorien der ökonomischen, sozialen und ökologischen Wertschöpfung beschränkt (Moon/Crane/Matten, 2008).

Scherer und Palazzo (2006) gehen in Anknüpfung an Ulrichs Gedanken des ordoliberalen Engagements von Unternehmen zum Zweck einer lebensdienlichen Marktwirtschaft noch einen Schritt weiter und fordern von den Unternehmen als quasi-öffentliche und somit auch dem Gemeinwohl verpflichtete Organisationen politische Legitimierung ihrer ökonomischen Tätigkeiten. Und sie sind nicht allein: "Very Big Enterprises (VBEs) [are] the ultimative structuring forces of the world economy and the real drivers of globalization [...] self-regulation of these enterprises by corporate social responsibility (CSR)-type regulation initiatives may well not be suffice to counterbalance their long-term structuring power" (Dembinski, 2010: 67). Auch Dembinski spricht die Politisierung des Privaten sowie den Ruf nach einer neuen Ordnungspolitik an, welche die Unzulänglichkeiten staatlicher Regulierungen sowie die wachsende Unkontrollierbarkeit des Wirtschaftens ausbalancieren soll. Palazzo und Scherer entwickeln auf der Grundlage der Unternehmen als „most important new political institution[s] in the contemporary political order“ (Scherer/Palazzo, 2006: 78) dazu ein Angebot. Vor allem international tätige Unternehmen sind nicht mehr bloß Adressaten von Regulierungen, sondern haben sich trotz einer formalen Entpolitisierung der Wirtschaft zu politischen Akteuren mit neuen Formen der politischen Partizipation und Regulierungsmechanismen entwickelt (Wettstein, 2009). Deutlich wird das zum Beispiel, wenn eines dieser Unternehmen die Achtung und Wahrung der Menschenrechte in seiner Geschäftsethik integriert hat, aber in einem Umfeld oder Land tätig ist, das eben jene UN-Menschenrechtskonvention nicht achtet. Damit erfolgt eine zunehmende Politisierung der Legitimität unternehmerischen Handelns. Eine Wirtschaftsorganisation muss heute auf die Eigenschaften der sie umgebenden Gesellschaft eingehen, die ihrerseits einen ganz bestimmten themenorientierten Dialog und Austausch fordert. Gleichzeitig wirkt die Art und Weise, wie eine Wirtschaftsorganisation in den Dialog mit der Umgebung tritt und wie sie diesen Dialog wiederum intern widerspiegelt, auf ihre Legitimität. Letzten Endes geht es um einen Aushandlungsprozess, bei dem die moralische Legitimität eines Unternehmens immer wieder neu geschaffen wird (Scherer/Palazzo, 2006).

Gesellschaftliche Partizipation, der Dialog in neuen Netzwerken zum gegenseitigen Austausch sowie die kollektive Entscheidungsfindung als Beitrag zum guten und gerechten Zusammenleben beruhen auf dem normgeleiteten Verhalten der Unternehmen (Palazzo/Scherer, 2007). Gleichzeitig rücken damit kollektive Akteure immer weiter in den Vordergrund. Dem Unternehmen als Gemeinschaft stehen andere Vereinigungen gegenüber, die Menschen formen, um ihren Willen zu artikulieren. Handlungs- und zielorientiertes Vorgehen für die konstante Verbesserung und Transformation von Prozessen und Institutionen sowie die prozessorientierte Interpretation von Legitimität lassen Unternehmen zum Akteur im Meinungsbildungsprozess werden. Zudem kann ein Unternehmen seine Ressourcen einsetzen, um im internationalen Kontext rechtliche und moralische Standards nicht nur zu setzen, sondern auch durchzusetzen, womit erneut seine moralische Legitimität erzeugt wird. Wirtschaftsorganisationen werden dadurch Problemlöser für gesellschaftliche Herausforderungen, das Engagement bleibt aber stets eingebunden in einem gesamtgesellschaftlichen Diskurs, gekennzeichnet von Offenheit und Rechenschaftspflicht sowie einer langfristigen politisierten Zusammenarbeit mit Politik und Gesellschaft. Diese Bemühungen haben die demokratische Kontrolle der Unternehmen zum Ziel, die auf der Gegenseitigkeit von Wirtschaft, Gesellschaft und Politik beruht.

2.2 Zwischenbilanz

Die Integrative Wirtschaftsethik, das Ineinandergreifen von Ethik und Ökonomik für ein besseres und gerechteres Ganzes, bietet die Basis für die Legitimität unternehmerischer Tätigkeiten. Diese sind vor dem Hintergrund gesamtgesellschaftlicher Zielvorstellungen stets aufs Neue zu prüfen, zu hinterfragen und gegebenenfalls anzupassen. Die Wirtschaft als Ganzes ist lediglich ein Teilsystem der Gesellschaft, die einzelnen Wirtschaftsorganisationen treten darin als quasi-öffentliche, auch dem Wohl der Allgemeinheit und somit nicht ausschließlich privatwirtschaftlichen Interessen verpflichtete Institutionen auf. Das unternehmerische Handeln wiederum baut auf der Geschäftsethik als interner Legitimation sowie der ordnungspolitischen Mitverantwortung als externer Legitimation auf. Nicht nur Eigentümer und Management, sondern auch die Öffentlichkeit und die Arbeitnehmer werden in den Entscheidungs- und Legitimationsprozess mit eingebunden. Durch Aushandlungsprozesse mit anderen gesellschaftlichen Teilsystemen wird nicht nur ein Konsens in der Gemeinschaft über die wirtschaftlichen Aktivitäten hergestellt. Diese Aushandlungsprozesse, in welche die Wirtschaftsorganisationen durch spezifische Engagementinfrastrukturen eingebunden sind, stellen zugleich eine demokratische, das heißt von allen Seiten her öffentliche und transparente Kontrolle über ökonomischen Aktivitäten dar.

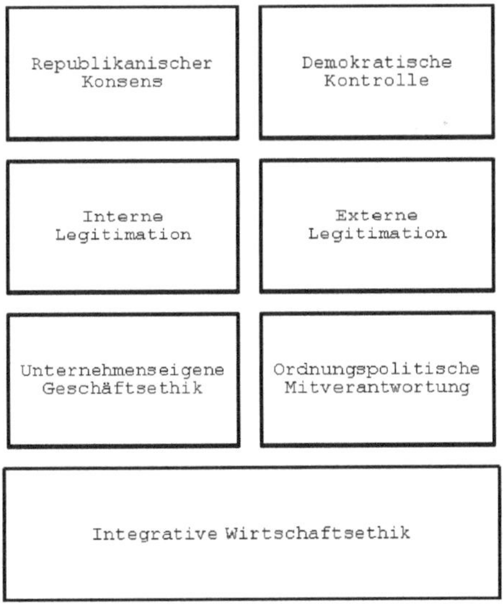

Abb. 2.2: Darstellung der Legitimationskomponenten. Quelle: eigene Darstellung, 2011

2.3 Forschungsschwerpunkt

Doch was hat das mit Russland zu tun? Zentral für die Wahl des Forschungsschwerpunktes Russland ist die jahrhundertealte russische Debatte über den „dritten Weg" des Landes sowie seine sich in zweierlei Hinsicht vollziehende Transformation.

2.3.1 Der dritte Weg

Grundlegend ist in der vorliegenden Arbeit die in vielerlei Hinsicht besondere Stellung und Lage des Landes sowie seine daraus folgende eigene Gesellschaftsordnung, politische Herrschaft und Wirtschaftsweise. Dritte Wege werden jedoch nicht nur in diesem kulturspezifischen Kontext diskutiert. Ulrich und Maak (2000) denken mit Verweis auf die osteuropäischen Transformationsprozesse ebenfalls über eine ordnungspolitische Alternative zu Markt- und Planwirtschaft nach, die sowohl zwischen dem „markthörigen Wirtschaftsliberalismus" einerseits und dem „staatshörigen Realsozialismus" andererseits hindurchführt. Sie entwerfen das Bild einer Bürgergesellschaft, eines republikanischen Liberalismus, in der eine Gesellschaft freier und gleicher Bürger ihre Zielvorstellungen von einem guten und gerechten Leben formuliert, die sowohl vor der Marktfreiheit wie auch vor dem staatlich-administrativen Apparat Vorrang haben. Ihre Alternative verortet die Wirtschaft in der Gesellschaft, statt sie separat danebenzustellen oder in eine durch Traditionen gebundene Staatsgemeinschaft zu verlegen (Ulrich/Maak, 2000).

2.3.2 Die russische Praxis unternehmerischer Verantwortung

Des Weiteren wurde das Land für diese Arbeit als Forschungsschwerpunkt ausgewählt, weil sich seine Wirtschaft und seine Unternehmen, wie noch nachzuweisen sein wird, im Spannungsverhältnis zwischen einem zwingend nötigen Konsens in der Gemeinschaft einerseits und der gesamtgesellschaftlichen Kontrolle andererseits befinden. Im praktischen Alltag bedeutet dieses Spannungsverhältnis, dass der Ausbalancierung gegenseitiger Interessen und Ansprüche der Wirtschaftsakteure in vielen Fällen die gesellschaftliche Legitimität des Handelns fehlt. Der historisch zu verortende Erhalt einer sozialen Infrastruktur im unternehmerischen Umfeld hemmt vermeintlich die russischen Unternehmen einerseits bei einer raschen und umfassenden technischen sowie betriebswirtschaftlichen Umgestaltung der Unternehmen für eine adäquate Präsenz auf dem Weltmarkt. Andererseits fordert die internationale Geschäftswelt Akte der Selbstverpflichtung zu sozialen und ökologischen Investitionen. So haben die Großunternehmen zwar formal CSR-Reporte und Geschäftsgrundsätze vorzulegen, ob sie jedoch in einem deliberativen internen und externen Prozess ausgehandelt wurden, ob sie die gewünschten Erfolge haben und auf die realen Bedürfnisse der Anspruchsgruppen ausgerichtet sind, ist offen. Ebenso offen ist die ganz handlungsorientierte Frage, ob die im weltweiten Vergleich beispiellos hohen sozialen Investitionen russischer Unternehmen (Livishin/Weitz, 2006) einen nachhaltigen Beitrag zum gesellschaftlichen Mehrwert leisten. Für viele russische Unternehmen stellt sich somit die Frage, wie der Spagat zwischen dem nationalen Bewusstsein der Wirtschaftsorganisation als eine dem Gemeinwohl verpflichtete öffentliche Institution, den internationalen Erwartungen hinsichtlich einer wirtschaftlichen Liberalisierung sowie der zunehmenden globalen Standardisierung sozialer und ökologischer Unternehmensverantwortung, allzu oft allerdings im Sinne instrumenteller und funktionalistischer Wirtschaftsethiken, zu schaffen ist.

2.3.3 Die russische Transformationsökonomie

Schließlich ist das Land im Sinne der politischen Ökonomie wie auch der Soziologie eine Transformationsökonomie, in welcher gesellschaftliche Wandlungsprozesse wegen der Gleichzeitigkeit der Transformationsprozesse in Politik, Wirtschaft und Gesellschaft besonders hervorstechend ins Auge fallen (Merkel, 1994). In seiner Ökonomismuskritik befasst auch Ulrich (2001) sich mit gesellschaftlichen Wandlungsprozessen und hinterfragt gegebene gesellschaftliche Verhältnisse. Gleichzeitig bietet er mit seiner Integrativen Wirtschaftsethik einen Weg zu einem neuen Verhältnis zwischen Wirtschaft und Gesellschaft an. Indem er dieses theoretische Konzept entwirft, fordert er eine Transformation der ethischen Grundlagen des Wirtschaftens, als deren Ziel nicht die unbedingte Profitmaximierung als normative Grundlage steht, sondern die Frage nach der Zumutbarkeit unternehmerischer Aktivitäten für die Gesellschaft und die natürliche Umwelt. Im Falle von Russland kann man sogar von einer doppelten Transformation sprechen, weil die Entwicklung des Landes den Weg einer traditionell staatsnahen zu einer kapitalistisch-marktliberal ausgerichteten Wirtschaft ebenso widerspiegelt wie die Herausforderung bei der Umwandlung und Akkumulation von vorhandenem ökonomischen Kapital in soziales und kulturelles – eine Herausforderung, vor der alle entwickelten Volkswirtschaften im 21. Jahrhundert stehen.

Die traditionelle Staatsnähe der russischen Wirtschaft reicht weit in die Geschichte des Landes zurück. Eine mögliche historische Erklärung ist die unter der zaristischen Autorität starke Abhängigkeit einzelner Wirtschaftseinheiten (Ländereien, Manufakturen, vorindustrielle Betriebe, Binnen- und Außenhandel) von der Verwaltung, in erster Linie vom Thron und vom Zaren persönlich. Im Zusammenhang mit der russischen Wirtschaftsentwicklung wird oft von Patrimonialismus[1] gesprochen (u. a. Buss, 1989; Zweynert, 2002). Nach der Zeit der Wirren im 16. Jahrhundert wurde mit Michail Romanov ein Vertreter einer Moskauer Großhändlerfamilie zum Zaren ernannt. Damit begann nicht nur die Durchsetzung der patriarchalischen Herrschaftsausübung, sondern auch die Monopolisierung des Handels in den Händen der Staatsführung, die Konfiszierung des Klosterlandes (circa ein Drittel des russischen Bodens war zur damaligen Zeit im Besitz der Kirche) sowie die Zentralisierung der wirtschaftlichen Ressourcen weg von der Kirche hin zur Krone. Katharina II. erließ schließlich 1764 ein Dekret über die Säkularisierung aller Kirchengüter. Durch die vom Zaren bestimmte Landvergabe an die Untertanen wurde zusätzlich deren Gehorsam eingefordert, was eine einseitige Dienstpflicht des Lehnsmanns gegenüber dem Herrscher zur Folge hatte (Buss, 1989).

Die Landvergabe hatte außerdem zur Folge, dass die Vorstellung vom eigenen, privaten Grund und Boden weitestgehend unbekannt blieb. Da die Bodenschätze und natürlichen Ressourcen ebenfalls Eigentum der Krone blieben, auch wenn sie privatwirtschaftlich produziert und verarbeitet werden konnten, hatte der russische Staat stets eine besondere Stellung und einen herausgehobenen Einfluss auf die wirtschaftliche Aktivitäten in seinem Land. So wurde die wirtschaftliche Macht und der Reichtum des Landes von „Väterchen Zar“ kontrolliert und verteilt, der in autoritärer, patriarchaler Weise darüber herrschte. Die private Kapitalbildung blieb infolgedessen stets begrenzt, auf bestimmte Wirtschaftszweige beschränkt und von persönlichen Netzwerken dominiert. Die Einführung der Neuen Politischen Ökonomie nach der Oktoberrevolution und die spätere Kollektivierung der Landwirtschaft sowie die Einführung der Plan- und Verwaltungswirtschaft in den zwanziger Jahren des 20. Jahrhunderts hoben privatwirtschaftliche Initiativen vorerst gänzlich auf (Döpmann, 1967; Nyssen, 1984; Goehrke, 2003).

Dennoch war die Herrschaft der Verwaltung über die Wirtschaft in der Sowjetunion nicht bis zu deren Ende hin totalitär. Die folgende Darstellung soll zeigen, dass die ökonomische Transformation nicht erst 1991 einsetzte, sondern ein

---

1 Ursprünglich ist der Patrimonialismus ein von Weber entwickeltes Herrschaftskonzept, das sich auf Familienstrukturen konzentriert, in denen die Herrschaft des Vaters, des Patriarchen, innerhalb der Familie dominant ist.

langer Prozess war, der im Ergebnis überhaupt erst eine Marktwirtschaft zuließ. Mit dem Betriebsverfassungsgesetz in seiner Fassung aus den 1960er Jahren gab die administrative Wirtschaftsplanung der Sowjetunion in Teilen der seit Mitte der 1950er stattfindenden Debatte um Preisplanung und Kapitalrechnung der Betriebe nach. Grund dafür war das sich verlangsamende Wachstum beziehungsweise die Stagnation der sowjetischen Volkswirtschaft. So fand 1965 das erste Mal seit zehn Jahren eine neue Preisfestsetzung der in den staatseigenen Betrieben produzierten Güter statt (Horwitz, 1966). Anreizprämien und Boni sollten zudem als Stimuli für eine effektivere und Ressourcen schonendere Produktion eingesetzt werden. Gleichzeitig sollten damit auch die Kapazitäten der Mitarbeiter ausgelastet und das Interesse an Gewinnstreben geweckt werden. Die Betriebe waren seitdem in der Lage, direkt miteinander Verträge und Geschäfte auszuhandeln sowie über Fonds ihre technischen Neuerungen selbst zu finanzieren. Schließlich wurde auch der Preisbildung eine gewisse Funktion in der Wirtschaftslenkung zuerkannt und es kam zur Gründung eines staatlichen Preiskomitees (Vogel/Kontetzki, 1966).

Eine am Angebot und der Nachfrage orientierte Preispolitik, der Wettbewerb um Ressourcen und Güter sowie Dezentralisierungsbestrebungen in der Wirtschaft waren hier also die Elemente einer Marktökonomie, die im administrierten Markt greifen sollten. Der individuelle Spielraum des Betriebsdirektors weitete sich dadurch aus und führte zu einer höheren Flexibilität bei Lieferengpässen, der Produktqualität und dem Ressourcenverbrauch. Da der Staat jedoch wichtigster Hauptakteur in der sowjetischen Wirtschaft blieb, waren die persönlichen Beziehungen zur regionalen Verwaltung für die Durchsetzung wirtschaftlicher Interessen nach wie vor wichtig. Die Ausbalancierung von Lieferengpässen und die Beschaffung ökonomischer Ressourcen für die Planerfüllung waren das dringlichste Anliegen. Mit einer engen regionalen und lokalen Kooperation, durch ein engmaschiges Beziehungsgeflecht zwischen Politik und Produktion, da ja beide gleichermaßen am Wirtschaftsprozess beteiligt waren, entwickelten sich im Laufe der Jahre Strategien heraus, die zum Unterhalt einer Parallelwirtschaft, vorbei an den offiziellen Plänen, führten. Eine ganz gebräuchliche Form war die Selbstversorgung durch Reparatur und Improvisation. Statistiken zufolge waren 25–28 % der Arbeiter für die Reparatur von Anlagen in den Unternehmen eingestellt; 20 % der lokalen Unternehmen um einen Großbetrieb herum waren für die Reparatur und weitere Dienstleistungen bei dem jeweiligen Großbetrieb oder seinen Anlagen zuständig (Rutland, 1993). Eine weitere Strategie war die Verschleierung der tatsächlichen Produktionsleistungen, um bei Engpässen die vorgegebenen Normen dennoch zu erfüllen. Dazu kamen die Lagerung der Lieferungen und das Horten unnötiger Bestellungen (Rutland, 1993). Diese Prozesse waren aufgrund der Größe des Landes schwer zu kontrollieren, zumal sich daraus der horizontale Handel entwickelte, bei dem die gehorteten Güter mit Produkten und Dienstleistungen anderer Betriebe getauscht wurden. Dafür hatten die Unternehmen ihre eigenen Disponenten (Толкачи, Tolkači), meistens sogar hochbezahlt, die wussten, wo man welche Güter und Dienstleistungen gegen andere für welchen Betriebsteil tauschen oder handeln konnte. Hier kommt vor allem das oben erwähnte Beziehungsgeflecht aus Politik und Wirtschaft zum Tragen, denn ein großes Netzwerk war genauso erforderlich wie Geschick und Vertrauen. Außerdem mussten die Betriebsunterlagen so angepasst werden, dass die zentrale Verwaltung der Gossnab (Abkürzung für Gosudarstvennyj komitet po material'no-techničeskomu snabženiju, Государственный комитет по материально-техническому снабжению, Staatliches Komitee für materiell-technische Versorgung der UdSSR) auf die Lagerung sowie den unplanmäßigen Tausch und Handel nicht aufmerksam wurde (Rutland, 1993).

Somit fand schon vor der offiziellen Transformation der sowjetischen, i. e. russischen Ökonomie ein Prozess der Kapitalisierung und des Wettbewerbs um die knappen Güter statt. Allerdings erfolgte dieser Prozess ohne strukturelle und institutionelle Wandlungen und ohne die Grundlage des Preises (Tauschwerts) als Warenwert, sondern auf der Grundlage sozialen Kapitals und der persönlichen Beziehungen untereinander. Es herrschte der „Vorrang der Logik einer sozial gebundenen Gemeinschaft" (Ivleva, 2008: 37), in welcher der Marktpreis eines Gutes keine Rolle spielte, sondern der Zugang zu Netzwerken und Ressourcen. Eine Modifizierung dieses Modells war selbst dann nicht mehr möglich, als bereits die sogenannte „dritte Welle der Industrialisierung" über die Sowjetunion hinwegrollte. Die voranschreitende Technisierung und Digitalisierung der Wirtschaftsprozesse hätte vor allem ein noch flexibleres Entscheidungssystem gefordert, in erster Linie kürzere Verwaltungswege und eine noch höhere Autonomie der Betriebe. Wer in dem bestehenden System jedoch die Kontrolle hatte, wollte sie nur ungern oder gar nicht hergeben, und auch als Mitte der 1980er Jahre das Recht auf Privateigentum eingeführt sowie mehr Transparenz und Öffentlichkeit hergestellt wurden, konnte nicht verhindert werden, dass die Sowjetunion sich auch aufgrund wirtschaftlicher Überdehnung in der Binnen- wie in der Außenwirtschaft auflöste.

Der Prozess der Transformation einer Volkswirtschaft setzt sich aus Sicht der politischen Ökonomie also aus folgenden Merkmalen zusammen: Systemwechsel, Privatisierung, liberale Preispolitik, Wettbewerbspolitik, Deindustrialisierung, Dezentralisierung der Produktion sowie Neuordnung der Außenwirtschaftsbeziehungen (Merkel, 1994). Die als kollektive Autonomie in den russischen Betrieben angedachte Voucher-Privatisierung scheiterte jedoch an den unzureichenden rechtlichen Rahmenbedingungen sowie an der mangelnden Durchsetzung von Eigentumsrechten in Russland. Die enorme Freisetzung von Arbeitskräften infolge der Deindustrialisierung mitsamt der damit einhergehenden Güterknappheit führte zur anhaltenden prekären Lage der Wirtschaft, zu Krisen und Inflation in den 1990er Jahren. Aufgrund dieser Erfahrungen kehrte die russische Volkswirtschaft zu einer stärkeren Zentralisierung des Wettbewerbs und der wirtschaftlichen Freiheit zurück. In ihr ist zwar ein Pluralismus in den Eigentumsformen und im Wirtschaften an sich vorhanden, das Staatseigentum sowie die Gewährleistung sozialer Garantien von Unternehmen werden jedoch in besonderer Weise geschützt und bewahrt. Damit ist die Staatsnähe der Wirtschaft heute erneut stark wie eh und je.

Ist diese Tatsache Anlass, von einer gescheiterten Transformationsökonomie zu sprechen? Oder sind diese Entwicklungen eine den globalen Tendenzen folgende Transformation, vergleicht man etwa die Prozesse in Russland mit den Verstaatlichungsbemühungen im deutschen Bankensektor oder die Rettung des Opel-Konzerns für den Erhalt des sozialen Friedens in Deutschland im Zuge der internationalen Finanzkrise von 2008? Fest steht, dass diese Erscheinungen der Ausdruck des unklar gewordenen Verhältnisses von Wirtschaft und Gesellschaft sowie die Bemühungen sind, neue ordnungspolitische Rahmenbedingungen für eine lebensdienliche Wirtschaft in der Gesellschaft zu erarbeiten. Kosten-Nutzen-Kalküle und die unbedingte Profitmaximierung können nicht die ethisch-normativen Grundlagen der Ökonomie sein und was wir erleben, ist die Transformation des moralischen Fundaments des Wirtschaftens.

2.3.3.1 Die Transformation der Kapitalformen

Der Einordnung einer Transformationsökonomie aus soziologischer Perspektive werden die Überlegungen von Pierre Bourdieu über die Akkumulation und die Umwandlung von Kapital vorangestellt. Sie sind deshalb von Bedeutung, weil das Thema Wettbewerb um die besten Köpfe, um Wissen und Bildung in Dienstleistungsgesellschaften, das heißt in postindustriellen Gesellschaften und auch in der russischen Ökonomie, eine immer größere Bedeutung hat. Bourdieu setzte sich Zeit seines wissenschaftlichen und forschenden Lebens mit den Macht- und Ungleichheitsverhältnissen innerhalb einer Gesellschaft auseinander und befasste sich auch eingehend mit dem Kapitalbegriff. Er definiert Kapital als „soziale Energie“ (Fuchs-Einritz/König, 2005: 157), die akkumuliert, gespeichert und umgewandelt werden kann. Sie kann in materieller Form oder als immaterielles Gut vorkommen und definiert je nach ihrer Größe die unterschiedlichen Möglichkeiten des Einzelnen oder von Gruppen. Er unterscheidet außerdem je nach gesellschaftlichem Umfeld verschiedene Kapitalsorten, wobei für unseren Zusammenhang lediglich das ökonomische, das soziale sowie das kulturelle Kapital von Bedeutung sind. Das ökonomische Kapital schließt alles Materielle ein, was der Ware-Geld-Beziehung zugeführt werden kann, auch das Eigentumsrecht. Das kulturelle Kapital tritt in zweifacher Form auf, einmal objektiv in Form von technischen Instrumenten, Büchern und Kunstgegenständen und, wie es für diese Arbeit auch gebraucht und verwendet wird, in Form von Kenntnissen, Fähigkeiten und Fertigkeiten, das heißt in Form von Bildung des Einzelnen. Das soziale Kapital schließlich umfasst das Netz an Beziehungen, die Einzelne oder gesellschaftliche Gruppen zueinander pflegen und das durch „Beziehungsarbeit“ (Fuchs-Einritz/König, 2005: 166) stets erneuert werden muss. Es dient in erster Linie dazu, die Möglichkeiten zum Erhalt und zur Mehrung des ökonomischen und kulturellen Kapitals zu sichern. Gleichzeitig gilt das Prinzip der „Erhaltung der Energie“, das heißt, Verluste bei der einen Kapitalform werden mit Gewinnen bei einer anderen Kapitalform kompensiert: „Die Tatsache der gegenseitigen Konvertierbarkeit der verschiedenen Kapitalarten ist der Ausgangspunkt für Strategien, die die Reproduktion des Kapitals (und der Position im sozialen Raum) mit Hilfe möglichst geringer Kapitalumwandlungskosten (Umwandlungsarbeit und inhärente Umwandlungsverluste) erreichen möchten“ (Bourdieu, 1983: 197).

Konvertierbarkeit als Transformation – welche Bedeutung hat die Kapitaltransformation für die Volkswirtschaften im 21. Jahrhundert und warum ist die Auseinandersetzung damit so wichtig? Vor allem die Transformation ökonomischen Kapitals in kulturelles Kapital ist zentral; Bildung, Innovationsfähigkeit und Patentzulassungen tragen zum gesellschaftlichen Mehrwert bei; die Unterstützung kultureller Einrichtungen und die Wahrung des kulturellen Erbes des Landes sind gleichermaßen von Bedeutung. Denn erst ab einem gewissen Bildungsniveau ist überhaupt eine qualifizierte Partizipation an wirtschaftlichen Aushandlungs-, Entscheidungs- und Durchführungsprozessen möglich. Wie wir noch sehen werden, hatte diese Erkenntnis bereits für die Mitarbeiterpartizipation in sowjetischen Betrieben Relevanz und ist im Laufe der vergangenen zwanzig Jahre gewichtiger geworden. Daneben ist die Transformation des ökonomischen in soziales Kapital eine Herausforderung für Unternehmen: Soziale Investitionen von Unternehmen führen zu kollektivem Handeln, sie werden zu einem öffentlichem Gut, zu dem aber nicht jeder Zugang hat, da nicht jeder jeden kennt oder in allen Netzwerken aktiv beziehungsweise als Organisation vertreten ist. Soziales Kapital führt aber auch zu unternehmensinternen wie -externen Beteiligungs- und Engagementinfrastrukturen sowie zu bürgerschaftlichen Aktivitäten. Diese Transformation von Kapital erhöht die Legitimation für unternehmerische Aktivitäten, indem sie als Teil der Geschäftsethik ins unternehmerische Handeln inkorporiert wird oder indem sie als Ausdruck der ordnungspolitischen Mitverantwortung im unternehmerischen Beziehungsgeflecht geltend wird. Gleichzeitig tragen Akkumulation und Transformation der Kapitalsorten eines Unternehmens, vor allem in soziales und kulturelles Kapital, zu einem Wandel der ethisch-normativen Grundlagen des Wirtschaftens in der Gesellschaft bei und liefern eine Antwort auf die Fragen: Welche Werte – für wen?

2.4 Zwischenbilanz

Die interne und externe Legitimität, unternehmenseigene Geschäftsethik und ordnungspolitische Mitverantwortung, sind die Voraussetzungen für jedwede wirtschaftliche Aktivität

Peter Ulrich nimmt ebenso wie Palazzo und Scherer Wirtschaftsorganisationen als öffentliche Institutionen wahr, die zwar in verschiedenen Eigentumsformen auftreten, aber dennoch dem Wohle der Allgemeinheit sowie den privatwirtschaftlichen Interessen verpflichtet sind. In Russland ist das Phänomen zu beobachten, dass Unternehmen aufgrund historischer und kulturspezifischer Pfadabhängigkeiten als öffentliche Institution in Form von Gemeineigentum wahrgenommen werden. Darum stoßen Privateigentum und Eigentumsrechte hier auf eine geringere Akzeptanz, als die Theorie es voraussetzt, die von öffentlich im Sinne der demokratischen Kontrolle ausgeht und nicht im Sinne des Gemeineigentums. Der zu beschreitende Dritte Weg betont die Andersartigkeit des Landes und wird in den theoretischen Konzepten von der Gesellschaft her gedacht, von einer erhöhten Partizipation, während er in Russland vom Staat her gedacht wird, von seiner Dominanz in allen gesellschaftlichen Teilsystemen. Transformation beschreibt im Ulrich'schen Sinn eine Neuverortung der Wirtschaft in der Gesellschaft und eine Neuausrichtung der ethisch-normativen Grundlagen ökonomischer Aktivitäten. Im Zusammenhang mit Russland sprechen wir bei Transformation über den Übergang von Wirtschaftssystemen, dem aber auch ein moralischer Wandel zugrunde liegt. Zusammengefasst lässt sich feststellen, dass sich die äußeren Erscheinungen sehr ähnlich sind, Theorie und praxisrelevantes Beispiel im Kern jedoch eine Reihe unterschiedlicher Ausgangsbedingungen haben. Als eine Verbindung, eine Brücke von der Ulrich'schen Konzeption zur russischen Realität, die ihrer äußeren Erscheinung nach, aber nicht ihrem Kern nach ähnlich sind, können das Prinzip Obščina, im Sinne einer wirtschaftlichen Gemeinschaft sowie im Sinne des Konsenses in der Gemeinschaft, und das Prinzip Obščestvo, im Sinne des gemeinschaftlichen Wirtschaftens sowie der demokratischen Kontrolle, fungieren. Sie stellen das Fundament für legitimes Wirtschaften in Russland, das seinerseits einen Beitrag zum gesellschaftlichen Mehrwert leistet.

Und weil die Ulrich'schen theoretischen Kernaussagen in vielem mit der russischen gelebten Wirtschaftsethik übereinzustimmen scheinen, wurde die

Ethik des Wirtschaftens in Russland als Forschungsschwerpunkt ausgewählt. Dennoch bleiben die Innenwelten von Theorie und Praxis unterschiedlich, da die Frage nach der Legitimität in beiden Fällen unterschiedlich beantwortet wird. In dieser Arbeit geht es also auch darum, die Legitimität russischer ökonomischer Aktivitäten zu überprüfen und sie auf Grundlage eines gemeinschaftlichen Konsenses sowie der gegenseitigen Kontrolle neu zu entwerfen.

Tab. 2.1: Darstellung des Forschungsschwerpunktes. Quelle: eigene Darstellung, 2011

Integrative Wirtschaftsethik: Theoretische Kernaussagen	Russkand: Praxisrelevantes Beispiel
Wirtschaftsorganisationen sind aufgrund ihres gesamtgesellschaftlichen Wirkungskreises quasi-öffentliche Institutionen.	Unternehmen werden in Russland aufgrund historischer und kulturspezifischer Pfadabhängigkeiten als öffentliche Institution wahrgenommen.
Der republikanische Liberalismus (Bürgergesellschaft) weist als Dritter Weg eine ordnungspolitische Alternative zwischen Markt- und Planwirtschaft, zwischen Wirtschaftsliberalismus und Sozialetatismus auf.	Die jahrhundertealte Betonung von Russlands Sonderstellung im globalen gesellschaftlichen, politischen und wirtschaftlichen Kontext fordert einen Dritten Weg als Ausdruck des guten und gerechten Zusammenlebens.
Das Verhältnis zwischen Wirtschaft und Gesellschaft ist unklar geworden – die Beschreibung des Wandels dient als Grundlage der Integrativen Wirtschaftsethik.	Russland ist eine Transformationsökonomie im doppelten Sinne.

3 Ethik des Wirtschaftens in Russland

Der sozio-kulturelle Hintergrund der Wirtschaftsethik in Russland ist die gemeinschaftliche Einbettung des Einzelnen in einem sozialen, ökonomischen und politischen Organisationsgebilde. Demgegenüber steht die individuelle Selbstversorgung des Lebens im westlichen Kulturraum. „Schon sehr früh scheint sich [...] die Stammverfassung als Ortsgemeindeverfassung gestaltet zu haben, Zar und Gemeinde (mir) waren von Anfang an in der Staatsanschauung des russischen Volkes die Gegenstände der höchsten, ja man kann sagen, einer heiligen Verehrung und Anhänglichkeit“ (Haxthausen, 1866: 39). Daraus ergeben sich zwei wesentliche Prinzipien der russischen Gesellschaft und des russischen Wirtschaftslebens: „Russland setzt sich aus zwei sozialen Integralen überwältigender Stärke zusammen, im Kern sind das Selbstherrschaft und Bauernschaft“ (Kočarovskij, 1926: 77).

Der folgende Teil der Arbeit befasst sich mit diesen beiden „Integralen“ und übersetzt sie mit den Begriffen Obščestvo und Obščina. Dabei wird wie folgt vorgegangen: erst wird der Begriff Obščina erläutert, seine Genese von der Beschreibung der Sippe beziehungsweise der Familie über die Interessengemeinschaft und Verwaltungseinheit bis zur Definition der Obščina als wirtschaftliche Gemeinschaft. Dabei wird zwischen der internen wirtschaftlichen Gemeinschaft innerhalb eines Betriebes und der externen wirtschaftlichen Gemeinschaft im nahen Umfeld von Abbau- und Produktionsstätten (Monostädte) unterschieden. Kennzeichnend für die Obščina ist ihre innere Autonomie, der allerdings im Laufe der Zeit die ökonomische Selbständigkeit schrittweise aberkannt wurde. Der Kritik am Fehlen der wirtschaftlichen Unabhängigkeit der Obščina schließt sich im vierten Teil der Arbeit die Erneuerung des Begriffs an, die auf der ökonomischen Autonomie und dem demokratischen Konsens in der Gemeinschaft über die Zumutbarkeit ökonomischer Tätigkeiten basiert.

Anschließend folgt die Erläuterung des Begriffs Obščestvo. Er entsteht auf der Grundlage des Widerspruchs zwischen dem Verständnis von Gesellschaft als staatliche Herrschaftsausübung, der Zentralisierung der Wirtschaft in den Verwaltungs- und Machtstrukturen einerseits und dem Ideal der Sobornost’, der All-Einheit der Dinge und des Lebens sowie der Gleichheit und Beteiligung aller am Wirtschafts- und Verteilungsprozess andererseits. Die Erneuerung des Begriffs Obščestvo im vierten Teil geschieht auf der Basis einer Synthese dieser widersprüchlichen Standpunkte. Einerseits kann gemeinschaftliches Wirtschaften nicht nur auf der Basis herrschaftlicher Kontrollmechanismen geschehen, es braucht eine demokratische, umfassende Kontrolle. Andererseits fordert die gleichberechtigte Teilhabe aller an wirtschaftlichen Prozessen und Entwicklungen auch die Prüfung aller Aktivitäten durch alle Beteiligten.

3.1 Wandel und Kontinuität der Obščina

3.1.1 Die Obščina als Familienverband

Die Entstehung und der Bedeutungswandel des Begriffs Obščina (russisch: община; Übersetzung: Gemeinde, Gemeinschaft; auch gebräuchlich: Mir; russisch: мир; eine der Übersetzungen: Dorfgemeinschaft mit Gemeinbesitz an Boden) sind eng mit der historischen Entwicklung der ostslawischen, i. e. russischen Gesellschaft sowie regionalen Ausprägungen im Süden des Reiches verbunden. Ursprünglich bedeutete er Lebenswelt, Gemeinde und Gemeindemitglieder. Markant in dieser Lebenswelt ist die Gleichheit der Interessen sowie die Gleichheit der Mitglieder untereinander, die jedoch alle entweder dem leiblichen Vater oder einem Herrscher unterstellt sind.

Die Slawen waren ursprünglich ein Nomadenvolk, siedelten im Norden Osteuropas längs der Flüsse und kolonisierten später das Landesinnere aufgrund stetig wachsender Bevölkerungszahlen. Die Verbindung zu den alten Gebieten sowie die Hoheit der alten über die neuen blieben jedoch bestehen. Noch heute spricht man von der „Mutter" Rostov oder der Mutter „Jaroslavl", den Siedlungen am Ufer der Flüsse, von denen aus die Kolonisierung der Regionen startete und von denen aus sich die ersten Fürstentümer herausbildeten (Haxthausen, 1866). Die Selbstversorgung der Sippe und das sich herausbildende autarke Hofsystem waren die ökonomischen Grundlagen dieser sozialen Ordnung. Der Begriff der „Familie" hat hier eine eigene Bedeutung erhalten: Er bezog sich nämlich nicht nur auf Blutsverwandte, da es durchaus üblich war, auf dem Hof arbeitende Sklaven und Kriegsgefangene mit in die Familie aufzunehmen. Höfe und Siedlungen konnten sich dadurch ein Höchstmaß an Autonomie und wirtschaftlicher Selbständigkeit bewahren (Lyščov, 1969).

Parallel dazu bildete sich in Byzanz die slawische Obščina auf der Grundlage eines gemeinsamen Alltags heraus. Vor allem in Byzanz hielten die Slawen an ihren Bräuchen und Sitten fest, nahmen die byzantinischen Gesetze nicht an, waren aber andererseits wanderwillig und dadurch für die Kolonisierung der Randgebiete sowie als Krieger geeignet (Kaufman, 1890). Zusätzlich stärkten zwei grundlegende byzantinische Gesetze ihre Gemeindeautonomie. Das erste gab ihnen das Recht auf eine im Gemeindeverbund organisierte Landwirtschaft mit dem Recht auf Gemeindeboden, welchen der Einzelne bearbeiten konnte, sowie die persönliche Freiheit der Bauern. Das zweite gab ihnen das Recht auf eine Selbstverwaltung, die eigenständige Führung des Alltags und die Rekrutierung der Krieger für Byzanz auf der Grundlage der Obščina. Die Obščina stellte hier ebenfalls alle familiären, aber auch alle steuerrechtlichen und administrativen Bindungen des Einzelnen dar (Kaufman, 1890).

Wichtig ist dieser Kontext der Entstehung und Entwicklung der slawischen Gemeinden, weil er auf die wirtschaftliche Autonomie der Obščina aufmerksam macht, die durch neue Strukturen der Interessengemeinschaft und Verwaltungseinheit nach und nach verloren ging. Damit stellt sich gleichzeitig die Kritik an der Ökonomie in Russland ein, nämlich die fehlende wirtschaftliche Autonomie der Gemeinden und der arbeitenden Bevölkerung zur Durchsetzung eigener ökonomischer Interessen, was einen Konsens über die Zumutbarkeit ökonomischer Tätigkeiten erfordern würde.

3.1.2 Die Obščina als Interessengemeinschaft

Mit der wachsenden ökonomischen Stärke einer Obščina wuchs das Bedürfnis nach Verteidigung gegen äußere Feinde sowie nach innerem Schutz und Sicherheit. Da die Verteidigung der Siedlungen, der Äcker, Marktplätze und Handelshäfen in der Ausrüstung kostspielig war sowie Übung und Bezahlung eigener Kämpfer erforderte, übernahmen die wohlhabendsten Händler, Kaufleute und Bauern als Herren mit ihren Gefolgsleuten (Družina) die Kontrolle in dem von der Gemeinde bewirtschafteten Gebiet. Die Gemeinde wiederum wurde steuerpflichtig, um den Schutz und die Verteidigung zu finanzieren. Obgleich die innere Autonomie der Obščina blieb, stellte sich doch eine zunehmende ökonomische Abhängigkeit im Innern und nach Außen hin ein. Diese Abhängigkeit ist einerseits auf die Steuerpflicht für Schutz und Sicherheit zurückzuführen, andererseits aber auch auf die Art, wie die Steuern erhoben wurden. Es handelte sich nämlich nicht um eine Steuer auf einzelne Höfe oder Bauern, sondern um eine Gemeindesteuer, welche der Obščina als Ganzes auferlegt wurde. Die Gemeindemitglieder legten unter sich fest, wer welchen Anteil an der zu leistenden Gesamtschuld zu tragen hatte. So hatte die Obščina das Recht auf Verpachtung, Pfändung, Vermietung und Suche nach Neusiedlern in Todesfällen, damit der Steueranteil, der auf jedem Stück Land lag, beglichen werden konnte. Nur wer diesen Teil aufbringen konnte, war vollwertiges Mitglied der Obščina und brauchte auch keinen Frondienst zu leisten. Die wirtschaftliche Unselbständigkeit besteht hier einerseits in der Abhängigkeit der Bauern von den anderen Gemeindemitgliedern zur Entrichtung der gemeinsamen Steuerpflicht. Andererseits ist der Steuerpflicht für Schutz und Sicherheit der Wirtschaftsgrundlagen (Land,

Handelsplätze, Waren) gegenüber den Fürsten als solche sowie deren willkürliche Festsetzung eine Steigerung ökonomischer Abhängigkeit.

Im 16. Jahrhundert kam es dennoch zu einer umfassenden Entfaltung bäuerlicher Rechte und dem Schutz der Selbständigkeit der bäuerlichen und städtischen Gemeinden gegenüber den Großfürsten und seinen Statthaltern. Es wurden Gemeindeschreiber eingesetzt, die eine eigene Dokumentation anlegten und Protokolle parallel zu denen der Statthalter aufsetzten, um sich vor deren Willkür zu schützen. Die Befugnisse der Gemeinde reichten von der eigenen Verhängung und Vollstreckung von Todesurteilen bis hin zum Gesuch um eine komplett freie Selbstverwaltung und Unabhängigkeit vom Statthalter. Der internen Autonomie stand andererseits die steigende ökonomische Abhängigkeit von großen Grundherren gegenüber, da der Mangel an Schutz zunahm, die Steuerlast wuchs und die Ausdehnung der Dienstgüter für die Gefolgsleute der Fürsten voranschritt. So bildeten die Stadtverteidigung und die schwindende ökonomische Autonomie durch Frondienste ärmerer Bevölkerungsteile bei Fürsten und auf Kirchengütern, um die Steuerschuld zu begleichen, hierarchische Herrschaftsstrukturen heraus. Daraus formierten sich die ersten politischen Verwaltungseinheiten, später die ersten Fürstentümer (u. a. Haxthausen, 1866; Keussler, 1876; Kaufman, 1890; Kovnir, 2011).

3.1.3 Die Obščina als Verwaltungseinheit

Mit der Einführung der Schollenpflicht 1597 und der Durchsetzung der Leibeigenschaft im 17. Jahrhundert zur Sicherstellung einer konstanten Einnahmequelle wurde die territoriale Gemeinde zur ständischen. Ihre Organisation baute seither auf staatlichen Strukturen und Regierungsgrundsätzen auf. Unabhängig vom Verlust der ökonomischen Autonomie[2] blieb die Obščina jedoch im Sinne der Selbstorganisation und -verwaltung sowie in ihrer Funktion als einigendes Ganzes zur sozialen Sicherheit des Einzelnen auch unter den Bedingungen der Leibeigenschaft bestehen (Goehrke, 2003). Mitglieder einer Obščina konnten beispielsweise Versammlungen abhalten, wenn sie vorher angemeldet und genehmigt wurden. Sie wählten einen Ältesten, der als Mittler zwischen der Gemeinde, den Leibeigenen und dem Herren oder Krongutverwalter fungierte und die Interessen der Obščina vertrat:

---

2 Unbeachtet bleibt hier die Kleinstkreditvergabe sowie der Tausch von Waren und Dienstleistungen unter den Obščina-Mitgliedern, da sie zwar einen gewissen ökonomischen Spielraum zuließen, aber noch lange keine wirtschaftliche Unabhängigkeit ausmachten.

> „Jedes einzelne unserer Dörfer ist sich tief dessen bewußt, daß es seiner Natur nach etwas Einiges, Ganzes und Lebendiges ist; dieses Bewußtsein spricht sich in allen Handlungen aus und findet seinen vollsten Ausdruck in dem vielbedeutenden Worte ‚Mir'. Viele unserer Schriftsteller [...] schätzen unsere Landgemeinde hoch als das feste Material, aus welchem das russische Reich sich zusammenfügt und erbaut hat, und ahnen in ihr die durch das Leben selbst vorbereitete Lösung der socialen Fragen, welche für das westliche Europa unentschieden bleiben" (Haxthausen, 1866: 412).

Und auch Keussler steht aus sozial-ökonomischen Gründen für das Prinzip der Obščina ein: die Entfaltung in der Gemeinde sei schon seit jeher die Lösung der sozialen Frage in Russland gewesen, denn die

> „Entwicklung des germanischen Prinzips der Persönlichkeit [führt] [...] an sich nicht zu dem zu erstrebenden Ziel, d. i. zur normalen Gestaltung der freien Gesellschaft [...], dieses Prinzip erschien nicht als naturgemässe Frucht der Entwickelung der Persönlichkeit, sondern als Widersacher dieser Entwickelung, und trat in das Bewusstsein der Denker des westlichen Europa aus der Sphäre der Religion, die occidentale Welt stelle jetzt die Forderung einer organischen Versöhnung des Prinzips der Persönlichkeit mit dem Prinzip der objektiven, für Alle gültigen Norm –, d. i. die Forderung der община, der Kommune (im Sinne der neuen socialen Bewegung), und diese Forderung falle mit unserer Wesenheit [...] zusammen: zur Lösung der Frage bringen wir unser Leben [...] dar, und hierin liegt der Berührungspunkt unserer Geschichte mit der des Westens" (Keussler, 1876: 123).

Damit reißen beide an, was russische Ökonomen die Lösung der sozialen Fragen einer industrialisierten Gesellschaft nennen: die Übertragung der ordnenden, erziehenden und kollegialen Obščina auf die Fabriken. Die Stärkung und Zentralisierung der ökonomischen Macht des Landes in den Händen des Zaren setzte sich vollends ab Peter I. durch. Militärische Auseinandersetzungen, Expansion sowie die Flottengründung waren von einer enormen wirtschaftlichen Entfaltung begleitet. Talentierte Handwerker von den Gütern, leibeigene Bauern, aber auch freie Lohnarbeiter wurden in neuen Manufakturen eingesetzt und stellten aus den Gewohnheiten der Obščina heraus in den neu geschaffenen Wirtschaftsorganisationen ihre eigene, tradierte Sozial- und Arbeitsordnung her. Da sich Gewerbe und Industrie überwiegend auf dem Land und in den Regionen verstreuten, kamen neun von neunzehn Arbeitern in den Fabriken aus den Dörfern. Damit wurden auch Kapitalisierung und Urbanisierung keine typischen Begleiterscheinungen der industriellen Entwicklung Russlands. Tauschhandel und das Zahlen in Naturalien waren weiterhin verbreitet, die Städte blieben überwiegend Verwaltungszentren oder Garnisonsherbergen. Erst durch die Legalisierung des bäuerlichen Handels in den Städten wuchsen deren Bevölkerungszahlen beträchtlich. Zum einen sollte die Versorgung der Städte ermöglicht werden, welche durch Krämer und Kaufleute allein nicht mehr zu bewältigen war; zum anderen sicherte dieser Handel zusätzliche Steuern für den Staat sowie Zinseinkünfte für den Adel aufgrund der gewerblichen Tätigkeiten seiner Leibeigenen (Hildermeier, 1986). Die ökonomische Ausdifferenzierung der dörflichen Obščina aufgrund dieser Handels- und Gewerbetätigkeit führte zu Cliquenbildung, mächtigen Fraktionen und oligarchischen Strukturen innerhalb der Gemeinde. Außerdem versuchten ihre Mitglieder durch verschiedene Allianzen, Patronage und Klientelismus staatliche Lasten und Verpflichtungen abzuwenden (Gestwa, 1999). So blieb der Alltag auf die unterschiedlichsten Formen der Kooperation ausgerichtet, bei dem die Bauern ihr Leben überwiegend selbst unter sich organisierten. Das gab dem Einzelnen gleichsam eine Sicherheit im sozialen Raum und schützte ihn bei allen innergemeinschaftlichen Unbillen doch vor der Macht von außen, vor der Obrigkeit.

Die ökonomische Differenzierung durch die Bewilligung des bäuerlichen Handels in den Städten war mit dem Anstieg der Zahl der Kleinunternehmer und Handwerksbetriebe verbunden. Zusätzlich sollte durch die Aufhebung der Leibeigenschaft 1861 ein Arbeitsmarkt für die Fabrik- und Industrieanlagen entstehen. Doch wegen der fehlenden flächendeckenden Infrastruktur der Lohnarbeit, des Anstiegs der Armut der Landbevölkerung aufgrund der Abhängigkeit vom Dienstherren und der Verpflichtungen im Gemeindeverbund, die nicht mit dem Gesetz von 1861 aufgehoben wurden, sowie der fehlenden Perspektiven und Mobilitätsmöglichkeiten blieb der Arbeitsmarkt beschränkt.

3.1.4 Die Entwicklung der bäuerlichen Obščina

Die Aufhebung der Leibeigenschaft änderte folglich kaum etwas an der gesellschaftlichen Organisationsstruktur auf dem Land und in den Städten. Sie brachte keine Liberalisierung der Wirtschaft insgesamt und der Landwirtschaft im Besonderen, da sie grundsätzlich auf die Sicherung der Obščina ausgerichtet war, entsprechend also auch die Anbindung der Bauern und ihrer Nachkommen an die bestehende Gemeinde beibehielt und das Verbot des Austritts aus der Gemeinde vorsah. Daneben blieb die Gemeinschaftshaftung der Obščina ebenso bestehen wie das Verbot der Isolierung oder Privatisierung eines Landteils, das einem Bauern vom Gemeindeland für die Bewirtschaftung zur Verfügung gestellt wurde. Diese Voraussetzungen bremsten von vornherein die Initiative des Einzelnen, mehr zu erwirtschaften und wirtschaftliche Eigenständigkeit zu erlangen (Haxthausen, 1966).

Erst Bunge, von 1880 bis 1895 im russischen Finanzministerium tätig und als „liberaler Bürokrat“ (Stepanov, 1998: 297) im nationalen Gedächtnis verankert, senkte die Freikaufgebühren ehemaliger Leibeigener und führte die Freikaufverpflichtung für Bauern ein. Er nahm zusätzlich die Umgestaltung des Steuersystems in Angriff, das auf der Grundlage des Einkommens erstellt werden sollte, und gründete die erste Bauernbank. Obwohl er sich für die private Landwirtschaft sowie für das Recht auf Privateigentum an Boden aussprach, stellte er doch fest, dass das Gemeindewesen eine lebensdienlicher sozialer Organismus sei, der so eng mit den ökonomischen Aktivitäten des Landes sowie der absolutistischen Herrschaft verbunden sei, dass man ihn nicht mit einem einfachen Gesetz wegwischen könne. Denn die bäuerliche Obščina hatte mehr Funktionen gehabt, als nur den sozialen Zusammenhalt zu fördern: Sie nahm als Verwaltungseinheit eine Reihe staatlicher Aufgaben wahr, trieb die Steuern ein und setzte die Dienstpflicht sowie staatliche Gesetze um. So sollte seiner Meinung nach erst in einem zweiten Schritt die individuelle ökonomische Tätigkeit der Bauern erfolgen; in einem ersten blieben die einzelnen Bauern, wollten sie sich freikaufen oder Land erwerben und bewirtschaften, auf die Gemeinde angewiesen.

Die Agrarreform unter Stolypin, von 1906-1911 russischer Premierminister, war um einiges radikaler. Nach der Revolution von 1905 war die Liquidierung der Obščina und die Einführung einer neuen gesellschaftlichen Schicht, nämlich die der besitzenden Bauern, das Ziel. Da die bäuerliche Obščina in den Augen der Reformer die Ausdifferenzierung der Landbevölkerung und somit den sozialen und ökonomischen Fortschritt behinderte, wurde sie mit den Verordnungen von 1906, welche die Obščina sowie alle ständischen Beschränkungen der Bauern aufhob, komplett abgeschafft. Ein wesentlicher Punkt der Reform war außerdem das Recht der Bauern, ihr bereits erwirtschaftetes Privateigentum ebenfalls aus dieser Gemeinschaft herauszuführen. Die auf diese Weise erhoffte Privatisierung der Landwirtschaft und die Einteilung der Gemeindelandflächen in Privateigentum sollten für mehr Stabilität in der russischen Gesellschaft führen und weitere Aufstände abwenden. Daneben war die Verstaatlichung der Böden angedacht, die genossenschaftlich bewirtschaftet werden konnten und zur Entstehung einer Schicht aus Kleinbauern beitragen sollten (Kabytov, 2007). Grundsätzlich konnten dabei von nun an alle Ländereien, ob staatlich oder privat, zu Marktpreisen frei verpachtet, gemietet, ge- und verkauft werden. Für diese Reformmaßnahmen wurde ein eigener Fond angelegt, welcher der Bauernbank übergeben wurde. Außerdem wurde die Massenumsiedlung nach Sibirien, in den Ural und in den Nordkaukasus angeordnet, begleitet von finanzieller Unterstützung und günstigen Krediten, um den Wegzug der Bauern aus der Gemeinde und die Errichtung eigener Höfe zu ermöglichen.

Der Einsatz der Agrarbank für Entwicklungen in der Landwirtschaft und die neue Umsiedlungspolitik hatten einerseits das Ziel, alte Strukturen aufzubrechen, zu desorganisieren und die Abhängigkeit von staatlichen Stellen zu erhöhen, um einer neuen Revolution vorzubeugen (Kabytov, 2007). Andererseits sollte die auf privatwirtschaftlichem Engagement basierende ökonomische Entwicklung auf dem Land vorangetrieben werden. Bis zum Ersten Weltkrieg blieben jedoch weiterhin 75 % der Bauern in Form der Obščina organisiert (Bogomazov/Blagich, 2010). Das Scheitern der Reformbemühungen, die mit weit reichender finanzieller Unterstützung des Staates realisiert werden sollten, ist auf die Verbindlichkeiten und Verpflichtungen innerhalb der Obščina zurückzuführen sowie auf den Kampf gegen Austrittswillige und gegen die Modernisierung der wirtschaftlichen Basis der Obščina, welche in ihrer bestehenden Form das Existenzminimum durch eine kollektive Solidarität absicherte (Goehrke, 2003).

3.1.5 Die innerbetriebliche wirtschaftliche Obščina

Diejenigen, die als Arbeiter in den Manufakturen und vorindustriellen Betrieben angestellt waren, inkorporierten hingegen die tradierte Form des (bäuerlichen) Wirtschaftens in die neuen Produktionsanlagen des 19. Jahrhunderts (Tugan-Baranovskij, 1922). Tugan-Baranovskij zitiert in seinen Abhandlungen beispielsweise aus dem Department für Manufakturen und Binnenhandel einen Fabrikanten, der schilderte, wie unter den Fabrikarbeitern Gleichheit bestehe, weil jeder die Traditionen seines Dorfes mit sich bringe: harte Arbeit, Leben und Schaffen in der Gemeinschaft, Entbehrung und Unterwerfung unter die Pflicht. Arbeiterorganisationen, Vereinigungen und Vertretungen seien demnach nicht, wie im Westen, aus der Not des Individualismus und der Atomisierung in der Fabrik entstanden, sondern wurden schon mit in die Fabrik hineingebracht. So unterschieden sich seiner Meinung nach auch die Ziele dieser Vereinigungen von denen in westlichen Industriebetrieben: Es ging in erster Linie nicht um den Aufbau einer Front gegen den Fabrikanten, die Aushandlung von Löhnen, Arbeits- und Lebensbedingungen, sondern um den Erhalt der Obščina. Zu diesem Zweck wurden die sogenannten rabočie arteli[3] (рабочие артели, Arbeitszirkel) gegründet, welche die Selbstorganisation der Arbeiter institutionalisierten. Sie

3 „Artel'" ist ursprünglich ein Begriff aus der russischen Landwirtschaft – was wieder zeigt, in welcher intensiven Ausprägung die dörfliche Gemeinde in den Industriestätten weiterlebte. Er beschrieb ursprünglich eine genossenschaftsähnliche, freiwillige Vereinigung von Bauern, Fischern, Saisonarbeitern und Handwerkern (die in der Mehrzahl ebenfalls Leibeigene waren und auf dem Land auf den Gütern lebten und arbeiteten) gleichen Berufs, die gemeinsam Arbeit ausführten.

schlossen Konsumgenossenschaften sowie Selbsthilfekassen für soziale und kulturelle Belange der Arbeiter mit ein. Sie waren natürlich je nach Standort verschieden ausgeprägt und wurden entweder vom Unternehmer selbst initiiert oder aber durch Arbeiterstreiks und erst nach Auseinandersetzungen bewilligt und eingeführt. Selbst die Organisation der Obščina-Kooperationen wurde übernommen: Wie auf den ersten Höfen und in den ersten Siedlungen der Slawen arbeiteten in den Fabriken Arbeitsgruppen von 9–10 beziehungsweise 15–20 Leuten zusammen, die den Ertrag ihrer Arbeit unter sich gleich und gerecht verteilten (Janžul, 1907; Tugan-Baranovskij, 1922; Kočarovskij, 1926; Voroncov, 2008).

In den 1880ern wurde zum Zwecke des sozialen Friedens in den Fabriken erste Sozialmaßnahmen und Gesetze eingeführt: So wurde die Kinderarbeit gesetzlich verboten, die Arbeitszeit für Jugendliche, Alte und Frauen wurde begrenzt, und Finanzminister Bunge führte freie Tage an Sonn- und Feiertagen ein. Hinzu kamen weitere Arbeitergesetze wie etwa geregelte Arbeitszeiten mit dem Verbot der Nachtarbeit für Frauen, Buchführung über Entlohnung der Arbeiter und zweiwöchige Kündigungsfristen. Die Fabrikgesetzgebung verabschiedete schließlich auch ein Gesetz über Geldstrafen (Lenin, 1962: 31ff.), das die bis dahin willkürlich gehandhabten Fälle und das Ausmaß an Strafgeld regelte, das im Falle vernachlässigter Arbeit, des Nichterscheinens oder bei Verstößen gegen die Ordnung über die Arbeiter verhängt werden konnte. Die Strafgelder gingen dabei nicht in das Eigentum des Fabrikanten über, sondern wurden für die Bedürfnisse der Arbeiter verwendet: zur Unterstützung von Arbeitsinvaliden oder temporär Kranken, zur Beihilfe für Schwangere, die in der Regel erst zwei Wochen vor der Entbindung die Arbeit einstellten, oder zur Beihilfe für heimische Brandschäden oder andere Unglücke.

1903 trat das Gesetz über den Fabrikältesten unter dem von 1892-1903 tätigen russischen Finanzminister Vitte (1912) in Kraft, der als Nachfolger Bunges neben verschiedenen anderen Maßnahmen auch die wirtschaftliche Obščina festigte, die unabhängig von Familie und Heimat eine Einheit darstellen sollte. Zusätzlich sollten Betriebsinspektoren die Einhaltung der Gesetze kontrollieren, allerdings mit ganz unterschiedlichen Folgen. Während die Gesetze in St. Petersburg ohne weiteres wirksam werden konnten, wehrten sich die Fabrikanten in Moskau gegen die Einmischung des Staates in ihre Angelegenheiten (Stepanov, 1998). Als Fabrikinspekteur wurde beispielsweise Janžul (1907) direkt mit den Lebens- und Arbeitsbedingungen vor Ort konfrontiert. Vielerorts nahm er Desinteresse der Fabrikanten an ihm persönlich sowie an seiner Arbeit und den neuen Fabrikgesetzen wahr. Die Uneinheitlichkeit in der Umsetzung der Gesetze bemängelte er ebenso wie die Unzulänglichkeiten der Reformen insgesamt, die erstens zu wenig durchdacht und zweitens mit einer zu starken

Lobby von Unternehmern im Rücken der Politiker beschlossen worden seien. Denn Unternehmens- und Kapitalgesellschaften erlebten seit dem 19. Jahrhundert zwar einen Aufschwung, allerdings blieb der Anteil der Teilhaber immer überschaubar. Der Kreis setzte sich meistens aus Familienmitgliedern, persönlich eng verbundenen Investoren oder besonders vertrauenswürdigen Mitarbeitern eines Unternehmens zusammen; in zunehmendem Maße gehörten Vertreter des Adels und vor allem der Bürokratie dazu. Janžul forderte daher Gesetze für die Arbeiter und keine, mit denen sich Politiker und Staatsangestellte die eigene Existenzberechtigung einräumten und ihre Legitimität bestätigten (Janžul, 1907). Lobendes Beispiel in seinen Ausführungen war der Textilfabrikant Maljutin. Er errichtete ein Entbindungshaus für Arbeiterinnen, Fabrikschulen, eine Sparkasse, ein Armenhaus, zwei Krankenhäuser sowie steinerne Arbeiterkasernen und ein gemauertes Bad. Er erlaubte den Müttern außerdem, während der Arbeitszeit ihre Säuglinge zu stillen (Puttkamer, 1996) und trug damit innerhalb der wirtschaftlichen Gemeinschaft zu einer sozial ausgerichteten Ordnung bei. Insgesamt seien die Lebens-, Arbeits- und Hygienebedingungen in den Fabriken jedoch laut Janžul (1907) verheerend gewesen.

Im gleichen Maße, wie die Wirtschaftsweise in den Fabriken traditionell gemeinschaftlich war und es kaum Differenzierungen zwischen den Arbeitern in Form qualifizierter Aus- und Berufsbildung oder Lohndifferenzen gab, blieb auch das Selbstverständnis des Unternehmers traditionell patriarchalisch (Puttkamer, 1996). Er trat als der strenge, aber fürsorgliche Herr auf, was vor allem in den Betrieben auf dem Land und in den Regionen zum Tragen kam, da diese fast alle Lebensbereiche der Arbeiter abdeckten. Tugan-Baranovskij (1922) geht außerdem davon aus, dass das Unternehmen so durchaus einen moralischen Einfluss auf die Arbeiter gehabt habe, weil hier das Verhältnis Vater-Sohn im Verhältnis Fabrikant-Arbeiter zum Tragen gekommen sei. Dem Unternehmen wird in dieser Betrachtungsweise ebenso eine ethische und moralische Vorbildfunktion wie der Schutz der Arbeiter nahegelegt. Dieses Selbstverständnis rührte nicht zuletzt daher, dass viele Staatsdiener in den Führungspositionen der industriellen Betriebe eingesetzt wurden und ganz natürlich, von Staates und Amtes wegen, Vorbild-, Schutz- sowie Kontrollfunktionen verkörperten.

Die von Janžul bemängelte enge Verflechtung der Politik mit der Wirtschaft sollte also einerseits zum Erhalt des Absolutismus und andererseits zum Erhalt der Präsenz des Staates als Hauptwirtschaftsakteur dienen. Dennoch wurde 1912 der erste nationale Unternehmerkodex in Russland eingeführt, der moralische Prinzipien über Staatsansprüche und einseitige Interessenvertretungen stellen sollte: „Sieben Prinzipien zur Erledigung von Geschäften in Russland". Der erste und wesentlichste Punkt bleibt jedoch die Ehrung der Macht. Erst an dritter Stelle, noch nach Ehrlichkeit und Gerechtigkeit, kommt die Ermahnung zur Ehrung der Gesetze, bevor der Kodex zur Mildtätigkeit, Vertrauenswürdigkeit, dem Maßhalten und der Zielstrebigkeit beim Arbeiten mahnt (Korizkij, 2005; Kabytov, 2007).

In den Jahren 1918–1922 kam es dann unter Lenin zu einer Reihe von neuen Gesetzesinitiativen, die sich mit der Lebenslage der Arbeiter und Bauern sowie der gesellschaftlichen Verantwortung von Betrieben und Fabriken befassten. Zentral blieb aber weiterhin der Erhalt der nunmehr wirtschaftlichen Gemeinde. Die Einführung der Arbeitsdienstpflicht, das Recht auf Arbeit, der Arbeitsschutz durch örtlich gewählte Arbeitsinspektoren, die Einführung der Sozialversicherung, welche aus Beiträgen der Betriebe und Verwaltung finanziert wurde, die Gründung von Gewerkschaften für die Interessenvertretung der Arbeiter, aber auch die zwangsweise Vereinigung der Bevölkerung in Konsumgenossenschaften (+ Warenaustausch) sind nur einige Beispiele dafür (Lenin, 1962). Lenins Neue Ökonomische Politik sah darüber hinaus aber auch Anreizmechanismen vor, den privaten Handel und das Kleinstunternehmertum zu fördern: Laut dieser Politik konnten beispielsweise Bauern, die über das Auslieferungssoll hinaus produzierten, die überschüssigen Produkte privat verkaufen. Das Ziel war hier die Steigerung der Agrarproduktivität.

Die Zwangskollektivierung und Industrialisierung beziehungsweise Mechanisierung der Landwirtschaft unter Stalin stoppte diese Entwicklungen dann allerdings. Die innerbetriebliche Gemeinschaft war zuvor durch den Ersten Weltkrieg, den darauf folgenden Bürgerkrieg und Massenmigrationen sowie die nachholende Industrialisierung, die Konzentration der Wirtschaft auf die Schwerindustrie mit den damit einhergehenden hohen humanitären Opfern, aber auch durch den stalinistischen Terror, durch Gulag (Abkürzung für Glavnoje upravlenie ispravitel'no-trudovych lagerej i kolonij, Главное управление исправительно-трудовых лагерей и колоний, Hauptverwaltung der Besserungsarbeitslager) und Zwangsarbeit stark unter Druck geraten. Lediglich das egalitäre Moment blieb, was sich unter anderem in den nur äußerst geringfügigen Lohnunterschieden zwischen qualifizierten und unqualifizierten Arbeitern niederschlug. Dazu kam der Zweite Weltkrieg, der eine Evakuation der gesamten Industrie in den Ural und nach Sibirien erforderte sowie den überwiegenden Teil der Arbeiter an die Kriegsfront brachte.

Erst in den 1950er Jahren lebte die innerbetriebliche Gemeinde wieder auf: Gewerkschaften, denen in der Sowjetunion allerdings eher die Rolle des Vermittlers staatlicher Direktiven und Beschlüsse der Unternehmensleitung an die Belegschaft denn die Interessenvertretung der Arbeiter zukam, das Produktionskollektiv sowie die Wiedereinführung der Kameradschaftsgerichte, die Lenin bereits 1919 etabliert hatte, welche unter Stalin jedoch bedeutungslos und erst nach seinem Tod wiederbelebt wurden, trugen zur Stärkung der Gemeinschaftsstruktur innerhalb eines Betriebes bei. Vor allem die Kameradschaftsgerichte sollten der Selbstverwaltung, der Stärkung der internen Autonomie dienen, setzten sich aus Arbeitern eines Betriebes zusammen und übten eine starke soziale Kontrolle aus. Gleichzeitig wurden sie von der Partei sowie der Gewerkschaft geleitet, waren also eng mit den staatlichen Organen verflochten. Sie regelten in erster Linie interne Angelegenheiten des Betriebes; allen voran ging es dabei um erzieherische Maßnahmen und die Aufrechterhaltung der kollektiven Ordnung. Das Ziel war die Ein- und Unterordnung des Einzelnen in das kollektive Ganze, aber auch die Entlastung der staatlichen Zivilgerichte (Knüsli, 1978).

Ein wesentlicher Bestandteil dieser kollektiven Ordnung war zudem das Betriebsverfassungsgesetz der UdSSR. In seiner Fassung aus der Mitte der 1960er Jahre wurden alle Verantwortlichkeiten des Betriebs gegenüber der innerbetrieblichen und außerbetrieblichen Obščina geregelt. Die Fusion der politischen, sozialen und auch ökonomischen Sphäre sowie das sowjetische Ideal einer sozialistischen Gesellschaft fanden ihren Niederschlag in der Einführung weit reichender Sozialmaßnahmen für die Mitarbeiter und Angestellten der Betriebe. Denn die „optimale Befriedigung des gesellschaftlichen Bedarfs läßt sich nicht mit einem strikten betriebswirtschaftlichen Effizienzkriterium in Einklang bringen“ (Huber, 1983: 255). Das Betriebsverfassungsgesetz von 1966 führte die Normierung betriebsinterner sozialer Prozesse ein, welche die sozialen und ökologischen Verantwortungsbereiche eines Unternehmens mit den ökonomischen gleichsetzen sollte. Nach der Wirtschaftsreform von 1965 legten § 14 und § 19 des Betriebsverfassungsgesetzes fest, dass die Fonds der Betriebe dazu verwendet werden, Wohnungen für die Arbeiter zu errichten, Sport- und Kulturstätten zu bauen, Krankenhäuser, Polikliniken, Sanatorien, Kurhäuser, Kindergärten (§ 55), Jugendlager (§ 56) sowie Weiterbildungsstätten für die Erwachsenenbildung und Universitäten (§ 88) einzurichten. Darüber hinaus ist der Betrieb laut § 17 und § 18 für die laufenden Kosten all dieser Einrichtungen sowie für die Auszahlung der Weiterbildungs- und Universitätsstipendien verantwortlich. Das Betriebsverfassungsgesetz legte ebenso umfassende Arbeiterrechte fest, beispielsweise die Ausbildungs- und Arbeitsplatzgarantie. Zusätzlich regelten § 15, § 35 sowie § 36 die Löhne und Boni der Mitarbeiter und Betriebsdirektoren. Bemerkenswert ist trotz all dieser positiven Entwicklungen die Tatsache, dass die Teilhabe der Arbeiter und Angestellte an Management- und Verwaltungsaufgaben nirgends berücksichtigt wird, die individuelle ökonomische Autonomie einer Wirtschaftsorganisation formal nach wie vor ausblieb.

Da die Sowjetunion nicht im luftleeren Raum existierte und gesamtgesellschaftliche Strömungen nicht vor ihren Außengrenzen Halt machten, wuchs auch hier das Bewusstsein für Umwelt- und Ressourcenschutz. So schaffte es ein wenn auch nur kurzer und allgemeiner Absatz zum Thema Natur- und Umweltschutz sogar in die Betriebsverfassung von 1965: § 40 des Betriebsverfassungsgesetzes legte fest, dass jeder Betrieb Maßnahmen zu treffen habe, um die Luft- Boden- und Wasserverschmutzung einzudämmen und gleichzeitig die Lebensqualität der Menschen zu schützen (Vogel/Kontetzki, 1966). Gut zehn Jahre später deckte die dritte Verfassung der UdSSR (1977) auch das Thema ökologische Nachhaltigkeit ab: § 18 der sowjetischen Staatsverfassung hatte den Schutz der Umwelt und Natur für zukünftige Generationen zum Gegenstand, § 42 befasste sich mit der Gesundheitsvorsorge, einschließlich der höheren Lebensqualität in einer sauberen Umwelt und § 67 zog sogar die Bürger zur Verantwortung – sie hatten beim Schutz und dem Erhalt der Natur mitzuwirken (Verfassung der UdSSR (von 1977), 1985).

Das Betriebsverfassungsgesetz sah neben dem Zusammenschluss der Mitarbeiter unter einer intern autonomen Führung allerdings keine Maßnahmen für die Schaffung einer betriebsinternen Öffentlichkeit oder gar ökonomischen Autonomie vor – schon gar nicht im Hinblick auf die Planung und Steuerung der Produktion. Auch blieb die Intensität und Qualität der Durchsetzung des Betriebsverfassungsgesetzes von einzelnen Akteuren innerhalb des Betriebes bestimmt und variierte stark je nach Betrieb und Region. Ein Hauptproblem blieb die ungleiche Entlohnung bei gleicher Arbeit, abhängig von der Frauenquote, der regionalen Lage und dem technischen Niveau der Produktion. Darüber hinaus variierten die Bildungsniveaus je nach Region und Branche weiterhin stark. Der Gesundheitszustand der Mitarbeiter und Angestellten variierte ebenfalls deutlich – je nach Sport-, Erholungs- und Kulturangebot sowie der Umsetzung des Arbeitsschutzes in den Betrieben.

Huber (1983) sieht das Hauptproblem dieser neuen rechtlichen Grundlagen zur Gleichstellung ökonomischer und sozialer Zielvorstellungen demnach nicht in den Zielen der eingeführten Sozialpolitik in Form des Betriebsverfassungsgesetzes, sondern in dessen Umsetzung. In ihren Augen ist lediglich die Partizipation der Mitarbeiter geeignet, die Gleichstellung ökonomischer und sozialer Ziele durzusetzen und eine umfassende Einbeziehung der Angestellten in den Leitungsprozess zur Umsetzung der sozialen Leistungen zu gewährleisten. Da ihrer Meinung nach die Qualität und Effektivität der Partizipation erst ab einem bestimmten Bildungsniveau (einem bestimmten Maß an kulturellem Kapital) überhaupt tragfähig ist, plädierte sie für die Hebung des Lebens- und Bildungsstandards sowie die Ausweitung der Bildungsinhalte in den sowjetischen Wirtschaftsorganisationen, damit die individuellen Fähigkeiten und Erwartungen für eine sinnvolle Beteiligung an Planungs- und Steuerungsprozessen sowie die Erhöhung der ökonomischen Autonomie überhaupt ausgebildet werden können.

3.1.6 Die außerbetriebliche wirtschaftliche Obščina

Mit diesen Sicherungsbemühungen der Obščina in Form der betriebsinternen Festigung einer wirtschaftlichen Gemeinschaft (seit der Sowjetunion auch in den Agrarbetrieben), die sich nun mittlerweile weder über die Familienzugehörigkeit noch über gemeinsame Interessen oder als staatliche Verwaltungseinheit definierte, ging die betriebsexterne Implementierung der wirtschaftlichen Gemeinschaft einher. Nachdem sich Tatiščev bereits im 18. Jahrhundert als erster russischer Geograph über die Standortverteilung möglicher Bergbaubetriebe und der dazugehörigen Infrastruktur Gedanken machte, befassten sich auch Lomonosov und Humboldt mit den Wohn-, Lebens- und Arbeitsverhältnissen sowie der wirtschaftlichen Tätigkeit als einigendes Moment unterschiedlicher Volksgruppen und Kulturen in Russland und Sibirien (Sauškin, 1978; Beck, 1983). Arsen'jev (1854) wiederum teilt in seiner allgemeinen Geographie über das russische Reich die Städte des Landes sowie die in Russland lebenden Volksstämme anhand ihrer Nähe zur Küste oder ihrer Zugehörigkeit zu einem Flusssystem ein. Er differenziert die Gemeinden aufgrund ihrer wirtschaftlichen Lage im Handelsnetz und definiert sie als funktionale wirtschaftliche Gemeinschaften entlang der Haupthandelsrouten. Semenov-Tian-Shanskii nahm die Obščina ebenfalls als funktionale, wirtschaftliche Gemeinschaft wahr. Als Präsident der physikalischen Abteilung der Geographischen Gesellschaft und später als deren Vize-Präsident war er in der Lage, die erste Einteilung des Russischen Reiches in Rayons auf der Grundlage geographischer und wirtschaftsbezogener Eigenschaften vorzunehmen und durchzusetzen (Lincoln, 1980).

Im Zuge der Industrialisierung in den 1920er Jahren war Kržižanovskij (1934) mit der Elektrifizierung der noch jungen Sowjetunion befasst, welche dann tatsächlich die Grundlage für die ökonomisch-industrielle Einteilung des Landes und seiner Bevölkerung legen sollte. Er war an der Ausarbeitung des ersten Gosplans (Abkürzung für Gosudarstvennyj Komitet po Planirovaniju, Государственный комитет по планированию, Staatskomitee für Planung) beteiligt und schuf mit seiner Einteilung eine Geographie neuen Typs: die Industriegeographie, auf der eine neue Organisation der Wirtschaft, der Bevölkerung und damit verbunden auch der gesamten sozio-ökonomischen Verfasstheit des Landes aufbaute. Die Elektrifizierung galt als materielle Grundlage der sowjetischen Volkswirtschaft, da sie zur Maschinisierung der Arbeit sowie zur Industrialisierung und Rationalisierung der Arbeits- und Produktionsprozesse führen sollte. Da die Elektroenergie aus verschiedenen Ressourcen gewonnen wurde, standen die Themen Energie, Kraftwerke und Brennstoffe an erster Stelle des Gosplans; sie zu finden und zu fördern hatte oberste Priorität. Die Grundlage dieser neuen Ökonomie war die Entwicklung der Ölindustrie (zu dieser Zeit vor allem in Aserbaidschan, im Bakinskij und Groznenskij Rayon) und ein effektiver, wirtschaftlicher Abbau von Steinkohle (im Donbass). Das Neue an der sowjetischen Wirtschaft und dem Gosplan bestand also vor allem in der Tatsache, dass zum ersten Mal, und das gilt bis heute, die Energiequellen Russlands sowie seine fossilen Energieträger als Grundlage der Volkswirtschaft thematisiert wurden, während es die Jahrhunderte zuvor immer der Handel, die Handels- und Transitrouten sowie die Landwirtschaft gewesen waren.

Um die „historische Aufgabe" der Elektrifizierung des Landes vollbringen zu können, bedurfte es laut Kržižanovskij (1934) der Arbeitsteilung zwischen Zentrum und Region, denn die Energieressourcen mussten erschlossen und die Elektroinfrastruktur musste bereitgestellt werden. Dazu sollte jeder Rayon entsprechend den in seiner Region vorhandenen Energieträgern einen Energieplan ausarbeiten, während das Zentrum sich darum zu kümmern hatte, um die Abbaugebiete von Energieträgern und die Stromkraftwerke herum weitere Industrien entstehen zu lassen und Landwirtschaft anzusiedeln. Die Reichweite der Stromnetze sowie der Anteil abbaubarer Energieträger entschieden über die Größe, Einteilung und Ausgestaltung des Wirtschaftsrayons. So war jeder Rayon als wirtschaftliche Einheit zu verstehen, mit seinen eigenen wirtschaftlichen, kulturellen und historischen Besonderheiten, die bei der Planerstellung und Ansiedlung der Industrie um die Energieträger herum berücksichtigt werden sollten. Die Einteilung des Landes in solche wirtschaftliche Gemeinden galt als einer der wesentlichsten Punkte zur Schaffung einer neuen Form der Arbeitsorganisation, welche den vorherrschenden natürlichen Bedingungen, den Energieressourcen, den Transportwegen und der Elektroinfrastruktur angepasst wurde und gleichzeitig das wirtschaftliche Moment zur Bildung einer Gemeinde in einem Gebiet hervorhob.

Kolosovskij (1969), Ökonom und Mitbegründer der sowjetischen wirtschaftsgeographischen Schule, wirkte bei der Einteilung des Landes in Wirtschaftsrayons dahingehend, dass er eine Lösung für die effektive Verteilung der Arbeiter auf dem Gebiet der UdSSR, in erster Linie aber in West- und Ostsibirien sowie dem Fernen Osten umzusetzen suchte. Der wirtschaftliche Rayon war für ihn die „wichtigste Form, wenn auch nicht die einzige, der Entwicklung der Produktivkräfte und der industriellen Wechselbeziehungen auf regionaler Ebene sowie im ganzen Land" (Kolosovskij, 1969: 10). Die gesellschaftlichen Umwälzungen in der Sowjetunion der 20er und 30er Jahre des 20. Jahrhunderts, ausgelöst durch den Ersten Weltkrieg und den mit dem Bürgergrieg verbundenen Systemwechsel, führten zu enormen Migrationsbewegungen, aber auch zu Zwangsumsiedlungen, zu Zwangs- und Lagerarbeit selbst in den entlegenen Teilen des Landes, wodurch die gesamte Bevölkerung aus ihrer tradierten Lebensweise herausgerissen wurde und sich in den einzelnen Wirtschaftsorganisationen wieder zu Gemeinden zusammenschloss – freiwillig oder unfreiwillig: „Produktionskräfte sind ihrem Charakter nach gemeinschaftlich-territoriale Teile der Bevölkerung [...], die aus einem Komplex an Produktionselementen bestehen und die in Wechselbeziehung zu den natürlichen Ressourcen, der Landschaft und der allgemeinen Beschäftigung der Menschen in dieser Region stehen" (Kolosovskij, 1969: 28). Die ökonomische Autonomie blieb diesen wirtschaftlichen Gemeinschaften, den Wirtschaftseinheiten als „Komplex an Produktionselementen", offiziell dennoch versagt. Die zentrale Planung gab die Art und Weise der ökonomischen Tätigkeit vor.

Auch Baranskij (1957) und Nekrasov (1978), beides Ökonomen und Geographen, befassten sich eingehend mit dieser neuen Lebensform der Gemeinde als wirtschaftliche Einheit nach dem Zweiten Weltkrieg. Und erst Nekrasov brachte die Menschlichkeit sowie einen humanitären Standpunkt wieder in die Debatte um die wirtschaftliche Gemeinschaft ein. Er forderte ein territoriales Ausgleichssystem für die unter extremen natürlichen und klimatischen Bedingungen arbeitende Bevölkerung: höhere Löhne, Herabsetzung der Dauer des Arbeitsverhältnisses, das zum Erhalt von Vergünstigungen führen sollte, bessere Wohnbedingungen zur Attraktivitätssteigerung der Arbeitsplätze, Unterstützung der Familien in der Landwirtschaft in Sibirien (südliche Zone) und dem Fernen Osten, Herabsetzung der Tarife für Energie in Gebieten mit Großkraftwerken, Tarifermäßigung für die Arbeiter im hohen Norden und Fernen Osten und in der zivilen Luftfahrt, Entwicklung des Tourismus vor Ort sowie die Gewährung von Lohnzuschlägen für Arbeiter der Leicht- und Nahrungsgüterindustrie, des Bildungs- und Gesundheitswesens, des Wissenschafts-, Kultur- und Wohnungswesens, die sich um die Hauptindustrie ansiedeln (Nekrasov, 1978).

Diesen Forderungen wurde mit dem bereits erwähnten Betriebsverfassungsgesetz nachgegangen und es festigten sich damit vor allem in den Monostädten die außerbetrieblichen wirtschaftlichen Gemeinden um die Kernindustrie in einer bestimmten Region oder einem bestimmten Abbaugebiet herum. Das Betriebsverfassungsgesetz unterstützte diese Entwicklungstendenzen dahingehend, dass es durch die Einbettung der Betriebe und Fabriken in die Gesellschaft das Leben auf der lokalen Ebene sozial akzeptabel gestaltete, denn die Obščina war ausgesprochen beschränkt auf ein begrenztes Territorium und auf einen bestimmten Personenkreis sowie eine bestimmte wirtschaftliche Tätigkeit. In Bezug auf die Energieversorgung kann man dennoch von einer ökonomischen Autonomie der Wirtschaftsrayons sprechen, selbst wenn dies, zumindest offiziell, nicht für den Produktionsprozess sowie die Lenkung und Verteilung der Ressourcen, Güter und Dienstleistungen galt. Um es mit Nekrasovs eigenen Worten zu sagen: „a) gegenwärtig werden in der Regel Großbetriebe gruppiert, die auf die Volkswirtschaft einen wesentlichen Einfluß ausüben; b) eine Gruppierung von Industriebetrieben an einem neuen Standort bzw. in der Nähe einer Stadt schafft die Bedingungen für die Schaffung einer produktiven und sozialen Infrastruktur und bildet damit ein Industriezentrum von Republiks- und Unionsbedeutung [...]" (Nekrasov, 1978: 182). Diese Schaffung von „territorialen Produktionskomplexen" und die differenzierte sozio-ökonomische Standortentwicklung sind auch heute noch typisch für die Regionen Russlands[4].

3.1.7 Zusammenfassung

Es ist also eine gegensätzliche Dynamik in der Entwicklung der internen Legitimität innerhalb eines Wirtschaftsverbandes festzustellen: Während auf der einen Seite versucht wurde, die Obščina auf dem Land im Zuge der Modernisierung und der Industrialisierung der Landwirtschaft abzuschaffen, gab es auf der anderen Seite Bestrebungen, die Arbeiter in den Fabriken mit diesem Gemeinschaftskonzept zusammenzuhalten, die Arbeitsmoral zu stärken, die Disziplin zu fördern und die Aus- und Weiterbildung der Arbeiter untereinander zu organisieren. Zusätzlich wurde mit der Einführung von Wirtschaftsrayons die regionale und lokale wirtschaftliche Gemeinschaft weiter gefestigt. Allerdings liegt der Schluss nahe, dass die Obščina als wirtschaftliche und soziale Gemeinschaft eine eigene innere Dynamik besaß, die durch staatliche Bemühungen oder anderen gesellschaftlichen Kräften von außen kaum gebremst werden konnte. Sie war zwar als altmodische Wirtschaftsweise in der Landwirtschaft nicht mehr willkommen, sollte jedoch andererseits in der modernen, industriellen Produktion für die nötige soziale Stabilität sorgen. In beiden Fällen, der Landwirtschaft sowie der Industriewirtschaft, setzte sie sich dennoch als ordnendes Prinzip, als Rahmen für legitimes ökonomisches Handeln durch den Beibehalt einer internen Autonomie durch.

4 Eine sehr detaillierte Beschreibungen der ökonomischen Geographie im Zusammenhang mit den ökonomischen und sozialen Gegebenheiten der Sowjetunion bieten die im VEB Haack, Geographisch-Kartographische Anstalt Gotha/Leipzig erschienen Bücher, u. a. Pokšiševskij, V. V. (1964): Sowjetunion. Regionale ökonomische Geographie, auf Deutsch1967 erschienen, sowie Gerloff, Jens U./Zimm, A. (1978): Ökonomische Geographie der Sowjetunion.

Tab. 3.1: Die Genese der Obščina. Quelle: eigene Darstellung, 2011

Familienverband	– Ökonomische Autonomie des Verbandes – Gleichheit der Mitglieder
Interessengemeinschaft	– Eingeschränkte ökonomische Autonomie der Gemeinschaft – Gleichheit der Interessen
Verwaltungseinheit	– Stark abhängige ökonomische Autonomie der Einheit – Gleichheit gegenüber der Obrigkeit
Wirtschaftliche Gemeinschaft	– Interne Autonomie der Wirtschaftsorganisationen ohne ökonomische Selbstbestimmung – „Außerplanmäßige" ökonomische Autonomie der Wirtschaftsorganisationen – Ökonomische Autonomie im Bezug auf die Ener gieversorgung eines Wirtschaftsrayons – Soziale Gleichstellung

3.2 Obščestvo im Spannungsverhältnis zwischen autoritär und libertär

3.2.1 Obščestvo als Gesellschaft mit orthodoxen Moralvorstellungen

Obščestvo (russisch: общество) bedeutet wörtlich übersetzt Gesellschaft, auch Allgemeinheit. Der Begriff wird hier als Bezeichnung des zweiten Teils eines ethisch-normativen Fundaments für legitimes Wirtschaften in Russland verwendet. Obščestvo bezieht sich auf das Wirtschafts- und Unternehmensumfeld, mit dem die Aushandlungsprozesse über die Zumutbarkeit wirtschaftlichen Handelns stattfinden. Wir haben eben die Entwicklung der Obščina beleuchtet, in der die gemeinsame wirtschaftliche Tätigkeit ein bindender moralischer Grundsatz war. Dabei ging es jedoch nicht nur um das Überleben unter teilweise extremen Bedingungen und um die gemeinsame Arbeit. Der orthodoxen Tradition folgend, wurde die Arbeit, die schaffende Tätigkeit weder als Geißel noch als Plage Gottes wahrgenommen, sondern als Grundlage des Lebens, als das größte Wohl und gottgefälliges Tun. Das Leben ging in der Arbeit auf, in der Arbeit mit anderen zusammen. Nur die Arbeit in der Gemeinschaft und für das Wohl des Ganzen, der Gesellschaft, führte zur Selbstreinigung und zur Heiligkeit (Bogomazov/Blagich, 2010; Kovnir, 2011).

Die Kirche und der Glauben prägten damit unmittelbar das gesellschaftliche und ökonomische Leben einer Gemeinde. Sie beeinflussten und regulierten es nicht zuletzt dadurch, dass die Kirche selbst eigene Ländereien besaß, sie kaufte oder geschenkt bekam und dass in kirchlichen Gebäuden um die Kapelle beziehungsweise den eigentlichen Gottessaal herum Wandelgänge oder freie Flächen für den Handel mitgebaut wurden (Goehrke, 2003). Damit „durchtränkte [sie] mit ihrem Geist das soziale und wirtschaftliche Leben der orthodoxen Völker" (Nyssen, 1997: 140). Die Kirche trennte ihre Aufgaben niemals von der Gesellschaft oder versank vollständig in ihre Innenwelt zum Zwecke der Selbstvervollkommnung, noch vertrat sie eine dem Staat entgegengesetzte Position im Hinblick auf gesellschaftliches Wirken (Nyssen, 1997). Der Glaube war somit nicht nur auf das Religiöse beschränkt, sondern auf die gesamten alltäglichen Aktivitäten des Menschen ausgerichtet. Er schuf eine ganzheitliche, organische Einheit des Seins der Menschen mit seiner Umwelt, in der der Einzelne dennoch seinen individuellen, unverwechselbaren Charakter beibehielt.

> „Die Religiösität beruht beim eigenthlichen russischen Volke vorzugsweise auf einem naturnothwendigen, naturzwingenden tiefen Gefühle, sie ist etwas Ganzes und umfasst den ganzen Menschen in seinen Gedanken, Gesinnungen, Gefühlen, sie ist die Luft, ohne die er nicht zu atmen vermag. Sein ganzes Leben bewegt sich in religiösen Gefühlen, die Naturtriebe, die Liebe und Anhänglichkeit zu den Aeltern, steigern sich zur religiösen Ehrfurcht, zum religiösen unbedingten Gehorsam, und von da an durch alle Generationen der über dem Stehenden hinauf, gegen alle Auctoritäten bis zum Zaar, der ihm wieder der Vater in höchster Potenz ist" (Haxthausen, 1852: 84).

Das Streben nach Güte, Gerechtigkeit und Menschenliebe, die Verachtung der Habgier sowie die Ächtung der aufkommenden Ware-Geld-Beziehung als Übel der steigenden sozialen Ungleichheit waren als orthodoxe Dogmen in der russischen Wirtschaftswelt weithin verbreitet. Es galt nach wie vor die kirchliche Vorstellung, dass die bäuerliche Arbeit, die schöpferische Tätigkeit um des Tätigseins willen, die Grundlage aller ökonomischen Aktivitäten sei. Das Streben nach materiellen Gütern per sé galt nicht als Grund für wirtschaftliche Tätigkeit, das Arbeiten für Reichtum war kein erstrebenswertes Lebensziel. Arbeiten war kein Selbstzweck zur individuellen Bereicherung, sondern sein Ziel in erster Linie ein Mittel zur Entdeckung der Persönlichkeit, zur Vervollkommnung des Menschen und zur Erfüllung höherer Verpflichtungen – vor allem Verpflichtungen gegenüber der Gesamtheit der Menschen (Bogomazov/Blagich, 2010).

3.2.2 Obščestvo als staatliche Herrschaftsausübung

Die Umstände, dass die slawischen Fürstentümer aus Händlern, die Krieger wurden, geschaffen worden waren, weil es während der Mongolenherrschaft weder einen florierenden Binnenmarkt noch eine einheimische Produktion gegeben hatte, dass ein Moskauer Großhändler zum Zaren gewählt worden war und dass sich die Wirtschaftsmacht Kirche dem Staat untergeordnet hatte, führten dazu, dass der Staat zur mächtigsten Wirtschaftsorganisation im Land wurde. Staatliche Herrschaftsstrukturen hatten seit der Konsolidierung des Moskauer Reiches im 16. Jahrhundert einen starken Einfluss auf die gesamte Gesellschaft, so auch auf die private Geschäftstätigkeit. Denn gerade die wirtschaftliche Tätigkeit des Reiches wurde von Anfang an als eine Aufgabe der gesamten Nation wahrgenommen. Der am Ende des 17. und zu Beginn des 18. Jahrhunderts tätige Pososkov (1951) gehört zu den ersten russischen Ökonomen und war gleichzeitig einer, der sich durch eine starke Hinwendung zur eigenen russischen Tradition, zur russischen Geistesgeschichte und Philosophie auszeichnete. Infolgedessen war er der Erste, der die orthodoxen Moralvorstellungen mit dem zeitgenössischen Modernisierungswillen Peters I. verband, die Wichtigkeit einer Autorität in der Wirtschaft hervorhob und sich gegen die individuelle Selbstverwirklichung durch Arbeitserfolg und die Prädestinationslehre, welche vom später entwickelten Konzept der Weber'schen protestantischen Wirtschaftsethik wieder aufgegriffen wurde, wandte. Er vertrat die Position, dass die Macht der adeligen Landbesitzer geschwächt werden müsse, ebenso wie die wirtschaftliche Macht der Kirche. Gleichzeitig bemängelte er die Ausbeutung der Bauern, wandte sich gegen die Privilegien des Adels, und obwohl er nicht offen gegen die Leibeigenschaft auftrat, war er dennoch der Überzeugung, dass auch andere gesellschaftliche Schichten als der Zar und die Kirche das Recht auf Land besäßen.

In seinen Arbeiten ging er der Frage nach, was der Ursprung des Reichtums in Russland sei, und fand die Antwort im „Volkseigentum" (Pososkov, 1951: 199). Volkseigentum verstand er hier als staatliches Eigentum, und die Aufgabe des Staates sah er in der gesamtnationalen Reichtumsmehrung. Er akzentuierte somit die ökonomische Macht und die Handlungsfähigkeit großer gesellschaftlicher Gruppen, allen voran die des Staates, i. e. der Gesellschaft, damit die Gemeinschaft als „ein wirtschaftlicher Mensch" auftreten könne (Abalkin, 2003). Er trieb die Gründung staatlicher Großbetriebe voran, die privatwirtschaftlich von Unternehmern geführt werden sollten; Kleinunternehmer konnten lediglich unter Aufsicht und Kontrolle aktiv arbeiten. So wurden beispielsweise zu Beginn des 18. Jahrhunderts das Aufspüren und die Gewinnung von Bodenschätzen per Gesetz jedem erlaubt, die Bergwerke an sich gingen dennoch in den Besitz des Zaren, des Staates, das heißt der Gesamtgesellschaft über. Ebenso sicherte dieser sich zehn Prozent der von privaten Unternehmern erzielten Gewinne aus den Bergwerken und Hütten (Heller, 1998). Boden und Bodenschätze waren also seit jeher Eigentum des russischen Staates, der nationalen Gemeinschaft. Schutzzölle gegen ausländische Konkurrenz, direkte Einfuhrverbote ausländischer Waren, die Gewährung von Staatszuschüssen für die einheimische Produktion zum Manufaktur- und Fabrikbau, der zollfreie Warenabsatz im Binnenhandel, Zwangs- und Bannrechte für die Manufaktur- und Fabrikarbeiter, auf dass sie „ewig" in den Fabriken arbeiten sollten, sowie die Abgabenfreiheit in Form einer Befreiung von der Kopfsteuer oder der Befreiung von Unternehmern sowie Handwerkern und Bergleuten von der Rekrutenpflicht sicherten eine allumfassende Staatspräsenz in den unterschiedlichen Bereichen wirtschaftlicher Tätigkeiten (Heller, 1998; Zweynert, 2002).

Die Entwicklung der russischen Wirtschaft galt dementsprechend als eine Aufgabe der gesamten Nation und nicht nur ihrer wirtschaftlichen Einzelbestandteile. Unter Katharina II. wurden zwar juristische und konstitutionelle Veränderungen in die Wege geleitet, die eine wirtschaftliche Konsolidierung des Bürgertums sowie eine wirtschaftliche Liberalisierung zum Ziel hatten, doch angesichts der gesamteuropäischen Wirtschaftskrise nach den Napoleonischen Kriegen dienten diese Maßnahmen erneut der Befriedigung steuerlicher Ansprüche seitens des Staates (Hildermeier, 1986). Eine Rechtfertigung fand dieses Vorgehen unter anderem beim russischen Staatsmann Golicyn, der die Auffassung vertrat, dass der Staat für den Wohlstand der Menschen zu sorgen hätte. Er sei darum angehalten, Steuern zu erheben und diese gerecht, das heißt dem besten Zwecke für das allgemeine Wohl dienend, zu verteilen. Schließlich sei „[d]ie Gesellschaft [...] der natürliche Zustand des Menschen" (Golicyn, 1796: 78), in welcher „der Gesetzgeber" Moral und Tugendhaftigkeit durchsetzen müsse, damit der Einzelne zum Gemeinwohl beitragen könne: „Die bürgerliche Freiheit, die alle in Gesellschaft vereinigten Menschen genießen, ist mithin nichts anderes als die natürliche, durch menschliche Gesetze zum Vorteil der ganzen Gesellschaft beschränkte und begrenzte Freiheit" (Golicyn, 1796: 93).

Ausdruck des einzelnen Beitrags zum Gemeinwohle sowie dieser Beschränkung von Freiheit waren also die steuerlichen Verpflichtungen des Einzelnen in der Gemeinde gegenüber dem Staat, der Gesellschaft. So blieb beispielsweise die Kopfsteuer weiterhin erhalten, welche jedes Gemeindemitglied über die kollektive Steuerpflicht zu zahlen hatte. Entsprechend kontrollierten die Gemeindemitglieder wechselseitig ihre ökonomischen Aktivitäten sehr streng. Der Staat trug das Seinige zu dieser Kontrolle bei, indem er die persönliche Mobilität in Form eines Passzwangs einschränkte und die längere Abwesenheit Einzelner von der Zustimmung der Gemeinde abhängig machte. Auch er hatte aufgrund der zu entrichtenden Gemeindesteuern ein Interesse an der Überwachung der ökonomischen Aktivitäten der Gemeinde sowie des Einzelnen. Entgegen der Ablehnung der Ware-Geld-Beziehung wurden diese Steueransprüche ab dem 19. Jahrhundert allerdings nicht mehr in Naturalien abgeliefert, sondern in monetärer Form. Das erhöhte einerseits die privatwirtschaftliche Initiative, andererseits blieb die Naturaliensteuer zur teilweisen Versorgung und Unterbringung des Militärs erhalten. Sie lastete besonders auf denjenigen Gemeinden mit großen Ländereien, deren öffentliche Kassen aufgrund der Versorgung des Militärs in Form von zusätzlicher Naturaliensteuer nicht ausreichten, die Entwicklung einer sozialen und ökonomischen Infrastruktur weiterzuführen (Hildermeier, 1986).

Das 19. Jahrhundert war aber nicht nur vom Krieg gegen Napoleon und den Krim-Kriegen geprägt, sondern auch vom Dekabristenaufstand und einer brennenden Debatte darüber, wie die Volkswirtschaft des russischen Imperiums zu gestalten sei. Während die einen für eine Liberalisierung der Ökonomie sowie des einzelnen Individuums eintraten, forderten die anderen die Präsenz der Staates als Hauptakteur in der Wirtschaft sowie die Unterordnung individueller ökonomischer Interessen und Aktivitäten unter die der nationalen, staatlichen Gesamtgesellschaft. Denn nur durch das gemeinsame Wirtschaften sei ein Wirtschaften zum Wohle des Einzelnen möglich. Die Kriege erforderten einen immensen steuerlichen Aufwand, so dass staatliche Regulierungen zur Steuererleichterung und zur Liberalisierung ökonomischer Aktivitäten kaum oder gar nicht umgesetzt wurden. Die ökonomischen Motive des Dekabristen-aufstandes zielten aber genau darauf ab: auf die Vereinheitlichung geschäftlicher Tätigkeiten, höhere Transparenz, Sicherheit und Gesetzlichkeit in den Geschäftsbeziehungen. Die Dekabristen forderten weiterhin die Abschaffung der Leibeigenschaft, die Einführung einer allgemeinen Lohnarbeit in den Fabriken sowie eine vom Staat befreite Entfaltung der nationalen Ökonomie auf der Grundlage privatwirtschaftlicher Tätigkeit (Pestel', 1906).

Graf Mordvinov, herausragender Vertreter des russischen Liberalismus und in vielen Punkten mit den Dekabristen übereinstimmend, sprach sich allerdings für eine staatliche Herrschaftsausübung, eine Herrschaftsausübung der gesamten Gesellschaft als Instanz für die Entfaltung der Wirtschaft aus, nicht für die des einzelnen Individuums (Ikonnov, 1873). Sein Vorschlag war die Eröffnung von Staatsbanken und eine Monopolbildung, damit die wirtschaftliche Entwicklung aktiv gefördert, Gewerbepolitik betrieben und Anregungen für die wirtschaftliche Tätigkeit von staatlicher Seite gegeben werden konnten. Er begrüßte außerdem eine protektionistische Position im Außenhandel sowie den Zollschutz. Obgleich er die Ungerechtigkeit der Leibeigenschaft wahrnahm, trat er als Adeliger gegen eine sofortige Auflösung und für eine Reform „von oben" (Ikonnov, 1873) sowie eine schrittweise Aufhebung ein.

Die zu dieser Zeit zunehmende Industrialisierung Russlands ging im Wesentlichen über den Abbau von Bodenschätzen und den Ausbau der Transport- und Handelswege (Reedereien, Eisenbahnnetz) vonstatten, weniger über die Verfeinerung und Expansion von Handwerk und Manufaktur zur Konsumgüter- oder technischen Produktion. Finanzminister Vitte setzte sich zwar ebenfalls für die liberale Ökonomie und die Entwicklung des Kapitalismus in Russland ein, forderte aber gleichzeitig protektionistische Maßnahmen des Staates und eine starke Domestizierung des Marktes. Er war der Überzeugung, dass die produktive Stärke eines Landes nicht nur von der Arbeit der Einzelnen, sondern von den nationalen und politischen Rahmenbedingungen abhängt. Im Staat sah er das mächtigste Subjekt der Wirtschaft, mit dessen Hilfe die nationale ökonomische Einigung auf der Grundlage einer Arbeitsteilung und der darauf aufbauenden Kombination der industriellen Produktion (Netzwerkbildung, gegenseitige Abhängigkeit der Unternehmen und Branchen durch Diversifizierung der Lieferketten) stattfinden sollte. Als Verehrer des deutschen Ökonomen Friedrich List plädierte er daher für den Ausbau der nationalen Infrastruktur und Investitionen in die Bildung der Bevölkerung, um die ökonomische Einigung des Landes sowie die Arbeitsmigration innerhalb des Imperiums für die geeignetste Ausnutzung aller Arbeitskräfte im Sinne einer gesamtgesellschaftlichen Entwicklung voranzutreiben. Ziel war es, die internationale Konkurrenzfähigkeit der russischen Volkswirtschaft zu erhöhen. Dazu sollte die Arbeitskraft aus der Landwirtschaft in der industriellen Produktion eingesetzt werden. Diese sollte dann wiederum die Ressourcen zur Verfügung stellen, mit denen in der Landwirtschaft auf dem Feld oder in Form heimischer Werktätigkeit gearbeitet oder aber Handel getrieben werden könne. Grundsätzlich mangelte es jedoch an einer technischen Modernisierung der Landwirtschaft sowie den bereits erwähnten strukturellen Veränderungen auf dem Dorf.

Im Ersten Weltkrieg übernahm der Staat gänzlich die Kontrolle der Produktion und Verwaltung aller staatlichen und privaten Betriebe. Erste Maßnahmen der Planwirtschaft wurden eingeführt; Hungersnöte, Missernten und darauf folgende Nahrungsmittelkrisen führten 1917 zur Revolution. Der dann beginnende Bürgerkrieg dauerte bis 1922 an und verschärfte die sozio-ökonomsiche Situation im Land dramatisch. Auf der Suche nach einer alternativen ökonomischen Ethik schlug der Agrarwissenschaftler Čajanov die Ethik des bäuerlichen Betriebes vor, die auf das Auskommen, nicht den Profit ausgerichtet sei. Die Arbeitskraft werde durch die Größe der Familie bestimmt; dies sei günstiger als der Einsatz von Maschinen. Nach betriebswirtschaftlicher Rechnung erzielten die Betriebe zwar ständig Defizite, dennoch überlebten sie in der Regel und zeigten sich in Krisenzeiten sogar widerstandsfähiger als die modernen Betriebe. Darum sei das Verhalten keinesfalls unökonomisch, es folge lediglich einer anderen, spezifischen Ökonomie (Goehrke, 2003). Das Gleichgewicht zwischen Bedürfnissen und Arbeitsaufwand ist das normative Prinzip dieser Produktionsweise und verfolgt damit eine andere Ökonomie als die des Kapitalismus. „[W]enn man diese Gedanken, deren Ausgangspunkt die Lehre von dem subjektiven Gleichgewichte der innerwirtschaftlichen Faktoren der Familienwirtschaft bildet [...], [erwägt,] so kann man zum Aufbau des theoretischen Systems einer Volkswirtschaft gelangen, welche die Kategorie des Arbeitslohns nicht kennt" (Čajanov, 1923: 123). Der landwirtschaftliche Familienbetrieb, der unter den Bedingungen der Naturwirtschaft und des Subsidiaritätsprinzips arbeitet, sei daher mit dem regulativen Moment des Arbeitslohns nicht zu fassen. Außerdem arbeiteten die Leute in der Regel mehr und bekämen dafür weniger. Dennoch sei es eine erstrebenswerte Form des Wirtschaftens, da der Mensch eins mit der Natur, seiner Umwelt und frei sei.

Mit der Kollektivierung und Mechanisierung der Landwirtschaft sowie der Industrialisierung Ende der 1920er wurden diese Überlegungen allerdings obsolet. Die finanziellen Erträge aus der Landwirtschaft sollten in den Aufbau anderer Industriezweige gehen. Mit der Einführung der Planwirtschaft, mit der damit einhergehenden Zentralisierung und Verstaatlichung, der Industriegeographie sowie der Konzentration der Produktion auf die Schwerindustrie ging die Übermacht des Staates über jegliche ökonomische Aktivität einher. Der „Sittenkodex der Erbauer des Kommunismus" im Programmentwurf der KPdSU (Knüsli, 1978) trug sein Übriges dazu bei. Er propagierte die „gewissenhafte Arbeit zum Wohl der Gesellschaft" und mahnte die „Sorge eines jeden für die Erhaltung und Mehrung des gesellschaftlichen Eigentums; [ein] hohes gesellschaftliches Pflichtbewusstsein [...] [und die] Unduldsamkeit bei Verstößen gegen die gesellschaftlichen Interessen" an. Außerdem inkorporierte er mit der Ermahnung zum humanen Verhalten, zu Ehrlichkeit und Wahrheitsliebe, zur Achtung der Familie, zu Sittlichkeit und Bescheidenheit, Freundschaft und Brüderlichkeit sowie zur Unversöhnlichkeit mit den Feinden des Kommunismus unzweifelhaft religiöse Motive und Lebensregeln der orthodoxen Kirche. Vor allem die gegenseitige Achtung, die Askese und der Wert des einfachen Lebens sowie die Intoleranz einer anderen Werteorientierung, i. e. Glaubensrichtung gegenüber sind wesentliche Momente, die sich durch die Jahrhunderte der russisch-orthodoxen Kirche ziehen. Im Wesentlichen handelt es sich aber bei diesem Sittenkodex auch wieder um Forderungen des Staates gegenüber dem Bürger, wobei der Staat selbst keine Sicherheit und Garantien für den Erhalt dieser Sozialnormen sowie der darauf fußenden Gesellschaft gewährt (Knüsli, 1978).

Neben der einseitigen Ausrichtung der wirtschaftlichen Aktivitäten fielen dem stalinistischen Terror fielen weite Kreise der wirtschaftlichen Elite des Landes zum Opfer, die Entwicklung des militär-industriellen Komplexes ließ keinen Raum für die Konsumgüterproduktion, und infolge der Autarkie der Sowjetunion in den 1930er Jahren fand kaum bis gar kein Außenhandel statt. Trotz der enormen Modernisierungsbemühungen der Wirtschaft, der Bemühungen um das Gleichziehen mit den Industrienationen Westeuropas und Nordamerikas mit durchaus beachtlichen Erfolgen kam es zu keiner Änderung der Sozialstruktur sowie der nationalen Ökonomie. Nach wie vor fehlte die ökonomische Autonomie der Gemeinschaft sowie des Einzelnen, was die Entwicklung eines Marktes ebenso hemmte wie die demokratische Kontrolle der ökonomischen Tätigkeit, i. e. der Produktion, die zu einer Differenzierung mit einhergehender Spezialisierung und Professionalisierung in allen Zweigen der Wirtschaft und Gesellschaft hätten führen können. Der Zweite Weltkrieg, in dem die Sowjetunion binnen kürzester Zeit fast die Hälfte seiner ökonomischen Ressourcen und Produktionsstätten, die ja vor allem im industriell entwickelten europäischen Teil zu finden waren, verlor, setzte die Entwicklung der Volkswirtschaft nach den Bedürfnissen des Staates fort.

Bis 1957 war die sowjetische Wirtschaft in Form einer zentralistischen Branchengliederung geteilt. Das bedeutete, dass alle Betriebe eines Wirtschafts- oder Industriezweigs einem bestimmten Ministerium oder einer zentralen Verwaltungsstelle unterstanden. Ein rigide gelenkter Markt und eine administrierte Wirtschaft führten anfangs durchaus zu anerkennenswerten wirtschaftlichen Erfolgen, zu einer beachtlichen Produktionsintensität und relativen Wohlstandsmehrung. Doch mit der Erhöhung der Wirtschafts- und Lebensqualität stieg das Bedürfnis der Bevölkerung nach mehr Eigenverantwortung und einer größeren ökonomischen Autonomie. So bemühte man sich Ende der 1950er Jahre um eine Wirtschaftsreform, deren Ergebnis die Einteilung der Sowjetunion in circa 100 Wirtschaftsverwaltungsbezirke war. Diese wurden von Volkswirtschaftsräten geführt, denen alle Betriebe der ihnen zugeteilten Region unterstanden; Betriebe mit überregionaler Bedeutung blieben davon ausgenommen. Anfang der 1960er kam es zu erneuten Reformen der Parteiorganisation und des Wirtschaftsverwaltungsapparats. Das Ergebnis dieser Umstrukturierungen war die Reduktion der Verwaltungsbezirke auf 47 sowie eine Umstrukturierung der Zentralinstanzen für die Wirtschaftsplanung (Salman, 2009). Auch wenn der staatseigene Betrieb in dieser Ordnung nach wie vor ein Teil der Wirtschaftsverwaltung war, bestand eine größere Selbständigkeit der Betriebe. Das äußerte sich unter anderem in den bereits dargestellten, rechtlich anzweifelbaren Praktiken der materiell-technischen Versorgung und Ressourcenbeschaffung für die Produktion sowie bei der Rechungsführung der Betriebe.

Die Herausforderungen blieben jedoch bestehen: die Koordination der Wirtschaftsprozesse, vor allem die materiell-technische Versorgung der staatseigenen Betriebe sowie die Festlegung der Plankennziffern (5-Jahres-Pläne), mit denen die Planerfüllung gemessen wurde, folgten nach wie vor weniger der ökonomischen Sachlogik als dem politischen und gesellschaftlichen Auftrag, den das staatseigene Unternehmen in der sowjetischen Gesellschaft zu erfüllen hatte. Auch die unternehmerischen Fähigkeiten unterschieden sich sehr von denen im Kapitalismus, da auf einem administrativen Markt mit staatlichen Eigentumsrechten nicht der Besitz über die Marktpräsenz entscheidet, sondern die Kontrolle über die Produktionsressourcen und -güter. Das wiederum begünstigte die ebenfalls beschriebene Parallelwirtschaft und Netzwerkbildung. Die Aufgabe der Wirtschaftspolitik war, anders als im Kapitalismus, nicht die Wohlstandsmehrung, sondern die Sicherung der sozialistischen Eigentums- und Sozialordnung. Die gleichberechtigte Teilhabe am ökonomischen Prozess blieb demzufolge aus. Planvorgaben kamen nach wie vor zentral und waren nicht in einer Art von deliberativem Aushandlungsprozess entstanden. Strukturell blieben die Wirtschaftsorganisationen lediglich Ausführungsorgane, auch wenn sie in der Praxis durchaus ein hohes Maß an eigenverantwortlicher wirtschaftlicher Aktivität an den Tag legten. Die Umsetzung des Ideals der Sobornost', die gleichberechtigte Partizipation aller am gesamtgesellschaftlichen ökonomischen Entwicklungs- und Durchführungsprozess, blieb dennoch aus.

3.2.3 Obščestvo als Sobornost'

Der Gegenpol zur staatlichen Übermacht in der Entfaltung ökonomischer Aktivitäten, das religiöse Ideal der Sobornost' beziehungsweise das „gläubige Denken“, ist eine von den Slawophilen[5] im 19. Jahrhundert in die Debatte eingebrachte gesamtgesellschaftliche Alternative des Wirtschaftens. Die Sobornost' stellt das Gegengewicht zur Atomisierung der Gesellschaft und zum homo oeconomicus dar. Sobornost' (russisch: соборность) bedeutet in etwa Ganzheitlichkeit, entzieht sich allerdings einer umfassenden Übersetzung. „Sobor“ (russisch: собор) heißt Kathedrale, aber auch kirchliche Gemeinschaftlichkeit, Ganzheitlichkeit, Wahrhaftigkeit, Versöhnung und die Freiheit des Einzelnen mit der Einheit aller in christlicher Liebe (Zweynert, 2002). Sobornost' steht im engeren Sinne für die Bezeichnung einer spirituellen Gemeinde, die in Harmo-

5 Der Bergriff „Slawophile“ bildete sich im russischen Imperium während des 19. Jahrhunderts heraus und bezeichnet die Vertreter einer auf das ursprünglich Russische, die dörfliche Gemeinde und Naturverbundenheit ausgerichteten geistigen Haltung. Sie standen im Gegensatz zu den „Westlern“, die eine Industrialisierung und Urbanisierung der russischen Wirtschaft und Gesellschaft forderten und sich an westeuropäischen Gesellschaftsentwürfen orientierten.

nie miteinander lebt. Sie stellt eine Form der Beteiligung, der gleichberechtigten Partizipation aller am gemeinschaftlichen, auch ökonomischen Leben dar.

Eine ausführliche Debatte über dieses Lebens- und Wirtschaftsideal fand seit dem 19. Jahrhundert statt, als es um die Frage ging, in welche Richtung die sozio-ökonomische Entwicklung des Landes gehen sollte und welche normativen Grundlagen deren Basis sein könnten. Den religiösen Hintergrund beleuchten Chomjakov, Solov'ev, Trubezkoj, Rozanov und Ivanov. Chomjakov wendet sich mit seinem Gedanken der Freiheit des Einzelnen, die nur in der Ganzheit der Sobornost' zu finden sei, klar gegen den Protestantismus und die Vorstellung des individuellen Tätigseins und Wirtschaftens. Er spricht sich für den Absolutismus und für eine zentrale Wirtschaftslenkung aus, da die Macht nicht von Gott komme, sondern von den Menschen selbst, der Obščestvo, die sich selbst einen Zaren gewählt habe, der ihren Bedürfnissen entgegenkomme und im Sinne des alleinheitlichen Tätigseins den Menschen zur Arbeit auffordere. Denn die Sobornost', die Alleinheit, das Eins sein mit allem, was uns umgibt, ist nur in der Arbeit erfahrbar (Chomjakov, 1853).

> „Trotz seines Egoismus vermag doch kein Geschöpf in seiner Isoliertheit zu verbleiben, von unüberwindlicher Macht getrieben, drängt es, graviert zu den andern, und nur in Verbindung mit ‚Allem' erlangt es seinen Sinn (Logos, ratio) und seine Wahrheit" (Solov'ev, 1874: 73),

so auch Solov'ev. Und weiter:

> „Die Entzweiung, das sinnlose Dasein der Geschöpfe ist nur ihre falsche Situation; [...] ihr wahres Dasein haben jene nur in der Einheit mit allem. Der Vorrang des Daseins gehört nicht den einzelnen Teilen, sondern dem Ganzen. Das bedingungslose Urelement und die Quelle jeden Seins ist die absolute Ganzheit von allem" (Solov'ev, 1874: 75).

Solov'ev schildert die Kirche als Leib Christi, als Umschließung der ganzen Menschheit und der Natur, weil sie sich aus einer Vielzahl an Menschen zusammensetzt und weil sie eine einheitliche, die einzelnen Menschen bindende Form hat. Zusätzlich wirkt sie auf ein einheitliches Tätigsein der Menschen hin. Trubezkoj ist zudem der Überzeugung, dass der Mensch ein soziales Wesen sei, geprägt durch die Gleichheit in der Gruppe. Diese Gleichheit drücke sich in der Solidarität untereinander und im Altruismus aus (Šapošnikov, 1996). Rozanov (1902–03) vertritt im Gegensatz zu Solov'ev die Auffassung, dass es die Kirche nicht braucht, um den Glauben zu leben, da er der Alltag des Menschen ist, die Sobornost' ihren Ursprung in der Familie hat. Er orientiert sich stark am Leben der Menschen, der praktischen Auslebung des Glaubens innerhalb einer Gemeinschaft und zieht daraus seinen eigenen Schluss für das religiöse Fundament des Volkes.

Ivanov (1909) seinerseits begegnet in der Revolutionszeit um 1905 der prinzipiell russischen Frage, nämlich der Frage nach der Auflösung des Widerstreits zwischen dem „organischen Lebens- und Bewußtseinsgehalt des sozialen Ganzen und dem Tun und Trachten der staat- und kulturbildenden Sozialgruppen" (Ivanov, 1909: 4), die dem in so vielem widersprechen. In seinen Augen ist die nationale Selbstbestimmung noch nicht abgeschlossen. Er trifft eine Unterscheidung zwischen „Reich" und „Land", wobei das Land die einheitliche Sprache, Kultur und Volkstum ist, welches mit Axt und Pflug erobert wurde, während das Reich die politische Macht und Größe des Landes verkörpert. Doch das „Land" ist mit diesem nicht immer deckungsgleich, wodurch es zu Spannungen kommt, woraus auch die Spaltung zwischen Herrscher und Volk resultiert. Seiner Meinung nach fühlen sich die Russen jedoch nur dann als wahr, wenn sie in Harmonie mit dem gesamten Volk, dem „Land" und dem „Reich" leben. Aus der Sicht des „Reiches", der Intelligenz heißt das: „Als irrig und falsch, illusorisch und wurzellos und einem jähen Untergang geweiht empfinden wir instinktiv alles, was wir erstreben und erreichen, wenn das „Land" ihm seine Zustimmung verweigert" (Ivanov, 1909: 22–23). Für ihn besteht die Sobornost' aus beiden Teilen der Gesellschaft: „All-Einheit des Volkes – unter dieser Form erscheint uns zunächst das Ziel [unseres] sehnsüchtigen Langens und Strebens, die beiden Wahrheiten in Einklang zu bringen: die Wahrheit der von der Erde Entwurzelten, vorzugsweise der Kinder der städtischen Kultur, und die von den ackerbauenden Massen vertretene ‚Wahrheit der Erde'" (Ivanov, 1909: 23). Mit der Sobornost' beginne die russische Kultur „den Prozess der wahren Integration der streitenden Energien und bereitet den Umschwung, der alle Einzelwerte des kritisch-zersplitterten Schaffens überwindet und durch die Werte eines anderen, eines in Gott allumfassenden Bewußtseins ersetz[t]" (Ivanov, 1909: 28–29). Die Bestrebungen der Russen lägen in der „Lust des einzelnen, im Ganzen zu verschwinden" (Ivanov, 1909: 30–31). Es hat in seinen Augen auch etwas Dionysisches, Verschwenderisches an sich, etwas sich selbst Verbrennendes.

Bulgakov bezieht die Sobornost' noch viel stärker auf die wirtschaftlichen Tätigkeiten des Volkes. In seiner Verbindung von Religionsphilosophie und Gesellschaftsanalyse sieht er das Wirtschaften als eine Einheit von Freiheit und Notwendigkeit an. Leben ist für ihn ein ökonomischer Prozess. Er geht also von einer intrinsischen Motivation aus, dass der Mensch, um das Leben zu erhalten und den Tod abzuwehren, aus sich selbst heraus wirtschaftet. Es geht dem Menschen nicht darum, Geld zu verdienen oder materielle Güter anzuhäufen, sondern die Kreativität im Arbeitsprozess anzusprechen, damit der Mensch schöpferisch tätig sein kann. Die Arbeit ist die fundamentale Aktivität der Ökonomie und wird als Grundlage des menschlichen Seins verstanden. Die Arbeit sollte Bulgakov zufolge in einem Maße stattfinden, das die Harmonie und Einheit mit der Natur herstellt. Nur dieses Gleichgewicht führe zur Abkehr vom Tode und gleichzeitig zur Annäherung an die Weltseele (Sophia). Für Bulgakov ist die Arbeit auch ein kultureller Akt, aufbauend auf den individuellen Fähigkeiten des Einzelnen, und keine bloße Gewinnerwirtschaftung oder Profitmaximierung. Für ihn ist sie ein Selbstzweck im Sinne der individuellen Vervollkommnung und erfüllt erst dann den höchsten aller Sinne, wenn sie im Prinzip nicht nötig ist. Das Ziel der Arbeit ist die Schaffung der Sophien-Ökonomie, in welcher der Materialismus, das heißt die Gewinnerwirtschaftung, und der Idealismus, das heißt die Kreativität im Schaffensprozess, zusammenfließen. Sie soll zur Selbstbestimmung und Unabhängigkeit des Menschen gegenüber seinen Sorgen und Nöten führen und somit der Retter der Seele sein (Evtuhov, 1997; Bulgakov, 2000; Schmid, 2003; Simonov, 2005).

Berdjaev (1916) wiederum war um die Vereinigung von Marxismus und dem orthodoxen Christentum bemüht. Mit Gott begründet er die Tatsache, dass die Menschen unterschiedlichen Tätigkeiten nachgehen; schließlich gebe er jedem Einzelnen unterschiedliche Talente mit. Der Kern des Schaffens ist für ihn die Gestaltung von etwas Neuem, Nichtgewesenem. Berdjaev vergleicht dies mit der Schaffenskraft von Gott, dem Schöpfer selbst, der aus dem Nichts das Universum und die Welt erschuf. Den gleichen Anspruch hat Berdjaev auch an die Menschen, und damit meint er sowohl das künstlerische und geistige Schaffen als auch die händische, werkende Tätigkeit. Das Schaffen begreift er als Katharsis, als eine Befreiung der Seele und als das Geheimnis des Lebens. Sie kann sich nur auf der Grundlage der grenzenlosen Freiheit, bestimmter Gaben (Talente, Fähigkeiten) und dem Schöpfungselement in der Welt entfalten. Darum braucht sich der Mensch seiner Genialität, seiner Fähigkeiten auch nicht zu schämen – sie sind von Gott gegeben, und er sollte sie zum Wohle aller einsetzen. In diesem Sinne unterscheide sich der „heldenhafte" Weg des Schaffens vom Weg der persönlichen Selbstverwirklichung und individuellen Errettung. Während es in der Weber'schen Wirtschaftsethik des Protestantismus um die Rettung der eigenen Seele geht, ist das Schaffen, die Arbeit hier gleichsam eine Berufung und Bestimmung – für das Kollektiv, für die Gesellschaft. In Berdjaevs Augen stellt die Arbeit im Leben des Menschen kein Recht, sondern eine Verpflichtung dar; sie ist ein Imperativ in allen Lebensbereichen, bietet jedoch gleichzeitig den Weg zur religiösen Vervollkommnung. Autonom ist der Mensch lediglich in der Ausführung der Arbeit; in diesem Rahmen genießt er seine Freiheit, kann seine Energie und Dynamik einsetzen, um materielle und immaterielle gesamtgesellschaftliche, all-einheitliche Werte zu schaffen. Sein

Ideal ist das Individuum, das im Geiste der Sobornost' handelt, seine tätige Pflicht verrichtet und gleichzeitig einen Beitrag zur Erschaffung des Ewigen leistet. Auch für ihn ist die Arbeit, die wirtschaftliche Tätigkeit der Sinn und die Grundlage des Lebens, der Weg zur sozialen Wahrheit.

3.2.4 Obščestvo als alternatives Gesellschaftsmodell

Alternative Gesellschaftsmodelle russischer Ökonomen und Theoretiker schließen in sich stets die beiden Pole, die staatliche Herrschaftsausübung im Bereich der Ökonomie sowie die Ganzheit im Wirtschafts- und Verteilungsprozess, mit ein.

Bakunin beispielsweise zweifelte an der religiösen Gleichheit der Menschen und an der ökonomischen Tätigkeit als einer ganzheitlichen Aufgabe aller zu gleichen Teilen. Er hebt allerdings ein Gleichstellungsmerkmal des russischen Volkes heraus: die „Unfreiheit", die „Knechtung" (Bakunin, 1996 [1849]: 69). Als Vertreter des Anarchismus tritt er gegen die Versklavung an den Glauben sowie gegen die Gewalt des Staates ein und fordert die Abschaffung der zentralistischen Herrschaft. An seine Stelle solle die politische und ökonomische Organisation der Menschen nach dem Prinzip der Assoziation oder Föderation treten, welche von unten nach oben wachse. Hier vertieft er den Gedanken der Sobornost' im Sinne von Gleichheit und Harmonie. Das Eigentum an Produktionsmitteln solle der Gemeinde, der Obščina übergeben werden. Er stand damit Marx kritisch gegenüber, der die Konzentration des Eigentums in den Händen des Staates befürwortete. Diese Konzentration drohte in Bakunins Augen automatisch zu einer Bevormundung der Bürger durch den Staat zu führen.

Mendeleev (1991) wiederum als interdisziplіär ausgerichteter Naturwissenschaftler schlug ein evolutionäres, lineares Wirtschaftsmodell vor. Er betont hier einerseits die mechanischen Kräfte, wie beispielsweise die menschliche Arbeitskraft, Wind-, Wasser-, Sonnen- und elektrische Energie sowie andererseits physikalische wie chemische Prozesse, Licht, Magnetismus, die beide in der industriellen Produktion zum Einsatz kommen. In seinen ökonomischen Ausführungen betont er durch die Zusammenführung dieser Kräfte und Porzoesse die Harmonie von Mensch und Natur, dem Natürlichen und dem Künstlichen, das in einer All-Einheit zusammenwirkt und nur im Ganzen, in der Sobornost' offenbar wird. Für ihn war ebenfalls die Obščina im Sinne der gemeinsamen Arbeit und der egalitären Verteilung der Erträge elementar, besonders für die Entwicklung der Landwirtschaft (Mendeleev, 1960). Er konzentrierte sich auf Wege zur Entfaltung der nationalen Ökonomie und hob die gesellschaftliche, soziale Bedeutung der Industrieproduktion hervor. Da der Mensch ein soziales Wesen sei und ohne die umfassende Entwicklung der Gesellschaft nicht in der Lage sei, seinen Platz im Leben zu finden und sittliche Werte zu erfahren, bedürfe es einer starken Gemeinschaft und eines Staates als Garant für das Wohl des Einzelnen. Auch die industrielle Produktion sei erst mit der Entstehung der Staatlichkeit aufgekommen, die Produktionsgewinne sollten, weil ja jeder seinen Teil dazu beitrage, auch gerecht auf alle verteilt werden.

Der Ökonom Babst artikulierte ähnliche Überlegungen. Er sieht in der Volkswirtschaft auch keine Ansammlung einzelner Wirtschaften, sondern einen lebendigen Organismus mit gemeinsamen Interessen. Er erkennt zwar den Eigennutz als starke Triebfeder des Menschen, stellt aber heraus, dass sich das individuelle Interesse dem Interesse des Gemeinwohls unterzuordnen habe (Zweynert, 2002).

Struve (1999), in seiner frühen Zeit als Politiker, Ökonom und Philosoph Vertreter des legalen Marxismus, sah später jeodch in der kapitalistischen Wirtschaftsform einen möglichen Entwicklungspfad für Russland. Er schätzte den Kapitalismus als sehr wandlungs- und gestaltungsfähig ein und konnte sich durchaus vorstellen, dass aus ihm einmal ein an das sozialistische Gesellschaftsmodell angelehnte Form der Gemeinschaft entstehen könnte. Denn „auf der Grundlage der Gleichheit lässt sich keine Produktion aufbauen“. In seinen Augen ist die persönliche Verantwortung für ökonomisches Handeln und die individuellen ökonomischen Fähigkeiten zentral. Sie unterscheiden die Menschen voneinander, und eine ökonomische Entfaltung fußt gerade auf der Ausprägung dieser beiden Eigenschaften des Einzelnen. Somit wendet er sich von der traditionellen Gemeinde ab und schlägt neue Formen des Zusammenseins vor: die einfache Gesamtheit der Menschen, in der einer neben dem anderen, aber nicht voneinander abhängig lebt. Im Geiste des Liberalismus plädiert er für eine Summe von Menschen, aber keine Gemeinschaft, die voneinander unabhängig wirtschaften, was in der Summe die Volkswirtschaft ergibt.

Alternative Gesellschafts- und Wirtschaftsmodelle für Russland nach der Revolution wurden auch in der Emigration entwickelt. Prokopovich beispielsweise, Ökonom und Minister für Nahrungsmittel der Provisorischen Regierung von 1917, verband eine große Hoffnung auf ökonomischen Aufschwung mit der Neuen Ökonomischen Politik Lenins, war aber enttäuscht von dem, was man nach Lenin daraus gemacht hatte. Er sah ein Hauptproblem der sowjetischen Ökonomie in den fehlenden Stimuli für Arbeiter und Bauern und in der fehlenden Motivation infolge des Mangels an ökonomischer Selbständigkeit. Ein zweites Problem sah er in den staatlich geleiteten Auflösungsbestrebungen der Obščina bei gleichzeitiger Einführung von Kontrollen und Plänen, die sich darüber hinaus nur selten mit der Realität deckten. Eine durchdachte Planung, die Flexibilität und mehr Freiheit von Politik und Verwaltung sichert, war seine Alternative. Nur so könne das Ziel des Sozialismus, das humanistische Ideal der ganzheitlichen Entfaltung des Einzelnen und die Befriedigung seiner materiellen Bedürfnisse erfolgen. Im Sinne der Sobornost' hatte er stets die Wirtschaft als Ganzes im Auge und sah nur in der Arbeit aller miteinander, allerdings mit staatlicher Lenkung, den gesellschaftlichen Fortschritt (Bačurina, 2005).

Der russische Philosoph Vyšeslavcev (1953) hingegen beklagte neben der fehlenden Freiheit auch die fehlende religiöse Moral der Gesellschaft, der sozialistischen wie der kapitalistischen. Sein Gegenentwurf war die Wirtschaftsdemokratie. Sie basiert auf rechtlichen, i. e. ethischen Grundlagen, die ihrerseits wiederum auf der Gegenseitigkeit in der Wirtschaft fußen. Er spricht sich für die „Solidarität, Sobornost' und Brüderlichkeit" aus, da nur diese Werte die Wirtschaft und den Menschen retten könnten. Er stellt damit ebenfalls das Primat der Moral, der Ethik über die ökonomische Rationalität. Seine Losung fußt allerdings auf der Grundlage des individuellen Wirtschaftens außerhalb einer Obščina. Er plädiert für die ökonomische Autonomie des Einzelnen. Lediglich die Produktion der Güter des täglichen Bedarfs sollte zentralisiert sein. Der Staat tritt in seinen Überlegungen als Organisator der Freiheit auf, der die Produktion zwar nicht vorschreibt, aber die Verteilung der Güter, damit alle von allem haben können, wenn sie wollen. Das Prinzip der Gleichheit versteht er im Sinne der Autonomie der Persönlichkeit. Die Macht im Unternehmen soll „konstitutionell" auf alle Teile des Unternehmens verteilt werden, den Arbeitern sollte höheres Mitspracherecht eingeräumt werden. Nur so kann eine Sozialisierung ohne Etatisierung der Ökonomie stattfinden, welche die Beteiligung der Arbeiter am Kapital sowie am erwirtschafteten Profit ermöglicht. Nur so kann es zu einer „Rettung/Erlösung der schaffenden Menschen" und „Vermenschlichung der Arbeit" kommen und die ökonomischen Aktivitäten im Sinne der Sobornost' gelebt werden.

3.2.5 Zusammenfassung

In Russland wird der Staat stets als Gesellschaft mitgedacht. Wirtschaftliche Aktivität ist demnach auch stets mit dem Staat verbunden. So kann man beobachten, dass die marxistisch-leninistische Wirtschaftsethik heute in Russland noch genauso präsent ist wie die religiös-ethischen Inhalte der Orthodoxie, die seit jeher galten: Der Mensch nimmt durch die tätige, selbständige und selbstzweckgebundene, am Bedarf orientierte Arbeit am göttlichen Schöpfungsprozess teil. Er steuert dadurch auf die Selbstverwirklichung zu, während er in Einheit, Gleichheit und Genügsamkeit mit den anderen lebt. Geschaffene Werte sollen ausgleichend an alle transferiert werden, indem der Staat die Aufsicht über das Allgemeinwohl hat.

Tab. 3.2: Obščestvo - zwischen staatlicher Herrschaftsausübung und Sobornost'. Quelle: eigene Darstellung, 2011

Gesellschaft	- Gemeinsame Arbeit als Grundlage des Lebens - Verteilung nach Erwirtschaftung
Staatliche Herrschaftsausübung	- Gemeinsame Arbeit auf staatliche Anordnung - Gelenkte Verteilung der Erträge
Sobornost'	- Gemeinsame Arbeit durch individuelle Selbstverwirklichung im Einklang mit dem inneren Frieden und der umgebenden Umwelt - Egalitäre Verteilung der Erträge
Alternatives Gesellschaftsmodell	- Gemeinsame Arbeit durch individuelle Überzeugung und Bekenntnis zur sozialen Gemeinschaft - Freie und gerechte Verteilung der Erträge

3.3 Zwischenbilanz

Die Legitimität des Wirtschaftens in Russland setzt sich traditionell aus den ethisch-normativen Prinzipien der wirtschaftlichen Gemeinschaft „Obščina" und des gemeinschaftlichen Wirtschaftens „Obščestvo" zusammen.

Legitimes Wirtschaften in Russland ist das individuelle Tätigsein im Rahmen einer Gemeinschaft, die jedes ihrer Mitglieder in der individuellen Pflichterfüllung gleichstellt. Diese interne Einheit formt die wirtschaftliche Gemeinschaft, die Obščina, auf deren Grundlage sich ein gemeinschaftlicher Konsens darüber herstellt, wie die Arbeit, das Wirtschaften zu organisieren sei, damit es zum gerechten und guten Zusammenleben führt. Darüber hinaus gilt legitimes Wirtschaften als ein Prozess zum Wohle der Gesamtgesellschaft, als die individuelle Arbeit für ein lebenswertes Ganzes, an dessen oberster Stelle eine für die Gesamtgesellschaft verantwortbare Autorität steht (Gott, Zar, Staat). Da aber alle gleichermaßen am Arbeits- und Produktionsprozess beteiligt sind, ist die demokratische, das heißt gesellschaftliche Kontrolle dieses Prozesses notwendig.

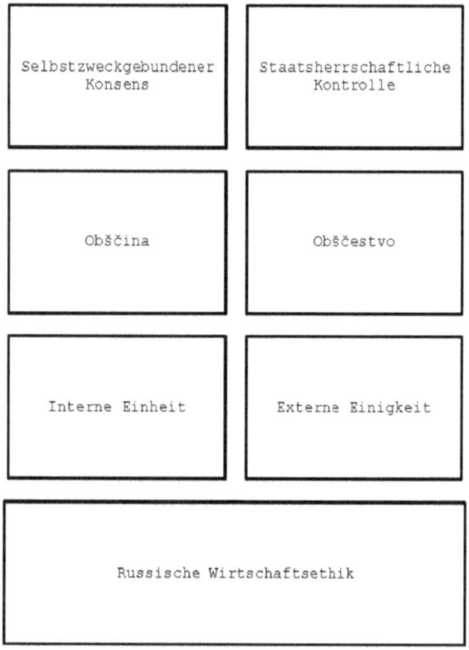

Abb. 3.1: Darstellung der russischen Wirtschaftsethik. Quelle: eigene Darstellung, 2011

Worin liegt also die Tendenz der russischen Wirtschaft, die Unternehmensethik an den Staat zu delegieren? Es liegt zum einen an der wirtschaftlichen Gemeinschaft, die kaum ökonomische Autonomie besitzt, woraufhin keine Konsensbildung möglich ist. Der gemeinschaftliche Konsens wird hier nicht auf der Grundlage der Partizipation des Einzelnen, i. e. einzelner gesellschaftlicher Gruppen, am Entscheidungsprozess über die Zumutbarkeit ökonomischen Handelns erzeugt. Es liegt zum anderen daran, dass das gemeinschaftliche Wirtschaften ohne demokratische Kontrolle, das heißt auf der Grundlage des Diskurses großer gesellschaftlicher Gruppen über die Zumutbarkeit des ökonomischen Handelns, stattfindet, wodurch die Kontrolle durch staatliche Herrschaftsstrukturen nötig wird, soll es nicht zu einer Entfremdung des Teilsystems Wirtschaft von der Gesamtgesellschaft kommen.

4 Eine integrative Wirtschaftsethik für Russland

Im Folgenden wird eine Wirtschaftsethik für Russland erarbeitet, die nach allen Seiten hin vermittelnd ist. Sie baut auf Peter Ulrichs zweistufiger Konzeption einer Ethik des Wirtschaftens mit der Basis des werteorientierten Handelns und der Teilhabe von Unternehmen an gesellschaftlichen und politischen Entscheidungsprozessen auf. Gleichzeitig berücksichtigt sie die kulturellen Möglichkeitsbedingungen in Russland, baut darauf eine Erneuerung des Begriffs Wirtschaftsethik auf und zeigt, welchen gesellschaftlichen Mehrwert Unternehmen auf dieser Grundlage erbringen können.

Die russische Wirtschaft in der Transformationszeit war von ökonomischer Liberalisierung und moralischer Desorientierung geprägt. Im Ergebnis wurde sie als Teilsystem der Gesellschaft nicht mehr auf ihre Verträglichkeit und Zumutbarkeit hin überprüft. Wie im vorangegangenen Teil erläutert wurde, entspricht der „reine" Liberalismus jedoch weder der russischen Mentalität noch den historischen Gegebenheiten. Die Rolle des Staates wurde stets ebenso berücksichtigt wie die Rolle der Gemeinschaft als arbeitende und wirtschaftende Einheit. Charakteristisch für die vergangenen Jahre ist eine starke Hinwendung zu den nationalen Eigenheiten des russischen ökonomischen Denkens und der russischen Ökonomie. So gibt es einerseits die Wiedergeburt konservativer Strömungen, welche die westlich geprägte Wirtschaftswissenschaft als etwas für die russische Realität Fremdartiges und Gefährliches betrachten. Auf der anderen Seite der Skala ist aber auch die unreflektierte Übernahme westlicher Modelle und Konzeptionen zu beobachten (beispielsweise: Corporate Social Responsibility). Als eine Art Balance und auf der Suche nach dem dritten Weg orientieren sich russische Wirtschaftsmodelle heute am Solidarismus und Staatskapitalismus.

4.1 Solidarismus

Der Solidarismus geht auf den „solidarischen Kapitalismus" vom Ökonomen Bilimovič (1936) zurück. Er erkannte die persönliche Freiheit als Grundlage für ökonomische Initiativen und wirtschaftliche Tätigkeit des Individuums als unabdingbar an, plädierte jedoch dafür, dass Großunternehmen staatlich blieben. Dennoch sollte jeder Mitarbeiter am Unternehmenskapital beteiligt oder in Form von Kooperativen an das Unternehmen gebunden werden. Kleine und mittelständische Unternehmen können in privater Hand sein. In den 1930er Jahren sprach er sich gegen den Sozialismus und für die Einführung des Kapitalismus in Russland aus. Unter staatlicher Regulierung und der Begrenzung der Freiheit „im Namen der Interessen des Ganzen für den gerechten Schutz der Schwachen“ (Bilimovič, 1936: 80) plädierte er für die Unbeschränktheit bei der Akkumulierung von Privateigentum, der Privatwirtschaft, Vertragsfreiheit, Preis- und Handelsfreiheit. Da er aber ebenfalls erkannte, dass in Russland die Fabriken nicht von heute auf morgen in private Hände übertragen werden konnten, kann in seinen Augen der Staat, vor allem in Schlüsselindustrien, nach wie vor der Eigentümer sein. Alternativ dazu sind auch regionale, sich selbst verwaltende Wirtschaftseinheiten oder Kooperativen denkbar. Wesentlich ist das Recht, auch Privatunternehmen neben den staatlichen und kollektiven gründen zu können, da nur Privatunternehmen die Lücken im Bedarf schließen, welche die großen Staatsunternehmen aufgrund ihrer Struktur und ihrer gesellschaftlichen Rechenschaftspflicht nicht füllen können. Er forderte die Schaffung eines Marktes, der die Preise und die Arbeiterfrage in staatlichen und privaten Unternehmen über alle gesellschaftlichen Einflusskräfte hinweg reguliere. Das bedeutet, dass sowohl der Staat als auch Unternehmer und Arbeiter ein Mitspracherecht eingeräumt bekommen und im gegenseitigen Dialog die für alle Seiten besten Bedingungen und Kompromisse ausgehandelt werden.

Die moderne Solidarismusdebatte knüpft an die Zusammensetzung aus Altruismus, Universalismus, dem öffentlichen Recht und der Zentralisierung der Ökonomie an. In dieser wirtschaftlichen Solidargemeinschaft wird der Mensch als soziales Wesen, als egalitär, libertär sowie frei im Denken und im Handeln wahrgenommen, der nur durch das staatliche Recht auf Koordination beschränkt werden kann. Der Solidarismus baut auf einem starken „Wir“-Gefühl auf, das wiederum nur über die gemeinsame Arbeit und das gleiche und allgemeine Schaffen zu realisieren ist. Daraus folgt eine Einheit in den Interessen und Bestrebungen aller. Mit dem „Primat des Gesamten vor dem Einzelnen [...] [und dem] Primat des Geistes vor der Materie“ (Sendorov, 2007: 264) findet außerdem ein starker Rekurs auf die Ideale der Kirche, der Religion und der Sobornost' statt.

4.2 Staatskapitalismus

Ein anderes Wirtschaftsmodell ist der auf der geistigen Grundlage des Marxisten Bucharin entworfene Staatskapitalismus. Bucharin erkannte das Bedürfnis für eine verallgemeinernde Arbeit und erläuterte dies in seinen Aufzeichnungen zur Transformation der kapitalistischen in eine kommunistische Gesellschaft (Bucharin, 1990: 13). Für ihn war der Staatskapitalismus die Vollendung des Kapitalismus, der Vorabend für den sozialistischen Umsturz. Denn imperialistische Länder sind in seinen Augen immer staatskapitalistisch, Unternehmen erscheinen in ihnen immer als staatskapitalistische Trusts, die zwar privatwirtschaftlich, gewinnorientiert wirtschaften, aber ohne staatliche Unterstützung ihrer Interessen lange nicht so erfolgreich wären. Das heißt, dass der Staat, als die Vertretung der Interessen einer Gesamtgesellschaft, hier zu Befriedigung von Partikularinteressen eines Unternehmens oder einer Branche „missbraucht" wird. Nur die Verstaatlichung der Betriebe für eine „neue, harmonische Gesellschaft" (Bucharin, 1990: 190), in welcher der Staat als eben jene Vertrtung der Interessen einer Gesamtgesellschaft sich auch tatsächlich für gesamtgesellschaftliche Interessen einsetzt, könne der Ausweg sein. Im Staatskapitalismus, die Bucharin als „die ‚vollkommenste' Abart des Kapitalismus" (Bucharin, 1990: 171) bezeichnet, ist der Staat zwar das wirtschaftliche Subjekt, der erwirtschaftete Mehrwert hingegen fällt jedoch nur der „Kapitalistenklasse" (Bucharin, 1990: 173) zu und nicht der Gesellschaft. Da es also weder staatseigene Betriebe noch verstaatlichten erwirtschafteten Mehrwert gibt, dient der Staat lediglich als Instrument, um in bestimmte Märkte zu kommen, sie privatwirtschaftlich zu kontrollieren oder Konkurrenten loszuwerden.

Während der Staatskapitalismus bei Bucharin also als ein ökonomisches System kurz vor dem revolutionären Umsturz gedacht wurde und die Transformation zum Sozialismus einleiten sollte, galt im Reformismus der 1920er Jahre die „Theorie vom Organisierten Kapitalismus" mit seiner Konzentration und Zentralisation des Kapitals nicht krisenfördernd, sondern Krisen mindernd und stabilisierend. Die Ungleichheit blieb hier lediglich auf die Verteilung beschränkt. Im Liberalismus wiederum wird unter Staatskapitalismus die „öffentliche Wirtschaftsführung in privatrechtlicher Form" (Ambrosius, 1981: 60) verstanden, denn ein von privater Hand geführtes öffentliches Unternehmen ist nach wie vor am Gewinn orientiert und nicht am Gewinnverzicht zugunsten sozialer Belange. Das sollte den Unterschied zum Staatssozialismus deutlich machen. Mit der Definition des Staatskapitalismus als „Keynesianismus in seiner folgerichtigsten und entwickeltsten Form" (Ambrosius, 1981: 115) beschreibt er heute allerdings eine ökonomische Gesellschaftsformation, bei dem es sich entweder um ein Wirtschaftssystem handelt, das kapitalistische Elemente (Lohnarbeit, Profitmaximierung) mit sozialistischen (Staatseigentum) kombiniert, oder um eine enge Verbindung von Politik und Wirtschaft, in welcher private Betriebe für einen gesicherten Markt produzieren und es keinen Konkurrenzkampf gibt.

4.3 Russisches ökonomisches Denken im 21. Jahrhundert

Unter Berücksichtigung dieser beiden politischen Theorien liefert Kul'kov (2008) das wohl umfassendste und durchdachteste Konzept einer russischen Ökonomie mit nationalen Eigenschaften wie wirtschaftliche Gemeinschaft, starke Staatlichkeit, soziale Hilfe und Stabilität. Vor dem Hintergrund der Frage, welches der bekannten nationalökonomischen Strukturmodelle für Russlands Transformationsökonomie Vorbildcharakter haben könnte, lehnt er eine bloße Kopie bestehender Modelle ab, da sie die Eigenschaften eines Landes und seinen Entwicklungspfad nicht berücksichtigten. Von der Entwicklung eines völlig eigenen Modells rät er allerdings auch ab; schließlich fehle hier nicht zuletzt die Kompatibilität mit dem Weltmarkt und den globalen Entwicklungstendenzen. Er schlägt vor, ein russisches nationales Wirtschaftsmodell sowohl an die Vielfältigkeit des Bestehenden anzulehnen und gleichzeitig eigene Notwendigkeiten zu berücksichtigen. Wesentliche Faktoren, die seiner Meinung nach einen Einfluss auf das Verhältnis Wirtschaft und Gesellschaft in Russland haben, sind die vegetativen und klimatischen Bedingungen im Land, die geographische Ausdehnung, seine geopolitische Lage sowie seine soziokulturellen Besonderheiten: „traditionelle Werte der russischen Zivilisation sind der Kollektivismus, ein starkes Gespür für soziale Ungleichheit, die Hoffnung auf staatlichen Schutz, die wichtige Bedeutung moralischer und geistlicher Stimuli, die besondere schöpferische ‚Ader' und andere Werte, welche die bekannten liberalen Vorstellungen über den ‚homo oeconomicus' und das rationale Auftreten korrigieren“ (Kul'kov, 2008: 13). Ethisch-normative Grundlagen waren seiner Meinung nach für die russische Ökonomie stets von zentraler Bedeutung. Der Wert der Güter und der Produktion wurden stets mit der Arbeitskraft, dem Arbeitsaufwand und der sozialen Frage in Verbindung gebracht. Kul'kov schließt damit an die Reihe russischer Ökonomen an, die stets die Frage nach der Sinnhaftigkeit und Verhältnismäßigkeit wirtschaftlicher Tätigkeit stellten. Demnach ist das Ziel einer nationalen Ökonomie der Erhalt der staatlichen Souveränität, einschließlich ökonomischer und politischer Unabhängigkeit. Ökonomische Sicherheit und die Konkurrenzfähigkeit auf dem internationalen Markt spielen in der Zielsetzung ebenso eine Rolle wie die Bewahrung der nationalstaatlichen Einheit des Landes, einschließlich eines einheitlichen ökonomischen Raums auf der großen Fläche Russlands. Besondere Bedeutung wird den Auswirkungen ökonomischer Aktivitäten auf andere Lebensbereiche beigemessen. Ziel ist es hier, soziale Stabilität zu erlangen. Dazu ist die Herstellung einer gerade im russischen Kontext zentralen ethno-ökonomischen Harmonie notwendig, aber auch die Entkriminalisierung der Wirtschaft sowie Umwelt- und Ressourcenschutz, verbunden mit der Sorge um zukünftige Generationen.

Die Konturen eines russischen ökonomischen Modells für das 21. Jahrhundert sollten laut Kul'kov folgende Eigenschaften aufweisen: Es sollte ein souveränes Modell sein, das reguliert wird, sich an sozialen und geistlichen Werten orientiert sowie auf postindustrielles Wirtschaften und Innovationsfähigkeit ausgerichtet ist. Es würde somit die russischen Besonderheiten ebenso mit berücksichtigen wie die globalen Wirtschaftsprozesse und universelle Eigenschaften des gesellschaftlichen Zusammenlebens. Kul'kov gibt allerdings zu, dass dies eher dem Ideal denn der Realität entspricht. Nach wie vor sind die Auswirkungen der Transformation der 1990er zu spüren, Stabilisierung und Wohlstand stellten sich erst in den vergangenen zehn Jahren ein. Obwohl er sich für eine Regulierung ökonomischer Prozesse ausspricht, bemängelt er die damit einhergehende Volatilität von Entscheidungen. Sie führt zu einem Prognosedefizit in der Wirtschaft, woraus sich wiederum keine strategische Unternehmensplanung ausarbeiten lässt. Die schwache Strukturpolitik, der mangelnde Schutz von Eigentumsrechten sowie die uneffektive Eigentümerstruktur in Russland führen außerdem dazu, dass die informelle Wirtschaftsregulierung weiter anhält und die Schatten- oder Parallelwirtschaft nicht überwunden werden kann. Zusätzlich hat die sich abzeichnende soziale Orientierung der Unternehmen keinen Einfluss auf die Lebensqualität und die Minderung der starken sozialen Differenzierung im Land. Er bemängelt außerdem die schwache Ausprägung des russischen Unternehmertums, die nicht nur auf den Mangel an Schutz der Eigentumsrechte zurückzuführen ist, sondern auch auf die hohen Eintrittsbarrieren in den russischen Markt und die fehlende Transparenz im Wettbewerb.

Wie viele Ökonomen vor ihm hält auch Kul'kov die Rolle des Staates für die Orientierung des russischen ökonomischen Modells für relevant, weist aber auf den Unterschied zwischen Gosudarstvenničestvo (государственничество, Etatismus) und ogosudarstvennaja Ėkonomika (огосударственная экономика, „verstaatlichte" Ökonomie) hin. Der Etatismus betont in diesem Zusammenhang die traditionell starke Stellung des russischen Staates in allen Teilsystemen der russischen Gesellschaft, auch in der Wirtschaft. Er dürfe allerdings nicht mit einer ogosudarstvennaja Ėkonomika verwechselt werden, wie zu Zeiten der russischen Zaren oder in der Sowjetunion. Der Staat trägt jedoch dazu bei, dass die soziale Gerechtigkeit, die so zentral für das Wirtschaften in Russland ist, gewahrt bleibt. Denn die nationalen Charakteristika Russland fordern neben wirtschaftlicher Effektivität auch soziale Stabilität und einen einheitlichen sozialen Raum, der ohne staatliche Unterstützung nicht denkbar ist. Aus dem Arbeitsgesetzbuch der Russischen Föderation zitiert Kul'kov darum beispielsweise die

„Sozialpartnerschaft“ als Bestandteil der sozialen Verantwortung von Unternehmen. Es handelt sich hierbei einerseits um Tarifverträge, andererseits um gegenseitige Konsultationen, Gespräche, die Teilnahme der Arbeiter an der Firmenleitung (zumindest theoretisch) sowie den außergerichtlichen Einigungsprozess bei Arbeitsstreiks. Die Voraussetzungen, die zur sozialen Verantwortung von Unternehmen in Russland führten, sind in seinen Augen einerseits der sozialistische Paternalismus, andererseits der Kapitalismus und die Rechtlosigkeit der Arbeiter in den 1990er Jahren. Die Schwäche der Gewerkschaften, der Formalismus von Tarifverträgen und die weite Verbreitung von informellen Beziehungen bei Arbeitssuche, Arbeitstätigkeit und Bezahlung führten zu einer „Zwangs“sozialisierung der Unternehmen und Manager. Dies geschah überwiegend durch die Auflagen, Betriebskrankenkassen und Pensionsfonds einzurichten, um neben wirtschaftlicher Effizienz auch die soziale Stabilität eines Unternehmens oder einer ganzen Region zu garantieren. Was jedoch auf der einen Seite als positiv zu werten ist, sieht Kul'kov auf der anderen Seite auch durch teilweise willkürliche Auflagen der regionalen Administrationen missbraucht, welche dadurch zusätzliche regionale Bedürfnisse befriedigen, die eigentlich aus dem eigenen Haushalt finanziert werden müssten. Dadurch ist die soziale Unternehmensverantwortung seiner Meinung nach in Russland insgesamt weder systematisch noch tief greifend und in vielen Fällen sehr widersprüchlich.

Abalkin (2003) als weiterer russischer Ökonom des 21. Jahrhunderts konzentriert sich eher auf die Wirtschaft als ganzheitlichen Organismus, in dem der Staat die Rolle einer Planungsinstitution einnimmt. Dabei tritt er in Abalkins Konzeptionen idealerweise als Wahrer der ökonomischen Autonomie auf, indem er den Schutz der Eigentumsrechte, die Garantie unternehmerischer Freiheiten sowie eine Stimulierung der unternehmerischen Tätigkeiten und den Kampf gegen Monopole vorantreibt. Außerdem tritt er als Garant der Konformität der Wirtschaft mit dem Gesetz ein, reguliert und sichert die nationale Währung und kontrolliert die außenwirtschaftlichen Tätigkeiten. Darüber hinaus reguliert der Staat das Verhältnis der Arbeiter und Unternehmer in Form von Sozial-, Tarif- und Gewerkschaftsverträgen und garantiert somit die wirtschaftliche und soziale Stabilität des Landes (Abalkin in Kučukov, 2011: 25). Auch er hält den „ethischen Charakter“ (Abalkin, 2003: 119) der russischen ökonomischen Philosophie für wesentlich und mahnt die Tatsache an, dass ökonomische Tätigkeiten nur in der Gemeinschaft und zum Wohle des Ganzen verrichtet werden können. Der gesamtgesellschaftliche Wille habe einen höheren Einfluss auf diese Tätigkeiten als die wirtschaftliche Analyse ökonomischer Aktivitäten. Auch Abalkin spricht sich für moralisches Wirtschaften aus und stellt das Primat ethisch-normativer Prinzipien vor die Logik ökonomischer Rationalität.

Sorokin (1997) sieht im Staat ebenfalls einen Hauptakteur im Wirtschaftsgeschehen. Der Staat solle seiner stimulierenden und mobilisierenden Rolle in der Wirtschaft gerecht werden und die Kontrolle über das Allgemeinwohl behalten. Außerdem betont er, wie seine Vorredner, dass der wirtschaftliche Fortschritt und die ökonomische Entwicklung mit sozialen Parametern gemessen werden sollten und sich nicht allein an mathematischen Kennzahlen orientieren dürfen; nur die sozialen Standards geben ihm zufolge Auskunft über den Erfolg des Wirtschaftens.

Charakteristisch für die russische nationale Wirtschaft ist also augenscheinlich die Tatsache, dass eine Dominanz des Allgemeinwohls vor dem individuellen Wohl vorherrscht, gepaart mit einem staatlichen Interventionismus in den Hauptindustriezweigen. Außerdem ist die Instrumentalisierung historischer und sozialer Traditionen, der geographischen Lage, des Klimas und der Mentalität sowie der Arbeitseinstellung ein wesentliches Merkmal des neuen ökonomischen Denkens. In allen Lehrbüchern über Makroökonomie und russisches ökonomisches Denken sind dies die einleitenden Bemerkungen. Hinzu kommen die negativen Erfahrungen mit der ökonomischen Liberalisierung in den 1990er Jahren, welche tiefe soziale Unsicherheiten, wertnormative Desorientierung und eine zum Teil extreme Antihaltung gegenüber der Marktwirtschaft und Marktreformen hervorgerufen haben. Insgesamt setzen sich die russischen Ökonomen des 21. Jahrhunderts mehr und mehr gegen europäische Modelle des Übergangs zur Marktökonomie ein und prüfen die Möglichkeiten eines eigenen Weges zu marktwirtschaftlich orientierter ökonomischer Autonomie auf der einen Seite und sozialer Stabilität auf der anderen Seite.

4.4 Die Entwicklung gelebter Unternehmensethik in Russland

Eingebettet in diesen theoretischen Rahmen haben sich die moderne Geschäftsethik und ordnungspolitische Mitverantwortung in den letzten zwanzig Jahren in Russland in vier Etappen entwickelt. Die erste Etappe bilden die Jahre von der Auflösung der Sowjetunion 1992 bis zur Wirtschaftskrise 1998. In dieser Zeit war weder der gesellschaftliche Wunsch noch der unternehmerische Wille vorhanden, sich philanthropisch zu engagieren. Das im Russischen negativ besetzte Wort „Philanthropie“ wurde in der Gesellschaft in erster Linie als soziale „Buße“ beziehungsweise Schuldeingeständnis für unrechtmäßig angeeignetes Vermögen verstanden[6], während es von Unternehmensseite mit zusätzlichen Aufwendungen des Geschäftsbetriebs in Verbindung gebracht wurde (Blagov, 2007). Die bestehenden Forderungen von Seiten der Regionalverwaltung zur Sicherung regionaler sozialer Infrastruktur wurden dennoch von den Unternehmen befolgt – einerseits, weil es eine politische Notwendigkeit war, andererseits, weil die Gesellschaft es als selbstverständlich erachtete. Schließlich galt das Unternehmen jahrzehntelang als eine öffentliche Institution, als Teil des öffentlichen und gesellschaftlichen Lebens. Kul'kov (2008) spricht sogar von einer antisozialen Haltung, der Trennung der Ökonomie von der Gesellschaft, die erst im letzten Jahrzehnt zu einer neuen Gegenseitigkeit fanden.

Nach der Wirtschaftskrise von 1998 folgte die zweite Etappe bis 2003. Diese Jahre standen unter dem Eindruck der Krise und waren von der Suche nach einem Modell der nachhaltigen Unternehmensentwicklung geprägt. Das Thema soziale und gesellschaftliche Unternehmensverantwortung wurde auf die Ebene der Unternehmensverwaltung gehoben und bekam damit eine strategische Bedeutung (Blagov, 2007). Eine „gute Ordnung" und „Gerechtigkeit" waren erklärte Ziele wesentlicher Wirtschaftsvertreter, die ihren Ausdruck in einer Reihe von Charten, Dokumenten und Erklärungen fanden. Eine konkrete Maßnahme war die soziale Berichterstattung, welche auf diese Bekenntnisse folgte. Der erste russische CSR-Report wurde vom Chemieunternehmen EvroKhim 2001 vorgelegt. Der Haupteigner dieses Unternehmens gehört gleichzeitig der Geschäftsführung der Russischen Union für Industrielle und Unternehmer an, welche wiederum die erste russische Sozialcharta für Unternehmen und die Wirtschaft entwarf. Drei Jahre später folgten die Tätigkeitsberichte von Unternehmen wie der Alfa Bank, Polyus Gold und Uralsib. Nach wie vor werden jedoch soziale Aufwendungen und ökologisches Engagement als zusätzliche Betriebskosten empfunden; die gelebte Unternehmensethik behält ihren instrumentellen und karitativen Charakter.

Eine zusätzliche Herausforderung für eine gelebte integrative Unternehmensethik ist die Tatsache, dass der Begriff „Corporate Social Responsibility" im Russischen keine Entsprechung hat, da Unternehmen aufgrund ihrer kulturhistorischen Erfahrungen traditionell einen anderen Platz in der Gesellschaft einnehmen als die Wirtschaftsorganisationen in Westeuropa oder Nordamerika:

---

6 Aus diesem Grund wird persönlicher Reichtum in Russland nach wie vor mit Vorsicht betrachtet. Russische Großunternehmer neigen daher eher dazu, ihre Spenden nicht persönlich als Privatpersonen zu verteilen, sondern sie über die Kanäle der Unternehmen fließen zu lassen (Khodorova, 2006). Dem gegenüber steht allerdings die bisweilen penetrante Präsentation des Reichtums russischer Oligarchen mit den üblichen Statussymbolen.

“Firms operating under the market system and enterprises under the socialist system serve different purposes and, therefore, require different features” (Adachi, 2010: 33). Auch wenn die postsowjetischen Ökonomien marktwirtschaftlich organisiert sind, werden Unternehmen längst nicht als ausschließlich profitorientierte, ausschließlich an der Schaffung ökonomischen Mehrwerts zu messende Organisationen wahrgenommen. Die Erwartungshaltungen an ein Unternehmen sind aufgrund dieser spezifischen Pfadabhängigkeit andere und bis heute sind postsowjetische, i. e. russische Unternehmen „‘social organisms at the heart of the local community’ that sought to expand production for their own benefit, which, in turn, benefited the local community’s social infrastructure“ (Adachi, 2010: 33). Darum ist es vonnöten, hier auf die Rolle des Unternehmens in der sowjetischen Wirtschaft einzugehen. Ebenso wie im Kapitalismus war das Unternehmen, der Betrieb oder die Fabrik die wichtigste Organisationsform – allerdings nicht der Wirtschaft, sondern der sowjetischen Gesellschaft. Anders als im Kapitalismus, generierte der Betrieb oder die Fabrik nicht in erster Linie ökonomische Werte, sondern sicherte den sozialen Zusammenhalt der sowjetischen Gemeinschaft. Im administrierten Markt der Sowjetunion war das Unternehmen staatliches Eigentum. Es ging in erster Linie um das Streben nach Anerkennung (und Auszeichnung) durch die übergeordneten Instanzen bei Plan(über)erfüllungen. Technokratische Regelungen bestimmten über Eintritt und Ausstieg eines Betriebes oder einer Fabrik in beziehungsweise aus dem administrierten Markt. Sie setzten die Preise fest und schätzten die Nachfrage ein, auf welcher Grundlage dann ein Plan erstellt und die Produktion in Gang gesetzt wurde (Adachi, 2010). In Russland versteht man daher unter Corporate Social Responsibility eher die soziale, ökologische und ökonomische Legitimität eines Unternehmens im Sinne eines Aushandlungsprozesses der Wirtschaft mit der Regierung darüber, wie gesellschaftliche Herausforderungen und ökonomische Leistungssteigerungen adressiert werden sollen. Es geht dabei bisher nicht vorrangig um die Einbettung der unternehmerischen Tätigkeit in den gesellschaftlichen Kontext und um die Frage nach dem gesellschaftlichen Risiko, die das konkrete ökonomische Handeln birgt.

Von 2003 bis 2008 erfolgte neben der Konsolidierung einer an bestehenden Modellen orientierten Wirtschaftsethik auch die Institutionalisierung der Berichterstattung über soziales Engagement; die ersten systematischen Auswertungen der Praxiserfahrungen sowie die Erarbeitung innovativer CSR-Konzepte und Weiterentwicklungen sozialer Investitionen entstanden. Durch den anhaltenden wirtschaftlichen Aufschwung in Russland und die Konsolidierung der Gesellschaft war es möglich, gesamtgesellschaftliche Zielvorstellungen über lebenswertes Leben und Wirtschaften zu formulieren. Dies schlug sich in umfassenden wissenschaftlichen Publikationen russischen Akademiker nieder sowie der Initiierung und Gründung einer ganzen Reihe an Initiativen, neuen Institutionen und Organisationen, die sich mit den Themen unternehmerischer Verantwortung, sozialer und ökologischer Nachhaltigkeit sowie vertrauensbildenden Geschäftspraktiken befassten. Viele der in den kommenden Abschnitten 4.6. und 4.7. aufgeführten Beispiele haben ihren Ursprung in diesen Jahren. Doch knappe zehn Jahre reichen nicht aus, um in diesem Themenfeld Automatismen zu etablieren…

Und so haben sich durch die Wirtschaftskrise von 2008 der Prozess der Institutionalisierung einer umfassenden Geschäftsethik und die gesellschaftliche Konsensbildung über wirtschaftliche Aktivitäten stark verlangsamt. Dennoch haben circa drei Viertel der Großunternehmen Geschäftsberichte vorgelegt, entweder monatlich, quartalsweise oder jährlich. Mittlerweile verfügt in etwa ein Viertel der Großunternehmen auch über Sozialberichte, viele haben zumindest Informationen über Sozial- und Personalpolitik, Wohltätigkeit sowie Umwelt- und Ressourcenschutz auf ihren Internetpräsenzen oder in Unternehmensbroschüren berücksichtigt. Integrierte Formate der Berichterstattung, in denen Finanzdaten, Umwelt- und Sozialinformationen sowie die Diskussion über den Bericht und die Bewertung des Reports zusammengebracht werden, nehmen in Russland nach und nach zu. Beispielhaft ist der integrierte Jahresbericht von Polyus Gold von 2010[7]. Gleichzeitig sucht man jedoch verstärkt nach einem eigenen wirtschaftsethischen Ansatz. Auf der einen Seite sollen die internationalen Erfahrungen mit berücksichtigt werden; auf der anderen Seite steht die Frage nach dem Einfluss dieser ganzen Maßnahmen im Raum – sind sie tatsächlich eine sinnvolle Einrichtung oder Ausdruck eines „moralischen Imperialismus“ (Blagov, 2007)? Hier kommt die Distanz gegenüber einer Wirtschaftsethik zum Ausdruck, die nicht auf den Grundlagen des russischen ökonomischen Denkens fußt und dadurch von vornherein nur einen begrenzten Geltungsanspruch in Russland haben könne. Man ist also auf der Suche nach einer alternativen Wirtschaftsethik, nach einem dritten Weg, der sozusagen zwischen Corporate Social Responsibility und dem sowjetischen Betriebsverfassungsgesetz hindurch führt.

4.5 Gelebte Unternehmensethik für Staat und Angestellte

So bildet sich aktuell in der russischen Gesellschaft ein eigenes Modell gelebter Unternehmensethik heraus, welches im Wesentlichen internationalen Trends

7 http://www.polyusgold.com/reportes/index-3.htm.

folgt, aber auch eigene „nationale" Charaktereigenschaften besitzt (Blagov/Ivanova, 2009). In Anlehnung an die Spielarten des Kapitalismus (Hall/Soskice, 2001), an die Ausprägung der Marktwirtschaft in Abhängigkeit vom sozio-kulturellen Hintergrund einer Gesellschaft, kann man auch von Spielarten der Unternehmensethik sprechen, von Varieties of Business Ethics: Olga Alekseevna, Direktorin der Wohltätigkeitsstiftung The Philanthropy Bridge Foundation, macht beispielsweise darauf aufmerksam, dass man im angelsächsischen Kontext unter unternehmerischer Verantwortung in erster Linie Unternehmensstiftungen oder Privatstiftungen wohlhabender Familien versteht. Unternehmen an sich spielen dort ihrer Meinung nach keine große Rolle. Demgegenüber liegt der Anteil privater Stifter in Russland gerade einmal bei circa 10–15 %; der überwiegende Teil sozialer Investitionen und Wohltätigkeitsmaßnahmen wird von Wirtschaftsorganisationen finanziert (Khodorova, 2006).

Ein weiteres wesentliches Merkmal des russischen Modells ist die „government's active presence as a 'client' and 'appraiser' of the social responsibility of Russian companies" (Polishchuk, 2009: 74). Der Staat ist in Russland eine der zentralen Anspruchsgruppen. Das liegt laut Polishchuk vor allem an der schwachen Institutionalisierung gesellschaftlicher Großgruppen und ihrer fehlenden Möglichkeiten, als gleichberechtigter Partner gegenüber der Wirtschaft gesellschaftliche Erwartungen zu formulieren. Außerdem sind sie nicht in der Lage, Unternehmen als Mitverantwortliche für den Umgang mit sozialen Herausforderungen mit einzubinden. So muss der Staat diese Lücke füllen. Hinzu kommt, dass viele Unternehmensmanager und Mitarbeiter die aktive staatliche Beteiligung sogar als wünschenswert erachten. Schließlich wisse der Staat am besten, was die jeweiligen gesellschaftlichen Herausforderungen sind und wie ein Unternehmen sich adäquat bei der Bewältigung dieser Herausforderungen einbringen könne (The Economist Intelligence Unit, 2008). Staatlich aufgelegte Fonds oder Charity-Projekte werden von einer Vielzahl der Unternehmen als Beteiligungsaufforderung wahrgenommen, der in der Regel auch gerne nachgegangen wird.

Wie Kul'kov (2008) bereits anmerkte, ist diese Zusammenarbeit von Seiten der Unternehmen jedoch nicht immer unproblematisch; Informationsasymmetrien und die Regulierung der Steuern auf einer Ad-hoc-Basis machen die Kooperation beschwerlich. Vielerorts werden die CSR-Maßnahmen auch dazu verwendet, das gekürzte Staatsbudget zu kompensieren. Diese Kompensation erfolgt auf zwei verschiedene Arten: Entweder werden die sozialen Investitionen als „supplemental business taxes", beziehungsweise als „informal taxation under the guise of CSR" (Polishchuk, 2009: 86) verwendet. Dieser Fall schließt allerdings nicht aus, dass zusätzliche Steuern erhoben werden können und ein generelles Transparenzdefizit herrscht. Oder aber Staat und Unternehmen stehen sich als gleichberechtigte Partner gegenüber und handeln die von den Unternehmen zu erbringenden Sozialleistungen gemeinsam aus. Das betrifft vor allem die Unternehmen in Monostädten, welche im Gegenzug für ihre Investitionen in die soziale Infrastruktur von staatlicher Seite finanzielle und organisatorische Unterstützung bekommen. Das unternehmerische Engagement bei nationalen Großprojekten, in der Kommune oder im Rahmen sozialer Initiativen und Investitionen ist vielerorts mit indirekten Steuern, Transferzahlungen oder bestimmten Dienstleistungen verbunden, welche das Unternehmen an die regionale Verwaltung tätigt. An runden Tischen mit der Unternehmensleitung und der Regionaladministration werden diese Zahlungen als gegenseitiges Abkommen beschlossen. Diese enge Verflechtung rührt daher, dass ein Großteil der von den Unternehmen zu entrichtenden Steuern (u. a. Mehrwertsteuern, Gewinnsteuer) in den föderalen Staatshaushalt fließt, anstatt dem regionalen Etat zugute zu kommen. In Russland hat man es vielerorts mit einer schwachen Institutionalisierung von Geldtransfers des Zentrums in die Peripherie zu tun. Die Regionen haben also nichts von den Investitionen, die in ihnen getätigt werden, und sind dadurch auf andere Weise bemüht, eine „Partnerschaft" mit Wirtschaftsorganisationen anzustreben, um ebenfalls von der wirtschaftlichen Prosperität zu profitieren. Bei dieser Form der Kooperation kommt allerdings die Frage auf, ob sie in allen Fällen tatsächlich zum Wohle der Bevölkerung und der Allgemeinheit ist (Polishchuk, 2009). Was mein Polishchuk damit? Widmen wir uns den Forschungsergebnissen von Timothy M. Frye, Professor an der Moskauer Higher School of Economics am International Center for the Study of Institutions and Development: Sein wissenschaftliches Interesse dreht sich seit einigen Jahren unter anderem um die Frage, warum in Russland der unternehmerische Altruismus so verbreitet ist und warum die Privatwirtschaft solche Milliardenprojekte wie die Olympischen Winterspiele 2014 in Sochi finanziert, die Fußballweltmeisterschaft 2018, den Grand Prix der Formel 1, die Schadensbeseitigung der Waldbrände vom Sommer 2010 oder den Wiederaufbau des Nordkaukasus (u. a. Yakovlev/Yasin/Frye, 2009). Er kommt zu dem Schluss, dass das im Zuge der Privatisierungen Anfang der 1990er Jahre akkumulierte Privateigentum nicht „unantastbar" ist und Besitzverhältnisse häufig vom staatlichen Entgegenkommen abhängen. Und was heute als gesellschaftliche Legitimation von Unternehmen dargestellt wird, ist häufig nichts anderes als der von staatlicher Seite erteilte Auftrag, sich in diesem oder jenem Bereich zu engagieren. Dabei wird die staatliche Herrschaftsausübung als gesellschaftlicher Kontrollmechanismus ausgesprochen deutlich. Zu den hier vorgestellten Gedankengängen ist allerdings anzumerken, dass beispielsweise der Staat keine grundsätzlich zu missbilligende Kontrollinstitution ist. Problematisch wird es nur dann, wenn außer der staatlichen Administration keine weiteren gesellschaftlichen Akteure und Kontrollmechanismen vorhanden sind, die über den Beitrag zum gesellschaftlichen Mehrwert, den die Wirtschaft in der Gesellschaft leistet, mit entscheiden, wenn also der Diskurs mit anderen Anspruchsgruppen fehlt. So werden viele Prestigeprojekte in die Wege geleitet, ohne dabei die realen Bedürfnisse der Bevölkerung zu berücksichtigten. Bei einer breiter angelegten Diskussion würden die Gelder unter Umständen anders investiert werden, die Legitimität unternehmerischen Handelns damit auf einer stabileren Basis des gemeinsamen Erwirtschaften und auch des gemeinsamen Investierens stehen.

Neben der fehlenden Rechtssicherung des Privateigentums wird also der Beteiligung verschiedener gesellschaftlicher Großgruppen an einer Mitbestimmung zu wenig Bedeutung beigemessen. Erschwerend kommt hinzu, dass Nichtregierungsorganisationen weder politisches noch gesellschaftliches Vertrauen genießen. Sie sind somit nicht in der Lage, eine wirkungsmächtige Rolle als Vermittler und Treiber für die Ausarbeitung ordnungspolitischer Mitverantwortung und gegenseitiger Kontrollen zu spielen. Strižov (2006) bemängelt außerdem das Fehlen an Fachpersonal, welches sich mit interner und externer Legitimität der Unternehmen auseinandersetzt.

Die Mitarbeiter bilden die zweite große Anspruchsgruppe neben dem Staat oder der regionalen Verwaltung und sind damit ebenfalls Teil der nationalen Eigenschaft gelebter Unternehmensethik in Russland (Strižov, 2006; Blagov/Ivanova, 2009). Da seit der Krise 2008 die Unternehmensausgaben für Wohltätigkeit zurückgingen und sich die insgesamt geringeren sozialen Investitionen auf ganz bestimmte Gebiete sowie Anspruchsgruppen konzentrierten, rückten die Mitarbeiter noch weiter in den Fokus des unternehmerischen sozialen Engagements. Natürlich hängt das sehr stark vom Standort des Unternehmens und seines Industriezweiges ab. Doch insgesamt führt das dazu, dass es keine institutionalisierte Form der Legitimität sowie keine vereinheitlichte Dokumentation und Öffentlichkeit zum Zwecke erhöhter Vergleichbarkeit und Transparenz gibt (Grigor'ev, 2008). Das führt zum Mangel an gesellschaftlicher Kontrolle der wirtschaftlichen Aktivitäten, da das Unternehmen lediglich innerhalb seiner eigenen vier Wände einen gemeinschaftlichen Konsens erarbeiten muss. CSR-Themen russischer Unternehmen betreffen in den überwiegenden Fällen direkt oder indirekt die Mitarbeiter. Das rührt auch von der Tradition der wirtschaftlichen Obščina her, in der man zusammen arbeitete und auch zusammen das soziale Leben gestaltete. Das Leben in dieser regionalen Gemeinschaft, verbunden mit einer geringen überregionalen Arbeitsmigration innerhalb Russlands verschärft diese einseitige Fokussierung noch und machen es anderen gesellschaftlichen Großgruppen schwer, sich überhaupt erst einmal zu formieren. Denn in einer bereits bestehenden Gemeinde ergibt sich keine Notwendigkeit dazu; sie entsteht ja erst, wenn man mit anderen Menschen in anderen Regionen zusammenkommt und dort seine sowie die Interessen anderer durchzusetzen sucht. Ohne diese Basis sind andere gesellschaftliche Großgruppen natürlich nur sehr begrenzt in der Lage, gesamtgesellschaftliche Zielvorstellungen zu formulieren und sich für diese einzusetzen.

4.6 Obščestvo – ordnungspolitische Mitverantwortung und die demokratische Kontrolle der Unternehmen?

Die ordnungspolitische Mitverantwortung beschreibt die Rolle des Unternehmens im gesellschaftlichen Meinungsbildungs- und Aushandlungsprozess über die Legitimität wirtschaftlicher Aktivitäten. Als eine auch dem Wohle der Allgemeinheit, i. e. Gesellschaft verpflichtete Organisation steht das Unternehmen einerseits in der Pflicht, sich dem Primat der Politik unterzuordnen. Andererseits ist es aber auch dazu angehalten, sich kritisch mit politischen Entscheidungen auseinanderzusetzen, ohne dass ihm die Existenzgrundlage entzogen wird. Im Folgenden sind die Stellungnahmen gesellschaftlicher Großgruppen in Russland zum Platz der Wirtschaft in der Gesellschaft und zur Rolle der Unternehmen als kritische, die Politik kontrollierende, aber auch von der Öffentlichkeit kontrolliert werdende Institution aufgeführt.

4.6.1 Die Kirche

Religiöse Moralvorstellungen haben seit jeher einen festen Platz im russischen Wirtschafts- und Gesellschaftsleben. Es wurde bereits dargelegt, welche bedeutende Rolle die Kirche nicht nur bei der Akkumulation ökonomischer Ressourcen in der russischen Geschichte spielte, sondern auch, mit welchen moralischen Grundsätzen sie für eine auf das Gemeinwohl ausgerichtete Wirtschaftstätigkeit argumentierte. Selbst aktuelle russische Ökonomen wie Kul'kov (2008) betonen die geistliche Haltung der Sobornost' und des harmonischen, ausgewogenen und gemeinschaftlichen Miteinanders, die in der russischen Wirtschaftswelt tief verwurzelt sind. So ist es nicht verwunderlich, dass die russisch-orthodoxe Kirche auch im 21. Jahrhundert Wegweiser für sinnhaftes und legitimes Wirtschaften ist und dieses auch aktiv mitgestaltet.

4.6.1.1 Die Grundlagen der Sozialdoktrin der russisch-orthodoxen Kirche

Bei den „Grundlagen der Sozialdoktrin der Russisch-Orthodoxen Kirche“ handelt es sich, wie die Kirche selbst sagt, um ein richtungsweisendes und Orientierung bietendes, sozialethisches Dokument. Im Vordergrund der im Jahr 2000 vorgelegten Doktrin stehen die Idee der Menschenwürde sowie die ethischen Imperative des Alten und Neuen Testaments, welche durch die orthodoxe Haltung eine eigene Interpretation erfahren. Das gilt vor allem für die Beziehungen der Kirche zum Staat, zur Rechtsprechung und zu ihrer Rolle als gesellschaftliche Institution. Sittlichkeit, Freiheit und Würde, die Achtung ethischer Normen und Verhaltenskodizes sowie die Harmonie der weltlichen und kirchlichen Macht auf Erden und die Einordnung der Kirche in die staatliche Verfasstheit der Russischen Föderation sind zentrale Elemente des Dokuments: „Jeder leiste den Trägern der staatlichen Gewalt Gehorsam. Denn es gibt keine staatliche Gewalt, die nicht von Gott stammt“ und „Unterwerft euch um des Herrn willen jeder menschlichen Ordnung“ (KAS, 2000: 9).

Hier erleben wir wieder die russische Interpretation der byzantinischen „Symphonia“: den Verzicht der Kirche auf Aufgaben, die im Zuständigkeitsbereich des Staates liegen, sowie die Verpflichtung, dem Staat gegenüber loyal zu sein. So hat die Liebe zum Vaterland im Dokument einen ebenso hohen Stellenwert wie die Liebe zu Gott: „Zu allen Zeiten rief die Kirche ihre Kinder dazu auf, ihr irdisches Vaterland zu lieben und das Opfer des Lebens zu seiner Verteidigung nicht zu fürchten, wenn ihm Gefahr drohte“ (KAS, 2000: 6). Sie steht für die Gleichberechtigung der Menschen, unabhängig von Ethnie, Nationalität und Religion, fordert aber dennoch einen „tätigen Patriotismus“. Dieser soll sich nicht nur in der Verteidigung des Vaterlandes widerspiegeln, sondern auch in der tätigen Arbeit, im Einsatz für das öffentliche Leben und in der Teilnahme an staatlichen Angelegenheiten. Somit werden die nationale Kultur und das nationale Selbstbewusstsein gestärkt und die Traditionen bleiben gewahrt (KAS, 2000). Zudem kann dadurch die Gesellschaft zu ihrer Harmonie finden, zu ihrer Ganzheit und Einigkeit. Die wichtigste Verantwortung der Menschen sollte die Sorge und die Wohltätigkeit gegenüber den Mitmenschen sein; der Zugang zu medizinischer Versorgung, zu Bildung und die Fürsorge für Alte sind elementar. Die Kirche, in Einklang mit dem Staat, setzt sich damit gezielt für bürgerrechtliches Engagement ein und fordert von ihren Anhängern sowie der Gesellschaft insgesamt die Beteiligung am öffentlichen Leben (KAS, 2000).

Um diesen Leistungen der sozialen Sicherung gerecht zu werden, um den Diskurs und die Öffentlichkeit zu erhöhen, bedarf es auch der Unterstützung des Staates. Gleichzeitig sichert sich die russisch-orthodoxe Kirche durch die „Beteiligung an den Repräsentativorganen der Macht“ (KAS, 2000: 23) eine aktive Präsenz bei staatlichen Angelegenheiten und definiert folgende Bereiche der Zusammenarbeit von Kirche und Staat:

a. nationale, internationale, interethnische sowie bürgerliche Friedensschaffung
b. gesellschaftliche Sittlichkeit
c. Betreuung des Militärs
d. Maßnahmen gegen Rechtsverstöße
e. Widerstand gegen pseudoreligiöse Strukturen
f. Wissenschaft
g. Gesundheit
h. Kultur
i. Massenmedien
j. Umwelt
k. Wirtschaft
l. Familie
m. Kinder
n. Bildung und Erziehung
o. Wohltätigkeit
p. Erhalt des geistig-kulturellen Erbes
q. Dialog mit der Staatsmacht

Bemerkenswert bei dieser Aufzählung ist die Tatsache, dass die Aufgabenbereiche f. bis q. mit eben jenen übereinstimmen, die auch in die Zusammenarbeit der russischen Unternehmen mit dem Staat fallen. Die Idee der Sobornost', der Alleinheit des staatlichen, gesellschaftlichen, kulturellen und wirtschaftlichen Lebens, wird hier einmal mehr deutlich. Opferbereitschaft und Selbstlosigkeit fordert die Kirche nicht nur in Beziehung zum Glauben und zu Gott, sondern auch bei der Erfüllung der staatlichen Pflichten und der Verantwortung des Einzelnen gegenüber der Gesellschaft.

Das Ideal der Bulgakov'schen Sobornost' wird im weiteren Verlauf ebenfalls aufgegriffen: „Die Arbeit stellt einen organischen Bestandteil des Lebens dar“ (KAS, 2000: 37). Die moralischen Beweggründe zur Arbeit sind zum einen die Erwirtschaftung des eigenen Lebensunterhalts, zum anderen die Unterstützung Bedürftiger und die Ausrichtung der Arbeit auf das Wohl der Menschen, die ihren Lebensunterhalt nicht selbst erwirtschaften können. Da das Eigentum in den Augen der russisch-orthodoxen Kirche eine Gabe Gottes und zum eigenen wie auch zum Wohle der anderen gegeben ist, spricht sie sich nicht explizit für die Unantastbarkeit von Privateigentum aus. Die Kirche erkennt lediglich das Vorhandensein von Privateigentum an. Zwar hält sie es auch für ein schützenswertes Gut, welches nicht gewaltsam entwendet werden darf; das gilt allerdings nur so lange, wie es auch mit anderen Teilen der Gesellschaft geteilt wird. Der Forderung nach gesellschaftlicher Kontrolle über ökonomische Aktivitäten und über Reichtumsmehrung schließt sie die Forderung nach freiwilligem „Vereinen von Eigentum sowie Verzicht auf persönliches Besitzstreben“ (KAS, 2000: 43), also nach gemeinschaftlichem Eigentum, an. Sie unterstreicht, dass das freiwillige Geben des Einzelnen für die Gemeinschaft eines der Hauptgebote des gesellschaftlichen Zusammenlebens darstellt.

Das Dokument ist über die Diskurse von gesellschaftlicher Macht und Machtverteilung hinaus eindeutig auf die aktuelle Situation im Land hin ausgerichtet. So verurteilt es beispielsweise die Trunksucht oder gestattet die Ehescheidung, wenn der Ehepartner AIDS hat oder fremdgegangen ist. Sie adressiert damit zwei wesentliche Herausforderungen der russischen Gesellschaft, der sich zum Teil auch die russischen Unternehmen widmen. Sie duldet und achtet weiterhin die weltliche Bildung, ruft zum Schutz der natürlichen Ressourcen auf, setzt sich für die Zusammenarbeit der Kirche mit den Massenmedien ein und zeigt sich für einen multidimensionalen Dialog offen. Sie möchte den Dialog mit gesellschaftlichen Großgruppen fördern und Konvergenzzonen aufzeigen, in welchen die Kirche, der Staat, die Gesellschaft und Wirtschaftsorganisationen gemeinsam tätig sein können. Ihr Ziel ist die breit angelegte gesellschaftliche Beteiligung bei der Bewältigung gesamtgesellschaftlicher Herausforderungen, wofür sie Offenheit und auch Öffentlichkeit erwartet. So könne man gemeinsam tätig sein, gemeinsam arbeiten, gemeinsam wirtschaften und gemeinsam auf legitime Weise Werte schaffen.

4.6.1.2 Der Kodex des Patriarchen über moralische Prinzipien und die Regeln des Geschäftslebens

Parallel dazu gibt es eine konkrete Handlungsorientierung für wirtschaftliche Akteure: den Kodex des Patriarchen über moralische Prinzipien und die Regeln des Geschäftslebens[8] der russisch-orthodoxen Kirche (Свод нравственных принципов и правил в хозяйствовании, 2004). Grundsätzlich fordert die Kirche in der russischen Wirtschaft, „that the formation of a rational, business-like ethic of culture in the context of renovating Russia’s economy can and must draw upon traditions that are in keeping with original principles that have taken shape over the span of centuries of history“ (Temnitskii, 2006: 63).

8 http://www.wco.ru/biblio/books/svod_np/main.htm.

Der Kodex des Patriarchen über moralische Prinzipien und die Regeln des Geschäftslebens baut auf den zehn christlichen sowie den Geboten anderer Glaubensrichtungen in Russland auf. Damit deckt die orthodoxe Kirche gleichzeitig das Thema der Diversität ab, das sonst in der gesamten Corporate Social Responsibility russischer Unternehmen beinahe keine Rolle spielt[9]. So enthält der Kodex laut eigenen Angaben keine der Bibel entlehnten Handlungsanweisungen, sondern orientiert sich an den Regeln und den Traditionen einer jahrhundertealten russischen religiösen und egalitären Lebens- und Wirtschaftsweise. Damit wird nicht nur der Gedanke der nationalen Einheit wieder aufgegriffen, dem sich die russische Kirche verschrieben hat. Vielmehr wird auch gleich im ersten Grundsatz das Wohl der Anderen in den Vordergrund gerückt, das man bei seinen unternehmerischen Aktivitäten nie aus den Augen verlieren sollte. Der zweite Grundsatz mahnt die Harmonie zwischen den materiellen Interessen der Gesellschaft und denen des Individuums an. Reichtum sei kein Selbstzweck, wie in Bezug auf Bulgakov und Berdjaev bereits diskutiert wurde, sondern diene dazu, ein für den Einzelnen und die Gesellschaft ehrenwertes Leben zu führen. Er bedeute in erster Linie Verantwortung, sei eine Bewährungsprobe und dürfe in keinem Fall auf Kosten der Allgemeinheit geschaffen werden.

In den folgenden Grundsätzen steht mit der Hinwendung zur Achtung der Stakeholder-Interessen das gemeinschaftliche Wirtschaften im Vordergrund, der erneuerte Obščestvo-Begriff, auf dessen Grundlage eine gesellschaftliche Kontrolle über die Zumutbarkeit wirtschaftlicher Aktivitäten zu erfolgen hat. Es wird außerdem die Vertragstreue der Verhandlungspartner thematisiert, der Respekt sowohl vor dem Geschäftspartner als auch vor den geltenden rechtlichen Rahmenbedingungen und der Immunität des Firmennamens und -rufs (der nicht für private Zwecke missbraucht werden darf). Das Recht auf Erholung und persönliche sowie fachliche Entwicklung der Mitarbeiter wird ebenso festgehal-

---

9 Eine Ausnahme bilden hier die russischen Unternehmen mit ausländischer Beteiligung, beispielsweise die Erklärung der Gleichstellung und Gleichberechtigung der Baltika Breweries in St. Petersburg. Da diese wiederum zu 89 % der Carlsberg Group gehören, ist anzunehmen, dass das übergeordnete Mutterunternehmen einheitliche CSR-Richtlinien hat, die unterschiedslos auf alle Tochtergesellschaften übertragen werden, und dass der Diversity-Aspekt keine sich originär aus dem russischen Arbeitsalltag ableitende Forderung ist.
Bemerkenswert sind unter diesem Gesichtspunkt die Verpflichtungen der Fabrik Pervouralsk Novotrubny Plant, die sich ihrerseits zur Unterstützung aller religiösen Konfessionen bereit erklärt, und die besondere Berücksichtigung der Völker des Nordens (Nomaden) in der Sozialpolitik der Unternehmen Gazprom Neft und Lukoil. Damit wird der Russischen Föderation als Vielvölkerstaat Rechnung getragen, was allerdings (noch) keine Selbstverständlichkeit ist.

ten wie die soziale Sicherung der Angestellten, Mitarbeiter und der aus welchen Gründen auch immer aus dem Arbeitsprozess Ausgeschlossenen. All dies sind Aufgaben der Unternehmen. Wirtschaftsführung – das ist in den Augen der russisch-orthodoxen Kirche sozial verantwortungsvolles Tun. Sie mischt sich damit aktiv in die Geschäftsethik der Unternehmen ein und fordert neben der sozialen Sicherung auch einen gemeinschaftlichen Konsens, der nur über legitimes Wirtschaften zu erzeugen ist. Dazu gehört auch die öffentliche Verantwortung, die ein Unternehmen habe. Ausdruck dieser Verantwortung ist die Investition in soziale Versicherungen und die Rentenkassen; den Pensionären und Invaliden soll besondere Bedeutung in der Betreuung zukommen. Der sechste Artikel befasst sich zusätzlich noch mit dem Arbeitsschutz am Arbeitsplatz.

In den darauf folgenden Artikeln widmet sich der Kodex dem Verhältnis von Politik und Wirtschaft, indem er dafür plädiert, dass die Macht in Politik und Wirtschaft geteilt sein muss und dass die Einflussnahme der Wirtschaft auf die Politik nur öffentlich vonstattengehen sollte. Hier kommen die gesellschaftliche Kontrolle zum Tragen und das Verständnis des Unternehmens als öffentliche Institution, in der nur die kollektive Entscheidungsfindung, das gemeinsame Wirtschaften, legitim sein kann. Zusätzlich wird betont, dass in der Wirtschaft kein Platz für Korruption ist. Abschließend ist der verantwortungsvolle Umgang mit öffentlichen Gütern genauso Thema des Kodexes wie die Absage an Monopolbildung, der faire Wettbewerb zur wirtschaftlichen Belebung und die Mahnung, Privateigentum anzuerkennen und zu respektieren. Die ökonomische Autonomie wird den Wirtschaftsorganisationen also keinesfalls abgesprochen, sie soll lediglich auf der Grundlage gemeinschaftlich ausgehandelter ethisch-normativer Prinzipien beruhen. Auch hier sind die ethisch-normativen Prinzipien nicht das Gegenstück zur ökonomischen Rationalität, sondern bilden ein Fundament, auf welchem die Verträglichkeit und Zumutbarkeit ökonomisch rationaler Entscheidungen gegründet werden sollten.

Ein Beispiel für die enger gewordene Verzahnung von Politik, Kirche und Wirtschaft ist der Aufbau eines Männerklosters bei Moskau auf Initiative von Präsident Medvedev und dem Moskauer Patriarchen Alexej II., finanziert von der russischen Wirtschaft (Благотворительный фонд по восстановлению Воскресенского Ново-Иерусалимского ставропигиального мужского монастыря Русской Православной Церкви)[10]. Ganz praktisch setzt die Kirche ihren ganzheitlichen Anspruch auch um, wenn sich Vertreter der russisch-orthodoxen Kirche mit Unternehmern zu gemeinsamen Konsultationen über die soziale Lage des Landes treffen. Ein solches Treffen fand beispielsweise im

---

10 www.ierusalimfond.ru.

Februar 2010 in Moskau statt. Dabei ging es um die Ausformulierung ethischer Prinzipien in den Arbeitgeber-Arbeitnehmer-Beziehungen[11]. Ein Jahr danach, im Februar 2011, wurde das Strategietreffen „Unterstützung von Bildungsprogrammen: Wohltätigkeit, Investitionen, Zusammenarbeit“ («Поддержка образовательных программ: благотворительность, инвестиции, сотрудничество») über die Zusammenarbeit der Kirche mit Großunternehmen in einem Moskauer Kloster veranstaltet. Ziel war die Ausarbeitung einer gemeinsamen Strategie der Schlüsselindustrien der russischen Wirtschaft mit der russischen Kirche im Bereich der Bildung. Daneben kristallisierten sich weitere Bereiche der gemeinsamen Verantwortung heraus sowie die konkreten ökonomischen und rechtlichen Mechanismen einer Zusammenarbeit. Dazu gehörte auch die Formulierung der Bedingungen und der Grenzen dieser Zusammenarbeit, die sich bislang auf Sponsoring sowie Investitionen in Sozialprogramme konzentriert (RIA Novosti, 2011). Darüber hinaus trafen sich im November 2011 in Ekaterinburg Vertreter der Regionalverwaltung und der Kirche, Unternehmer sowie Vertreter sozialer Organisationen und Initiativen zur Konferenz „Orthodoxie und soziales Unternehmertum“ («Православие и социальное предпринимательство»)[12].

4.6.2 Die Wissenschaft

Die wissenschaftliche Auseinandersetzung mit wirtschaftsethischen Konzeptionen ist noch keine Kerndebatte an den betriebswirtschaftlichen Fakultäten russischer Hochschulen. Das mag auch daran liegen, dass die gesamte Management- und Betriebswirtschaftslehre in Russland insgesamt gerade einmal zwanzig Jahre alt ist. “Business administration, as such, is not thought in Soviet Russia” (Delamotte, 1962: 25). In der Sowjetunion wurde an Ingenieurhochschulen (Fachschulen) das Fach Ökonomie beispielsweise für Landwirtschaft, Handel oder Verkehrswesen gelehrt. Die ausgebildeten Fachkräfte übernahmen daraufhin auf der mittleren Leitungsebene im Betrieb Buchhaltertätigkeiten oder arbeiteten im An- und Verkauf von Waren und Dienstleistungen. Die Fachkräfte für Banken und Versicherungen wurden im Hochschulstudiengang für Finanzwirtschaft ausgebildet. Um Betriebsleiter zu werden, war, im Gegensatz zur gängigen Praxis in Westeuropa oder Nordamerika, in der Regel das Fachstudium an Hochschulen und Universitäten relevant und nicht die rein ökonomische Ausbildung (der Fachschulen). So gesehen, wie Delamotte (1962) beschreibt, wurden

11 http://opora.ru/organization/opora/committee/ethics/#collapsed/4707/.

12 http://opora.ru/organization/opora/committee/ethics/#collapsed/18237/.

die Fähigkeiten zur Bewältigung der Herausforderungen in der Organisation und Verwaltung von Betrieben im Verlauf der beruflichen Tätigkeit erworben und kamen ausschließlich auf dem Top-Level der Betriebsführung zum Einsatz.

4.6.2.1 Managementschulen und Fakultäten

Trotz der Herausforderungen, die eine Einführung von Management- und Betriebswirtschaftslehre sowie Wirtschafts- und Unternehmensethik mit sich bringt, findet mittlerweile in Russland eine rege wissenschaftliche Auseinandersetzung mit der Anwendung ethisch-normativer Prinzipien auf wirtschaftliche Tätigkeiten statt. Träger dieser Debatte ist beispielsweise das von PriceWaterhouseCoopers mitfinanzierte Zentrum für Corporate Social Responsibility an der Höheren Schule für Management der St. Petersburger Staatlichen Universität unter der Leitung von Jurij Blagov (Центр корпоративной социальной ответственности, Высшая школа менеджмента (ВШМ) СпбГУ, Благов Юрий Евгеньевич) und die Abteilung für Ethik an der Philosophischen Fakultät der St. Petersburger Staatlichen Universität. Gleichzeitig bietet die renommierte Higher School of Economics in Moskau unter anderem am Institut für sozio-ökonomische Systeme und Sozialpolitik Kurse zu Wirtschaftsethik und Corporate Social Responsibility an (Учебный курс „Корпоративная социальная политика“, кафедра социально-экономических систем и социальной политики, Национальный исследовательский университет «Высшая школа экономики»). Die Moskauer Staatliche Lomonosov-Universität hat in ihrer Zusatzqualifikation „International Business“ (Программа дополнительного образования «Международный бизнес») Wirtschaftsethik und soziale Unternehmensverantwortung als integralen Bestandteil der Ausbildung mit im Programm. Die Moskauer Schule Skolkovo für Business Administration (Московская школа управления Сколково) hat mit Alexej Germanovič als Direktor für Programme der staatlichen und sozialen Sphäre (Директор программ в государственной и социальной сферах) einen Wirtschaftsexperten für soziale Verantwortung von Unternehmensseite gewinnen können. Bis 2009 war Germanovič stellvertretender Generaldirektor des Stahlkonzerns Severstal und in dieser Funktion jahrelang für die strategische Kommunikation und die CSR-Politik des Unternehmens verantwortlich. Auch die Russische Akademie für Volkswirtschaft und Verwaltungswirtschaft unter der Schirmherrschaft des Präsidenten (Российская академия народного хозяйства и государственной службы при Президенте РФ) befasst sich unter anderem in ihrem Institut für staatliche und kommunale Verwaltung (Кафедра Государственного и муниципального управления) mit dem Thema unternehmerischer Verantwortung. Sie sind alle um eine theoretische, methodische und empirische Aufarbeitung des Feldes bemüht. Aktueller Schwerpunkt ist hier die Einführung von Regeln und Standards zu Compliance Practices und zur Korruptionsbekämpfung in Wirtschaft und Politik. Die Ansiedlung der sozialen Wirtschafts- und Unternehmensverantwortung an unterschiedlichen Instituten und Fakultäten der einzelnen Hochschuleinrichtungen macht allerdings deutlich, dass sich die russische Gelehrtenwelt nicht darüber einig ist, wie diese Themen zu handhaben sind, welche theoretische und methodologische Ausrichtung wünschenswert ist und welche Bedeutung dieses Wissenschaftsfeld im nationalen Kontext zukünftig haben sollte.

4.6.2.2 Internationale Akademie für Philanthropie

Da man um ein ganzheitliches, den nationalen Rahmenbedingungen angepasstes Konzept bemüht ist, wurde neben dem Rückgriff auf westliche Entwürfe die Internationale Akademie für Philanthropie (Международная Академия Меценатства) gegründet. Sie hat es sich zur Aufgabe gemacht, Wissenschaft und Praxis miteinander zu vereinen, um nationale und internationale Erfahrungen rund um das Thema Philanthropie, soziale Investitionen, Sozialpartnerschaften, soziale Entwicklung und Nachhaltigkeit zu sammeln und weiterzugeben. Für den theoretischen und methodischen Hintergrund sorgt die Partnerschaft mit der russischen Internationalen Akademie für Gesellschaftswissenschaften (Международная Академия Общественных Наук). Während Erstere eher praktisch orientierte Aufgaben wie Seminare, Pflege der Beziehungen zur Wirtschaft und Weiterbildung übernimmt, kümmert sich Letztere um die wissenschaftliche Begleitung in Form von Umfragen und Analysen zum Thema. Zusammen haben sie das Programm „Effektive soziale Investitionen und Sozialpartnerschaften“ (Эффективные социальные инвестиции и социальное партнерство, ЭСИСП) entwickelt. Mit 100+1 Prinzipien (100 и 1 принцип ЭСИСП) und konkreten Handlungsempfehlungen richtet sich dieses Programm in erster Linie an kleine und mittelständische sowie an Großunternehmen, an nationale Politiker und ausländische Diplomaten sowie an Vertreter der Zivilgesellschaft (beispielsweise an die Kirche und andere Forschungseinrichtungen).

4.6.3 Wirtschaftsverbände

Russische Wirtschaftsverbände ihrerseits betonen stets die individuelle ökonomische Autonomie, die Anerkennung der Eigentumsverhältnisse sowie den Schutz und die Durchsetzung von Eigentumsrechten, damit Wirtschaftsorganisationen wirtschaftlich, aber auch gesellschaftlich aktiv werden zu können. Sie geben sich dialogbereit, wollen Einigkeit nach allen Seiten hin vermitteln und können damit zum Teil zu einer Kommunikations- und Vertrauensplattform werden, auf deren Grundlage Vertreter gesellschaftlicher Großgruppen zusammenkommen und gesellschaftliche Zielvorstellungen sowie die Legitimität unternehmerischen Handelns auf den Prüfstein stellen. Die bisherige Tätigkeit der Wirtschaftsverbände beschränkt sich jedoch im Wesentlichen auf den Dialog zwischen Unternehmen und der Regierung, umfasst also keinen breiter angelegten Gesprächskreis. Dennoch sind die Selbstverpflichtungen der Unternehmen im Rahmen dieser Verbände ein bemerkenswertes Beispiel, wie Unternehmensethik in Russland gelebt wird. Allerdings mangelt es auch hier wieder, wie in der Geschichte Russlands bereits mehrfach gesehen, an staatlichen Verpflichtungen, die eine Gegenseitigkeit der Beziehungen und des Vertrauens untermauern würden.

4.6.3.1 Wirtschaftsethische Richtlinien für russische Unternehmen

Die Assoziation Unabhängiger Direktoren (Российская ассоциация независимых директоров) gründete sich 2002 als Organisation zur Umsetzung von Maßnahmen zur Selbstregulierung in der Wirtschaft. Dazu veröffentlichte sie 2003 den Kodex unabhängiger Direktoren[13]. Außerdem unterstützt die Assoziation Unternehmen bei der Einführung und Umsetzung normativer Richtlinien für verantwortungsvolles Handeln. Zusammen mit dem russischen Institut für Direktoren (Российский институт директоров) entwickelte sie die wirtschaftsethischen Richtlinien für russische Unternehmen[14]. Das Institut für Direktoren seinerseits ist eine Partnerschaft von Managern, die von den größten russischen Unternehmen 2001 ins Leben gerufen wurde und ebenfalls Geschäftsgrundsätze und Leitlinien für die unternehmerische Tätigkeit in Russland erarbeiten sollte. Ein weiteres normatives Dokument ist die von diesem Institut 2003 erarbeitete Deklaration der Prinzipien der professionellen Gemeinschaft von Unternehmensdirektoren[15]. Generell sind diese Dokumente sehr an amerikanischen Vorbildern, Denkern und Beispielen orientiert. Ob sie tatsächlich eine praktische Relevanz für russische Unternehmen haben und nicht nur bloße Lippenbekenntnisse sind, ist fraglich. Sie wurden in einer Zeit der Neu- und Umorientierung angefertigt; knapp zehn Jahre später kommt man zu der Einschätzung, dass die von russischen Organisationen in vollständiger Eigenregie selbst erarbeiteten

13 http://trade.gov/goodgovernance/adobe/Independent%20Director%20Code-Final_eng.pdf.

14 http://trade.gov/goodgovernance/adobe/IDARIDBusEthicsGuidelinesEng.pdf.

15 http://www.ita.doc.gov/goodgovernance/adobe/RIDPrinciples.pdf.

Dokumente eine viel höhere Verbindlichkeit darstellen. Sie sind zudem auch von den formulierten Ansprüchen sowie den adressierten Herausforderungen her viel näher an der russischen Realität. Beispiele dafür sind die Sozial-Charta der russischen Wirtschaft und das Memorandum – über die Prinzipien der sozialen Unternehmensverantwortung.

4.6.3.2 Sozialcharta der russischen Wirtschaft

Auf Initiative der russischen Vereinigung der Industriellen und Unternehmern wurde 2004 eine Sozialcharta der russischen Wirtschaft erarbeitet, deren neuerliche Verabschiedung 2008 erfolgte (RSPP, 2008). Sie enthält freiwillige Selbstverpflichtungen der Unternehmen zur Übernahme gesellschaftlicher Verantwortung. Die Prinzipien gehen konform mit dem Global Compact der Vereinten Nationen, sie gelten für russische Unternehmen im nationalen wie internationalen Geschäftsumfeld und bilden den Mindeststandard an zu erfüllenden gesellschaftlichen Verantwortlichkeiten. Sie sollen ein Teil des gesellschaftlichen Dialogs sein und gleichzeitig versuchen sie, den Rahmen abzustecken, innerhalb dessen die Kontrolle wirtschaftlicher Aktivitäten erfolgen könnte. Das Ziel ist die Integration der Sozialcharta in die Unternehmensstrategie sowie die Partnerschaft in diesem Netzwerk zur Legitimitätssteigerung wirtschaftlicher Aktivitäten, aufbauend auf den Prinzipien Obščina als „gemeinschaftlicher Konsens" und Obščestvo als „gesellschaftliche Kontrolle". Darüber hinaus werden Good-Practice-Beispiele diskutiert und ein gegenseitiger Wissenstransfer in diesem Bereich vermittelt. Zentral ist auch hier wieder die soziale Mission der Wirtschaft, die ein Unternehmen stets im Auge behalten soll. Die Wirtschaft ist ein Teil der Gesellschaft und hat demnach gesellschaftliche Aufgaben und Ansprüche zu erfüllen, in erster Linie die soziale Sicherung zu garantieren sowie den Umweltschutz und die Menschrechte zu achten. Als gesellschaftlicher Teilbereich ist die Wirtschaft dazu verpflichtet, sich mit anderen gesellschaftlichen Gruppen in konstruktiver Partnerschaft auszutauschen und gemeinsam gesellschaftlichen Fortschritt voranzutreiben. Dies könne allerdings nur auf der Basis der ökonomischen Autonomie der Wirtschaftsorganisationen und Unternehmen vonstattengehen; wirtschaftliche Freiheit und Verantwortung sind unabkömmlich (Einhaltung ethischer Normen, Individualität der einzelnen Unternehmen, ehrlicher Wettbewerb, Stärke der Wirtschaft zum Wohle des Landes, eigene Unternehmensreputation wichtig, Unternehmen als ehrliche Steuerzahler, Erfüllung der Erwartungen von Investoren). Neben Arbeitnehmer- und Verbraucherrechten thematisiert das Dokument auch den Umgang mit Geschäftspartnern. Die Teilnahme an der Entwicklung der örtlichen Gemeinden in Form von Corporate Citizenship, die Übernahme von Aufgaben auf nationaler und internationaler

Ebene, die Partnerschaft mit der regionalen Verwaltung, Volunteering sowie die Teilnahme an Nichtregierungsinitiativen entsprechend dem Unternehmensethos (Auflage eigener Programme und Projekte im Bereich der gesellschaftlichen Verantwortung und Nachhaltigkeit) sind ebenfalls Bestandteil der Sozialcharta.

Bemerkenswert an der Sozialcharta ist die Sicht der Unternehmen selbst auf die Wirtschaft als Teil der Gesellschaft: Als Teilbereich der Gesellschaft haben die Wirtschaft und die Unternehmen unbedingt ihren Beitrag am guten und gerechten Zusammenleben zu leisten, was offen zugestanden wird. Die Unternehmen sehen in der Sozialcharta jedoch in erster Linie ein neues Bewertungsformat für sich und ihre Partner. Hat der andere die Charta auch unterschrieben? Akzeptiere ich oder der andere diesen Kontrollmechanismus, mit dem das Schaffen von Werten auf legitime Weise vonstattengehen soll? Und obwohl im westeuropäischen und nordamerikanischen CSR-Diskurs das soziale Engagement in erster Linie freiwillig sein soll, wird in Russland anerkannt, dass es gesellschaftliche Notwendigkeiten gibt, welche ein Unternehmen geradezu zwingen, sich in bestimmten Bereichen gesellschaftlich zu engagieren.

Hier kommt Ulrichs Legitimations*zwang* zum Tragen, denn ein Unternehmen kann nur auf der Grundlage des gemeinschaftlichen Konsenses legitim wirtschaften. Dieser Konsens baut auf einer Geschäftsethik auf, die im Einverständnis mit der Gemeinschaft, betriebsintern wie -extern ausgehandelt wurde. Daran wird deutlich, dass russische Unternehmen dringend auf den Konsens in der wirtschaftlichen Gemeinschaft angewiesen sind, was im Umkehrschluss bedeutet, dass sie nicht in jedem Falle freiwillig über ihren Beitrag am gerechten und guten Zusammenleben entscheiden können. Eine einheitliche Standardisierung ist aus Unternehmenssicht allerdings nicht notwendig, da es die Individualität des Engagements eindämmen würde und Spezifika in bestimmten Regionen und Industriebranchen nicht abbilden könne. Insgesamt halten die Unternehmen fest, dass ihre gesellschaftlichen Aktivitäten das staatliche Engagement nicht kompensieren können und wollen; eher soll dadurch die Verantwortung des Einzelnen gestärkt werden. Auf der einen Seite wird hier also ein eigener dritter Weg gesucht, der russische Unternehmen weder der Freiwilligkeit überlässt noch in die internationale Standardisierung sozialer und ökologischer Unternehmensverantwortung drängt; auf der anderen Seite orientiert sich die Sozialcharta dennoch an globalen Trends und Entwicklungen.

4.6.3.3 Memorandum – über die Prinzipien der sozialen Unternehmensverantwortung

Die Russian Managers Association hat 2006 in ihrem Corporate Responsibility Committee ebenfalls ein Dokument über die sozialen Verpflichtungen seiner Mitglieder erstellt. Darin verpflichten sich die Assoziationsmitglieder, die wirtschaftliche Entwicklung nur für das gesellschaftliche Wohl voranzutreiben, also auf der Grundlage des Konsenses über das gute und gerechte Zusammenleben und der Kontrolle über das legitime Wirtschaften. Sie verpflichten sich außerdem zu Investitionen in Humankapital, in die Gesundheit und Sicherheit der Mitarbeiter sowie in den Ressourcenschutz. Neben diesen konkreten Leistungen zur sozialen Sicherung werden die sozialverantwortliche Umstrukturierung der Unternehmen und der russischen Wirtschaft insgesamt sowie die Unterstützung der regionalen und lokalen Gemeinden betont. Hier kommen die gesellschaftliche Kontrolle, der Diskurs und die Beteiligung der Öffentlichkeit an ökonomischen Entscheidungen zum Ausdruck. Außerdem stehen die Ermutigung zu Freiwilligenarbeit und karitativer Hilfe, die Ressourcenallokation im Unternehmen sowie das Engagement im gesellschaftlichen Leben als Verpflichtungen mit in dem Memorandum.

Herausforderungen sehen die Assoziationsmitglieder in der Selbstorganisation und Selbstregulation der sozialen Verantwortung angesichts zwingender politischer und gesellschaftlicher Sachlagen. Doch sie erkennen, dass Charity nur ein Teil ihres Beitrags zum Zusammenleben ist und dass viel umfassender über in das Geschäft des Unternehmens eingreifende, grundlegende Werte diskutiert werden muss. Im konkreten Bezug zur Corporate Social Responsibility heißt das, dass soziale Verantwortung einen Mehrwert generieren sollte, Teil des Risikomanagements von Unternehmen werden muss, um neue Geschäftsfelder zu erschließen, ein Dialogsystem und eine Plattform mit gesellschaftlichen Anspruchsgruppen zu sein hat und gleichzeitig vielfältig und innovativ ist. Führungsansprüche der russischen Wirtschaft und einzelner russischer Unternehmen können nur dann geltend gemacht und umgesetzt werden, wenn es eine Langzeitstrategie für soziales Engagement gibt. Das heißt nichts anderes, als dass ethisch-normative Werte einen übergeordneten Geltungsanspruch haben müssen, damit nicht nur Profite maximiert werden, sondern gänzlich neue Werte, Mehrwerte, geschaffen werden können – ökonomische, soziale und ökologische.

4.6.3.4 Russische Partnerschaft für verantwortungsvolle Geschäftspraktiken

In Kooperation mit dem International Business Leaders Forum haben in Russland ansässige Unternehmer außerdem die Initiative „ Russische Partnerschaft für verantwortungsvolle Geschäftspraktiken” (Российское партнерство по развитию ответственного бизнеса) ins Leben gerufen. Hauptakteure sind Interros, Philips, Industrial Investors (Промышленные инвесторы) und TNK-BP. Während in den beiden vorangegangenen Beispielen überwiegend auf Initiative russischer Unternehmer und gesellschaftlicher Gruppen und Interessenvertreter gehandelt wurde, sind in diesem Format überwiegend internationale westeuropäische Unternehmen vertreten. Inhaltlicher Schwerpunkt der Arbeit bilden hier die Themenbereiche Compliance und Social Business, Jungunternehmertum, Minikreditwesen, Wirtschaft und Umwelt sowie Gesundheit. Hier ist eine wesentlich stärkere Hinwendung zur Wirtschaft und Ausschließlichkeit der Wirtschaft zu beobachten als in den beiden anderen Beispielen. Während hier konkrete wirtschaftliche Mechanismen im Vordergrund stehen, wird bei jenen die Einheit der Wirtschaft mit anderen Teilen der Gesellschaft betont und hervorgehoben, wie wichtig es ist, ein harmonisches Gleichgewicht zwischen den einzelnen Interessen herzustellen.

4.6.4 Staatliche Initiativen

Durch die Vielzahl ordnungspolitischer Regulierungen in gesellschaftlichen Fragen sind es vor allem die Regierungsinitiativen und die Initiativen mit Regierungsbeteiligung, die ein aktives Engagement der Wirtschaftsorganisationen mit sich bringen. Bei den folgenden zwei Projekten sind die größten Unternehmen des Landes mit beteiligt. Dabei handelt es sich fast ausschließlich um russische Unternehmen; Tochterunternehmen internationaler Firmen sind in diesen Netzwerken kaum vertreten. Hier zeigt sich wieder die Suche nach einem eigenen, für die russische Wirtschaft adäquaten Weg, um gesamtgesellschaftliche Themen und Herausforderungen zu adressieren. Mit ihrer Regierungsbeteiligung werden diese Initiativen zu einer prioritären Angelegenheit für Unternehmen, Verpflichtungen von Seiten des Staates sind aber auch hier, abgesehen von den Bekenntnissen zur Korruptionsbekämpfung, kaum Bestandteil der Auseinandersetzung. Im Zentrum steht die soziale Sicherheit der russischen Gesellschaft sowie effektive Kontrollmechanismen des sozialen Engagements von Unternehmen, die bisweilen soweit gehen, dass Teile der russischen Sozialpolitik von Unternehmen mitgestaltet werden. Auch hier wird wieder die Wahrnehmung des

Unternehmens als öffentliche Institution deutlich, die vor allem dem Wohl der Allgemeinheit verpflichtet ist und nur besteht, um nicht in erster Linie rein ökonomische, sondern gesamtgesellschaftliche Zielvorstellungen umzusetzen – mit der Einschränkung allerdings, dass diese gesamtgesellschaftlichen Ziele nicht von allen Teilen der Gesellschaft definiert, sondern von staatlicher Stelle ausgearbeitet werden.

4.6.4.1 Nationaler Rat für Unternehmensführung

Der Nationale Rat für Unternehmensführung (Национальный Совет по корпоративному управлению), der 2003 auf Initiative des Präsidenten ins Leben gerufen wurde, konzentriert sich auf die Unternehmensführung in Russland und vereint neben dem großen russischen Dachverband der Wirtschaft RSPP auch die Industrie- und Handelskammer Russlands, die Vereinigung der Mittelständler («Деловая Россия») und die Assoziation der russischen Banken (Ассоциация российских банков). Vorsitzender ist der Präsident von Interros, Vladimir Potanin. Ziel ist die Aushandlung einer zwischen der Politik und der Wirtschaft diskutierten nationalen, „vaterländischen" Kultur der Unternehmensführung. Zu den internationalen Partnern gehören die Weltbank, die OECD und die NYSE Euronext. Einmal in vier Jahren veranstaltet der Nationale Rat für Unternehmensführung ein hochkarätiges Forum, ansonsten kommt jedes Jahr der Bericht über Unternehmensführung heraus, der über die Praxis der Mitgliedsunternehmen berichtet.

4.6.4.2 Nationales Forum für soziale Unternehmensverantwortung

Das Nationale Forum für soziale Unternehmensverantwortung (Национальный форум корпоративной социальной ответственности (КСО)) ist die führende russische Plattform für den CSR-Diskurs sowie den Dialog mit Vertretern der Wirtschaft und der Politik, aber auch einzelner zivilgesellschaftlicher Akteure darüber, wie soziale und ökologische Herausforderungen in der russischen Gesellschaft adressiert und soziale Investitionen effektiver gestaltet werden sollen. Es wurde 2007 mit Unterstützung des Nationalen Zentrums für soziales Monitoring (Национальный центр социального мониторинга), der Gesellschaftskammer (Общественная Палата) und des Rechnungshofs (Счетная Палата РФ) ins Leben gerufen und organisiert Veranstaltungen und Foren, um auf Best-Practice-Beispiele der russischen Wirtschaft aufmerksam zu machen, den Meinungs- und Erfahrungsaustausch im Bereich interner und externer Legitimierung zu erhöhen, um neue Möglichkeiten der Nachhaltigkeit von sozialen Initiativen und Investitionen zu diskutieren und den Dialog mit Anspruchsgruppen zu verbessern. Jährlich findet ein nationales CSR-Forum statt, um das sich im Laufe des Jahres weitere Seminare gruppieren, aber auch internationale runde Tische sowie individuelle Beratungsangebote für soziale Verantwortung, für Cause related Marketing, den Stakeholder-Dialog, die Kommunikation sozialer Initiativen, das individuelle Training und die Sensibilisierung der Unternehmensmitarbeiter zum Thema Corporate Social Responsiblity, allerdings überwiegend mit ausländischer Expertise. Insgesamt ist die Aufforderung zum Engagement sehr praxisorientiert und auf die guten Beziehungen zwischen Staat und Wirtschaft ausgerichtet.

4.6.4.3 2006 – Jahr der Wohltätigkeit

Auch der russische Staat leistet seinen Beitrag zur Promotion gesellschaftlichen Engagements: So wurde vom damaligen Präsidenten Putin das Jahr 2006 als Jahr der Wohltätigkeit[16] ausgerufen. Ziel war die Entwicklung der Wohltätigkeit sowie deren Wahrnehmungswandel in der russischen Gesellschaft. Es sollte eine Sensibilisierung der Bevölkerung für dieses Thema bewirken, einen Imagewandel philanthropischen und karitativen Engagements hervorrufen und gleichzeitig zur Beteiligung auffordern. Im Wesentlichen ging es also auch hier um die Herstellung der gesamtgesellschaftlichen Einheit, die Harmonie gesellschaftlicher Teilsysteme und die Definition der ökonomischen Aktivität als eine dem Gemeinwohl und der Gemeinschaft verpflichtete Tätigkeit. Demnach sind der gesellschaftliche Zusammenhalt, die Harmonie und das Verständnis von der Gesellschaft als Einheit sowie von der Arbeit zum Wohle aller die ethischen Grundeinstellungen, mit denen dieses Jahr von staatlicher Seite aus veranstaltet wurde. Initiatoren waren die Charity Aid Foundation Russia (CAF), der World Wildlife Fund (WWF), das Russian Donors' Forum, die Assoziation für Beratungsunternehmen im PR-Bereich (Ассоциация компаний консультантов в области связей с общественностью) und die Assoziation für Business-Kommunikation (Ассоциация бизнес-коммуникаций). Daran wird deutlich, dass Philanthropie in der Wahrnehmung nach wie vor einen ausgesprochen instrumentellen Charakter hat.

---

16 Die Informationsportale infoblago.ru und blagofest.ru versammeln weiterführend nützliche Ressourcen zu diesem Jahr und seine Auswirkungen auf den Bereich des gesellschaftlichen Engagements von Privatpersonen, Organisationen und Unternehmen.

4.6.4.4 Gesetzesinitiativen

Die gesetzlichen Impulse im Bereich gelebter Wirtschaftsethik konzentrieren sich sehr stark auf die Führung und die Aktivitäten eines Unternehmens sowie auf Maßnahmen gegen Korruption. Ein Beispiel in diesem Bereich ist die „Deklaration über die Integrität von der Geschäftsführung“ (Декларация ответственного ведения бизнеса)[17], welche im Jahr 1998 auf Anregung der St. Petersburger Stadtverwaltung erstellt wurde. Von der russischen Industrie- und Handelskammer wurden 1999 zusätzlich die „12 Prinzipien der Geschäftsführung in Russland“ als Leitfaden für legitimes Wirtschaften sowie Empfehlungen über die Einführung von Wirtschaftsethik in Russland im Rahmen der 9th International Anti-Corruption Conference mit internationalen Partnern erarbeitet[18]. 2001 wurde auf nationaler Ebene außerdem der Russische Nationale Kodex der Geschäftsführung (Российский Национальный Кодекс Корпоративного управления)[19] vom Föderalen Dienst für Finanzmärkte (Федеральная служба по финансовым рынкам России), führenden russischen Juristen und Wissenschaftlern sowie der Europäischen Bank für Wiederaufbau und Entwicklung (EBRD) aufgesetzt. Außerdem trat 2008 der Nationale Aktionsplan gegen Korruption[20] von Präsident Medvedev in Kraft. Zudem informiert die Internetseite des Kremls ausführlich über die Aktivitäten, welche die Regierung im Kampf gegen die Korruption in der Politik, aber auch in der Wirtschaft, unternimmt und welchen Beitrag die Zivilgesellschaft, also die Bürger dazu leisten können. Der Nationale Anti-Korruptionsrat (Национальный Антикоррупционный Совет Российской Федерации)[21] bietet außerdem eine Reihe von staatlichen und nichtstaatlichen Organisationen die Möglichkeit, ihre Arbeit gegen Korruption und für mehr Transparenz in der russischen Wirtschaft vorzustellen und auf einer Plattform auszutauschen[22]. Zusätzlich hat Medvedev

---

17 http://www.ethicsrussia.org/index.php?option=com_content&view=article&id=78:declaration-of-integrity-in-business-conduct&catid=69:resources&Itemid=171.

18 http://iacconference.org/en/conferences/details/09th_iacc/.

19 http://www.ecgi.org/codes/documents/final_code_english.pdf.

20 http://www.kremlin.ru/acts/996.

21 http://www.korupcii.net/.

22 Die Nichtregierungsorganisation „Committee for Fighting Corruption“ hat im Rahmen des UN Global Compact ebenfalls ein neues Programm für Wirtschaftsführungskräfte entworfen, das auf zehn Prinzipien zur Bekämpfung von Korruption aufbaut: „World Without Corruption“ wird von Anatoly Golubev geleitet, der ebenfalls Vorsitzender des „Committee for Fighting Corruption“ und Leiter des UN-Global-Compact-Netzwerkes in Russland ist. Es ermutigt russische und internationale Unternehmen, an praktischen

eine Nationale Strategie der Korruptionsbekämpfung ins Leben gerufen mit einem im April 2010 verabschiedeten Aktionsplan (Национальный план противодействия коррупции на 2010–2011 годы (утверждён Президентом РФ 31 июля 2008г. № Пр-1568) (в редакции Указа Президента РФ от 13 апреля 2010 года №460))[23]. Daraufhin hat das russische Finanzministerium die Forderung erhoben, alle Unternehmen unter Generalverdacht zu stellen und generell jedes Unternehmen auf Korruptionsvorfälle hin zu überprüfen[24]. Ausschlaggebend für diese Flut an normativen Dokumenten ist die systemimmanente Korruption in Russland. Sie stellt ein zunehmendes Sicherheitsproblem in Russland dar, führt zu Abwanderungen von Unternehmern, Fachkräften und Nachwuchsführungskräften, zu Kapitalflucht sowie Investitionsmängeln und hemmt damit die Bildung von sozialem und kulturellem Kapital im Land insgesamt[25].

Die nationalen Gesetzesinitiativen werden außerdem von internationalen Selbstverpflichtungen flankiert. So sind einige der russischen Großunternehmen und staatliche Konzerne wie Russian Railways oder Lukoil beispielsweise Mitglied des United Nation's Global Compact. Teilweise erfüllen die russischen Unternehmen im Bereich Soziales internationale Standards, wie beispielsweise die ISO-26000-Norm zur sozialen Verantwortung von Unternehmen und die ISO-14001-Normen für Umweltmanagement (Polymetal), oder sie verweisen ausdrücklich auf die Einhaltung des nationalen Gesetzes über Wohltätigkeit und wohltätige Organisationen («О благотворительной деятельности и благотворительных организациях»)[26]. Die OHSAS 18001 für betriebliche Sicherheit und Gesundheit am Arbeitsplatz wird in der industriellen Produktion ebenso berücksichtigt wie die Qualitätsmanagementnorm ISO 9001 (Rosatom). Das gilt allerdings in erster Linie für Großunternehmen und Unternehmen, die

---

Lösungsansätzen für mehr Transparenz und fairen Wettbewerb im russischen Markt zu arbeiten.

23 http://kremlin.ru/acts/7450.

24 http://www.minfin.ru/common/img/uploaded/library/2010/12/Pismo_MFRF_07-03-05_1098_ot_061210.pdf.

25 Boris Nemzov (2011) ist in seinem Werk „Putin. Korruption" den Verzahnungen der russischen Wirtschafts- und Politikelite nachgegangen, den persönlichen Beziehungen, die über den Zuschlag für internationale Geschäfte und staatliche Aufträge entscheiden, sowie den privaten und familiären Banden, die sich auf die Verwaltung und das Management der größten russischen Unternehmen, Rentenfonds und Banken erstrecken; auf Russisch: http://www.putin-itogi.ru/f/Putin-i-korruptsiya-doklad.pdf ; auf Englisch: http://larussophobe.wordpress.com/2011/04/03/special-extra-the-nemtsov-white-paper-part-v-putin-the-thief/.

26 http://www.consultant.ru/document/cons_doc_LAW_108360/.

im internationalen Geschäftsfeld tätig sind. Materialintensive Unternehmungen wie beispielsweise Mostro (Bauunternehmen) weisen ausdrücklich darauf hin, dass sie mit ihren Aktivitäten dem Gesetz über Abfallwirtschaft und Umweltschutz (Федеральный закон «Об отходах производства и потребления»)[27] sowie dem Gesetz zum Schutz der Gesundheit des Menschen, der Umgebung und der Ressourcen (Федеральный закон «Об охране окружающей среды»)[28] entsprechen. Generell ist die Herausforderung also nicht die Schaffung von Gesetzen oder Initiativen für zumutbares Wirtschaften sondern, die Umsetzung bestehender Regelungen und gesetzlicher Rahmenbedingungen von allen Teilen der Wirtschaft und Gesellschaft. Denn diese genannten Normierungen werden bislang nur von einem Bruchteil der tätigen Unternehmen in Russland eingehalten.

4.6.4.5 Russische Sozialpolitik unter der Flagge der Wohltätigkeit

Neben dieser Anzahl normativer Dokumente, Vereinigungen und Würdigungen rund um das gesellschaftliche Engagement der Unternehmen gibt es auch eine Reihe nationaler Wohltätigkeitsstiftungen mit Regierungsunterstützung und Mitarbeit großer Firmen sowie zivilgesellschaftlicher Organisationen. Zu den größten gehört die Stiftung von Michail Fridman Linija Žizni (Lebenslinie, «Линия жизни») zur Vorbeugung und Sicherung der Gesundheit sowie einer gesunden Lebensweise der Gesellschaft. Zusätzlich sind die soziale Unterstützung und der Schutz der Bürger ein Anliegen, vor allem von Menschen mit eingeschränkten Möglichkeiten; der Mutterschutz, die Kinderfürsorge und die Stärkung der Familie sowie der Rolle und des Images der Familie in der Gesellschaft sind ebenso zentral. Hier werden politische Ziele mit gesellschaftlichen Interessen vereint, die demographische Lage des Landes, die hohe Säuglingssterblichkeit, niedrige Geburtenrate sowie Alkohol- und Drogenkonsum werden ebenso berücksichtigt wie die zunehmende moralische und sittliche Desorientierung aufgrund mangelnder Lebensperspektiven. Ein ganz ähnliches Projekt ist die 1998 von Oleg Deripaska gegründete Stiftung Vol'noe Delo (Freiwillige Sache, «Вольное Дело»). Diese Stiftung fördert in erster Linie die nationale Bildung und Wissenschaft, trägt zur Bewahrung des historisch-kulturellen Erbes sowie der religiösen Werte des Landes bei, hilft bei der Gesundheitsfürsorge und sucht damit drängende soziale Probleme zu lösen. Zu ihren wichtigsten Partnern gehört das russische Ministerium für Bildung und Wissenschaft, die russische

---

27 http://www.priroda.ru/law/detail.php?ID=6234.

28 http://base.garant.ru/12125350/.

Akademie für Bildung, die russische Agentur für Angelegenheiten der Jugend, das russische Kulturministerium, regionale Verwaltungen von über 40 russischen Föderationssubjekten sowie Kultur- und Bildungseinrichtungen von nationaler und regionaler Bedeutung. Beide Stiftungen der reichsten Männer Russlands regulieren im Einklang mit staatlichen und gesellschaftlichen Organisationen Teile der nationalen Sozial-, Gesundheits- und Bildungspolitik.

In Kooperation mit Charity Aid Foundation Russia (CAF) gibt es außerdem noch die Stiftung Liga der Gesunden Nation («Фонд Лиги Здоровья Нации»), die sich mit ähnlichen gesamtgesellschaftlichen Herausforderungen befasst. Beide Großprojekte erfahren eine immense Unterstützung von beinahe allen großen Unternehmen in Russland. Ähnlich populär ist auch die Stiftung „Wer, wenn nicht ich?“ (Благотворительный фонд «Кто, если не Я?»), zu deren Partnern alle großen nationalen und internationalen Unternehmen in Russland gehören. Die Aktivitäten sind etwas anders gelagert, hier wird im Wesentlichen zum Volunteering und zu Spenden für Kinderhilfe aufgerufen. Eine regionale und lokale Ausgliederung ist die Bewegung „Wer, wenn nicht wir?“ («Кто если не мы?»), welche Initiativen zum sozialen Engagement in der eigenen Gemeinde vorantreibt und neben Unternehmensbeteiligung auch auf Bürgerpartizipation aufbaut. Ein beliebtes Beteiligungsangebot für Unternehmen ist auch das russische Festival zu sozialen Programmen „Unterstützung“ (Всероссийский Фестиваль Социальных Программ «СоДействие»). Es gehört mittlerweile zur größten Präsentation sozialer Initiativen der Regierung und der Gesellschaft und hat sich zu einer Plattform entwickelt, auf welcher Netzwerkbildung und Meinungsaustausch über aktuelle Fragen der Sozialpolitik Russlands mit allen gesellschaftlichen Gruppen initiiert wird.

Darüber hinaus werden Teile der russischen Sozialpolitik von Unternehmen getragen. Es handelt sich hier in erster Linie um die 2005 ins Leben gerufenen nationalen Initiativen und Reformprogramme „Lebenswertes Wohnen“ (Национальный проект «Жильё»; проект «Доступное и комфортное жильё – гражданам России»)[29] und „Bildung“ (Национальный проект «Образование»)[30]. Die Unternehmen sind hier nicht nur in die Finanzierung der Projekte eingebunden, sondern auch in die Erarbeitung von Strukturen für die Erfüllung sozialpolitischer Maßnahmen auf Föderations- und Regionalebene. Das betrifft vor allem die Modernisierung des Wohnfonds sowie den sozialen Wohnungsbau des Landes, an dem sich Banken zur Finanzierung, regionale und nationale Bauunternehmen sowie die Administration mit Ausschreibungen und

---

29 http://www.rost.ru/projects/habitation/habitation_main.shtml.

30 http://www.rost.ru/projects/education/education_main.shtml.

Projektwettbewerben beteiligen. Im Bereich der Bildung arbeitet beispielsweise das Unternehmen Prior, ein Partner des russischen Marktführers für Informationstechnologie Compulnik, an der technischen Umsetzung und Bereitstellung von Computern, Zubehör, Leitungen sowie an der Finanzierung der Internetzugänge fürs Fernlernen und für Fernstudien von behinderten Kindern und Jugendlichen in Privathaushalten. Zusätzlich beteiligt sich das Unternehmen an der Aus- und Weiterbildung der Lehrer für diese Art des Lernens und Lehrens.

4.6.5 Zivilgesellschaft

Über eine Reihe öffentlicher Akteure werden die gelebte Wirtschaftsethik sowie die gesellschaftliche Kontrolle weiter verbreitet, die Sichtbarkeit der unternehmerischen Tätigkeiten insgesamt sowie die Sensibilisierung für das Verhältnis von Wirtschaft und Gesellschaft weiter ausgebaut.

4.6.5.1 Resonanz zivilgesellschaftlicher Akteure

Berücksichtigt werden muss in diesem Zusammenhang das Russian Donors Forum (Форум Доноров). Die Organisation ist eine Plattform von philanthropischen Stiftungen, welche unter anderem jährlich das Unternehmen mit den höchsten Ressourcenaufwendungen in betriebsinterne und kommunale Sozialleistungen mit der Auszeichnung „Leader der Unternehmenswohltätigkeit“ («Лидеры корпоративной благотворительности») ehrt. Außerdem startete das Forum den Wettbewerb „Größter unternehmerischer Stifter Russlands“ (Конкурс «Крупнейший корпоративный донор России»). Im vergangenen Jahr wurden unter anderem die Sibirtelekom und die TransAero Airlines ausgezeichnet. Darüber hinaus finden Veranstaltungen und Seminare zur Philanthropie statt. Herausragend ist die Jahreskonferenz des Forums zu aktuellen Themen rund um soziale Unternehmensverantwortung, Sozialberichterstattung, gesellschaftliches Engagement von Unternehmen und Rückkopplung zu Politik und Bevölkerung. Das erste Rating für soziale Verantwortung wurde allerdings von der Delovaya kultura (Geschäftskultur, «Деловая культура») erstellt, welche sich an der Methodik und den internationalen Standards des britischen Instituts AccountAbility orientierte. Die führenden Unternehmen sind momentan: Norilsk Nikel (1), Lukoil (2), UES of Russia (3), Severstal (4) und Novolipetsk Steel (NLMK) (5).

Eine weitere Auszeichnung für russische Unternehmen im Bereich sozialen Unternehmensverantwortung ist die Ehrung als Corporate Donor of Russia («Корпоративный донор России»). Sie wird von der Zeitschrift Trud (Die Arbeit, Газета «Труд») jährlich vergeben, die mit einem eigenen Rating jedes Jahr die soziale Unternehmensverantwortung bewertet. Zusätzlich nominiert der National Corporate Governance Report jährlich die sozial aktivsten Unternehmen, stellt die innovativsten Praxisbeispiele zusammen und berät bei der Erarbeitung eigener CSR-Strategien. Andere nationale Auszeichnungen rund um die gesellschaftliche Legitimität der Unternehmen sind beispielsweise „Der beste Arbeitgeber", den 2009 unter anderem Sitronics gewann, oder „Leader in Environmental Activity in Russia", den 2010 das Unternehmen Koks für sich entscheiden konnte. Zusätzlich gibt es die vom Ministerium für Gesundheit und soziale Entwicklung verliehene nationale Auszeichnung für die Organisation mit der höchsten „sozialen Effektivität" (Российская организация высокой социальной эффективности), welche unter anderem die Fiabank verliehen bekam. Auf regionaler Ebene werden jährlich die Wohltäter einer Stadt oder Gemeinde gesondert ausgezeichnet («Благотворитель года»). Damit wird zum einen die Kontrolle über wirtschaftliche Aktivitäten hergestellt, zum anderen fordern diese Wettbewerbe, Ausschreibungen und Preise auch einen Konsens darüber, was ein legitimes Unternehmen ist, was es zu leisten hat und wie die Interaktion mit der Gemeinschaft dialogorientiert gestaltet werden kann.

4.6.5.2 NGO CSR – Russian Centre

Die NGO CSR – Russian Centre (Корпоративная социальная ответственность – Русский Центр), von Alexey Kostin geleitet, ringt um eine effektive Einführung der internationalen Standards für Nachhaltigkeit und Corporate Social Responsibility in Russland. Sie arbeitet an Konsolidierungsprozessen und Sozialpartnerschaften, um die russische Wirtschaft, Politik und Gesellschaft für diese Standards und die Themen an sich zu sensibilisieren und eine neue Qualität in den Partnerschaften zu erzeugen. Dabei setzt sie auf dialogorientierte Formate, sieht sich als Think Tank für die Entwicklung einer nachhaltigen russischen Gesellschaft und bietet Trainings und Lehrveranstaltungen zu diesen Themen an. Außerdem ist das Center um einen Brückenschlag zwischen West und Ost bemüht und möchte durch Öffentlichkeitsarbeit die russischen CSR-Prozesse in Westeuropa sowie die internationalen CSR-Aktivitäten in Russland sichtbar machen.

4.6.5.3 Zentrum für Wirtschaftsethik und Unternehmensführung

Beim Zentrum für Wirtschaftsethik und Unternehmensführung (Центр деловой этики и корпоративного управления (ЦДЭиКУ)) handelt es sich um eine 1998 in St. Petersburg gegründete Nichtregierungsorganisation, die für Manager und Unternehmer Seminare und Veranstaltungen zum Thema Wirtschaftsethik und Unternehmensführung anbietet. Des Weiteren erarbeitet sie Verhaltenskodizes, rechtliche Rahmenbedingungen und Praktiken gesellschaftlicher Legitimierung von Unternehmen. Sie wurde mit Unterstützung der US-amerikanischen Firma Sovereign Ventures, Inc. und des Fonds Eurasia gegründet, die in Zusammenarbeit mit regionalen russischen Unternehmen eine Deklaration zu gewissenhaften Geschäftspraktiken in St. Petersburg («Декларация ведения добросовестной деловой практики в Санкт-Петербурге»)[31] aufsetzten. Das Zentrum für Wirtschaftsethik und Unternehmensführung ist seinerseits eine US-amerikanische Initiative, die im Jahr 2000 gegründet wurde. Sie hat sich zum Ziel gesetzt, eine auf Marktprinzipien aufgebaute Wirtschaft in Russland voranzutreiben, welche diejenigen Unternehmen belohnt, welche die besten ethischen und rechtlichen Umsetzungen in der Geschäftspraxis aufweisen. Sie führt auch eine Reihe von Veranstaltungen und Veröffentlichungen über das eigene Engagement durch, ist in der russischen Wirtschaftswelt aber längst nicht so wirkungsmächtig wie die vorher genannten Initiativen. Dies gilt auch für eine Reihe anderer Deklarationen und Selbstverpflichtungen ausländischer Handelskammern. Zwar werden sie von internationalen Unternehmen rege gebraucht, jedoch erweist es sich als schwierig, russische Partner dafür zu gewinnen[32].

4.7 Obščina – autonome Geschäftsethik der Unternehmen?

Die Geschäftsethik beschreibt die Rolle des Unternehmens innerhalb formaler und informaler Institutionen für gesellschaftliche Interessen und Erwartungen. Sie umfasst Werte, Normen und Regeln, die aus den Bedürfnissen des Unternehmens, seiner Mitarbeiter sowie der sie umgebenden Gesellschaft resultieren, und ist motiviert durch den sozialen Konsens auf der Basis legitimer Erwartungen hinsichtlich der Rolle und der Beiträge aller wesentlichen gesellschaftlichen

31 http://www.cfbe.ru/declaration.htm.

32 Vgl. dazu: http://russland.ahk.de/ru/kompanii-chleny/komitety/praktika-biznesa/partnerstvo-protiv-korrupcii/.

Gruppen zu einem lebenswerten Zusammenleben und Wirtschaften. Im Folgenden liegt das Augenmerk auf denjenigen russischen Unternehmen, die sich überhaupt mit dem Thema interne und externe Legitimität befassen und ihre Aktivitäten in irgendeiner Form öffentlich kommunizieren, denn nur so lässt sich überhaupt über gelebte Unternehmensethik forschen. Das bedeutet im Wesentlichen die Berücksichtigung von Unternehmen mit einem Umsatz ab einer Milliarde US-Dollar jährlich und schließt damit Klein- und Kleinstunternehmen sowie den Mittelstand in Russland aus. Da sich nur ein geringer Teil der staatlichen Unternehmen öffentlich mit dem Thema gesellschaftlicher Legitimität auseinandersetzt, bleibt auch hier der Großteil der Unternehmen außen vor. Aus dem Kreis der Finanz-Holdings wie Alfa Group, Basic Element und Renova Group of Companies sind lediglich ausgewählte Unternehmen mit aufgeführt. Des Weiteren schließt die folgende Betrachtung alle Tochterfirmen internationaler Konzerne aus. Berücksichtigt werden Unternehmen, die in Russland gegründet wurden, ihren Hauptsitz in Russland haben, mehrheitlich von russischen Anteilseignern kontrolliert werden, ihr Hauptgeschäft in Russland tätigen und deren Management mehrheitlich aus russisches Staatsbürgern besteht. Indem die Auswahl hier transparent gemacht wird, sollen gleichzeitig Unternehmen ausgeschlossen werden, bei denen das unternehmensethische Denken und Verhalten auf anderen, nicht russischen (oder nicht im Wesentlichen russischen) Quellen beruht oder beruhen könnte.

4.7.1 Rezeption von Ethikstandards in russischen Unternehmen

Die starke Einbindung des Unternehmens in den politischen und gesellschaftlichen Kontext einer Region sowie die historisch bedingte starke Fokussierung auf die wirtschaftliche Gemeinde und das gemeinsame Wirtschaften spiegeln sich auch in Standards und CSR-Politiken der russischen Unternehmen wider. Empirische Befunde belegen, dass die Hauptaufgabe der Unternehmenskultur in der Aufrechterhaltung und Stabilisierung der sozialen Sicherung besteht. Zudem ist der überwiegende Teil der Arbeiter und Angestellten der Meinung, dass ein Unternehmen dazu da ist, die Produktivität zu erhöhen, damit ein stabiles Arbeitsverhältnis garantiert ist und gute Löhne bezahlt werden können. Die Profitmaximierung ist lediglich das Mittel, um diese Ziele zu erreichen, nicht aber Selbstzweck, der begründen könnte, warum Unternehmen überhaupt existieren (Clarke, 2004). Und das spiegelt sich auch in der Art und Weise der Legitimierung ökonomischer Aktivitäten sowie im unternehmerischen gesellschaftlichen Engagement wider.

4.7.1.1 Unternehmerische Berichterstattung

Die großen börsennotierten Unternehmen haben mittlerweile mehrheitlich Jahres- und Geschäftsberichte online gestellt und kommen damit formal internationalen Standards der Berichterstattung und Transparenz nach. Manche Unternehmen haben eigene CSR-Abteilungen (Norilsk Nikel), bei den meisten ist die unternehmerische soziale Verantwortung jedoch Teil der Öffentlichkeitsarbeit. Die CSR-Berichterstattung hat sich im Zusammenhang der globalen Entwicklungen herausgebildet. Sie erreicht jedoch bis heute nicht alle Bereiche der russischen Volkswirtschaft, vor allem kleine und mittelständische Unternehmen sind wenig in den Prozess eingebunden. Insgesamt variiert die Berichterstattung sehr stark, was a) von den Branchen, b) der Region, in denen das Unternehmen tätig ist, sowie c) von der Größe des Unternehmens abhängt.

Wie kann ein Unternehmen darauf einwirken, dass der richtige Adressat die richtige Information erhält? Da viele russische Unternehmen auf verschiedenen Kommunikationskanälen vertreten sind, ist die Frage nach der richtigen Information für den richtigen Adressaten für sie ausgesprochen wichtig und wird allem Anschein nach auch sehr ernst genommen. Die Bandbreite der Kommunikation und damit auch das Spektrum der Ansprechpartner sowie die Art und Weise der Informationsvermittlung und damit verbunden auch der Gehalt der Informationen reicht von Social-Media-Präsenz, diversen unternehmenseigenen Diskussionsplattformen, die fachspezifisch, aber auch betriebsspezifisch sind, über das Intranet, unternehmenseigene Blogs, Unternehmenszeitungen, gedruckt und im Internet öffentlich zugänglich, Internet-Telekanäle und Betriebsradio bis hin zu Messebeteiligungen, regionalen Aktionen, Ständen und Werbung für das Unternehmen wie auch für das gesellschaftliche Engagement. Doch auch hier sind die Aktivitäten der Unternehmen ausgesprochen heterogen, manche bemühen beinahe alle Kanäle, andere beschränken sich auf die Mitarbeiterzeitung, die ihrerseits eine gewisse Tradition in der sowjetischen Betriebsführung und -kommunikation hat. Insgesamt gibt es unter den russischen Unternehmen weder eine nachhaltige noch konsistente Berichterstattung. Die Dokumentation fällt bescheiden aus, die Öffentlichkeit unternehmerischer Aktivitäten ist selten überregional.

Wird in den Berichten über Schwachstellen gesprochen, das heißt, sind die Dokumente glaubwürdig und findet eine differenzierte Kommunikation der Unternehmen statt? Der Bericht des staatlichen Ölkonzerns RosNeft von 2010[33] beispielsweise legt die genauen Zahlen und Statistiken zu den Betriebsunfällen vor und unterscheidet, wie sich die Zahlen zu den Vorjahren verhalten, welche

33 http://www.rosneft.ru/attach/0/02/68/RN_SR_2010_WEB.pdf.

Unfälle tödlich waren, welche mit leichten und schweren Verletzungen sowie Arbeitsunfähigkeit endeten. Gleichzeitig veröffentlicht das Unternehmen auch die Audits von Ernest & Young, welche die Qualität des CSR-Reports prüfen und zu dem Schluss kommen, dass das Reporting noch nicht den internationalen Normen und Standards entspricht, da die sozialen und ökologischen Auswirkungen sowie der Einfluss des gesellschaftlichen Engagements zu wenig im Unternehmen gemessen werden und daher auch zu wenig über sie berichtet wird. Es stehen lediglich die eingesetzten Mittel im Vordergrund. Diese Form der Offenlegung und Diskussion über die nichtökonomischen Resultate des Unternehmens ist zwar bisher eher die Ausnahme in Russland. Doch das Unternehmen steht immer wieder wegen der engen Verflechtungen seiner Führung mit der Politik unter Druck[34], was wiederum das Augenmerkt der interessierten Öffentlichkeit auf das Unternehmen lenkt.

Soziale und ökonomische Berichterstattung sagt also nicht alles über die tatsächliche Geschäftsethik oder den Grad der ordnungspolitischen Mitverantwortung sowie den gesamtgesellschaftlichen Dialog über legitimes Wirtschaften und das gute und gerechte Zusammenleben aus. Dennoch gibt es herausstechende Beispiele: So hat der staatliche Atomkonzern Rosatom die Gehälter seiner gesamten Führungsspitze offengelegt. Darüber hinaus informiert er über das zusätzliche Vermögen der Manager (u. a. Häuser, Grundstücke) sowie über das Eigentum der nächsten Familienangehörigen (u. a. Wohneigentum der Gattinnen, der Kinder). Rosatom versucht damit in erster Linie den Kampf gegen Korruption, Betrug und Diebstahl im eigenen Unternehmen erfolgreich zu führen und hat für diese drei Herausforderungen auch eigene Programme aufgelegt.

4.7.1.2 Ethikkodexe

Große, im internationalen Geschäft tätige Unternehmen haben nach und nach einen Code of Business Ethics oder Code of Corporate Conduct in ihrem Unternehmen eingeführt, der bindende Geschäftsgrundsätze und -praktiken klärt. Das soll jedoch nicht heißen, dass Unternehmen, die kein eigenes Dokument zu ihren Geschäftsgrundsätzen erstellt haben, damit auch automatisch nicht nach zwingenden Regeln arbeiten. Die Fabrik Chelyabinsk Pipe Rolling Plant (Группа ЧТПЗ) hat beispielsweise keine eigenen Richtlinien gegenüber der Gesellschaft veröffentlicht. Dennoch ist eine bindende Arbeitsweise auf dem Gelände der 2010 neu in Betrieb genommenen Zeche 3 (Höhe 239, «Высота 239») vorgese-

34 Vgl.: Nemtsov, B. (2011): Putin. Korruption; auf Russisch: http://www.putin-itogi.ru/f/Putin-i-korruptsiya-doklad.pdf ; auf Englisch: http://larussophobe.wordpress.com/2011/04/03/special-extra-the-nemtsov-white-paper-part-v-putin-the-thief/.

hen: Ingenieure und Techniker arbeiten alle in weißen Uniformen, Arbeiter in der Produktion tragen rote Uniformen. Von den Mitarbeitern in weißen Uniformen, die aufgrund ihrer Tätigkeiten im Unternehmen und ihrer Führungsverantwortung ein höheres Gehalt ausgezahlt bekommen, wird ein einwandfreier Lebenslauf erwartet. Es wird außerdem erwartet, dass sie weder rauchen noch Alkohol trinken und einen auf Harmonie bedachten Charakter haben. Darüber hinaus ist es verboten, auf dem Betriebsgelände private Mobiltelefone eingeschaltet zu haben; ebenso ist das Rauchen und Trinken am Arbeitsplatz verboten. Geprüft wird der eventuelle Alkoholkonsum mit Testgeräten vor Ort[35]. Das ist ein Beispiel für ein sehr moralisierendes Unternehmen mit strikten Geschäfts- und Arbeitsgrundsätzen, die gleichzeitig einen erzieherischen Charakter haben – ein Arbeits- und Unternehmensethos, wie es ihn bereits im ausgehenden 19. Jahrhundert gab. Die soziale Kontrolle in der wirtschaftlichen Gemeinschaft ist ausgesprochen hoch und soll gleichzeitig die Mitarbeiter zu einer Einheit zusammenschweißen.

4.7.1.3 Sozialleistungen des Unternehmens

Die Sozialleistungen russischer Großunternehmen sind im Wesentlichen Relikte des Betriebsverfassungsgesetzes aus sowjetischen Zeiten. Dazu gehört traditionell der Tarifvertrag, der von den Gewerkschaften mit der Unternehmensleitung ausgehandelt wird und neben der Lohnfestsetzung auch ein „Sozialpaket" schnürt. Betriebsrentenkassen, freiwillige Zusatzkranken- und Unfallversicherungen, die über das Unternehmen abgeschlossen werden können, bilden ein ganz wesentliches Element dieses Pakets. Darüber hinaus sind der kommunale Wohnungsbau, die (zum Teil zinslose) Kreditvergabe für Eigenheime der Arbeiter sowie betriebseigene Wohnungen, die den Mitarbeitern zur Verfügung gestellt werden, elementar. Das betrifft in erste Linie Monostädte sowie die Städte im Hohen Norden. Die Betreuung der Kinder in betriebseigenen Kindergärten, die Erholung der Kinder in eigenen Sanatorien und Ferienlagern, die Verpflegung der Mitarbeiter in den Betrieben gehören ebenfalls dazu.

Ein weiteres Element des Sozialpakets ist die medizinische Versorgung von Angestellten und Mitarbeitern in eigenen medizinischen Einrichtungen auf dem Betriebsgelände, in Kreiskrankenhäusern, Reha-Kliniken und Sanatorien. Oft schließt diese medizinische Versorgung auch die Familienmitglieder und engen Angehörigen der Mitarbeiter ein. Das Sozialpaket umfasst des Weiteren traditi-

---

35 Ведомости (11.06.2010), Фабрика белых людей, 106 (2624): http://www.vedo mosti.ru/newspaper/article/2010/ 06/ 11/ 237190.

onell Extrazahlungen im Falle einer Heirat, bei Familiengründungen und der Geburt von Kindern sowie beim Ableben der Verwandten und Ausgleichszahlungen bei Betriebs- und Arbeitsunfällen bis hin zu landesweiten Schul- und Studienstipendien für Kinder von am Arbeitsplatz Verunglückten. Da es in Russland kein duales Ausbildungssystem wie in Deutschland gibt, ist die Ausbildung von Facharbeitern in eigenen Ausbildungszentren, Universitäten oder in Kooperation mit staatlichen Schulen und Hochschulen von zentraler Bedeutung. Neu ist die Einführung von schul- und studienbegleitenden Praktika in russischen Unternehmen, zu denen sich interessierte Schüler und Studenten bewerben können. Nachwuchsführungskräfte werden darüber hinaus auf Firmenkosten beziehungsweise mit der Unterstützung des Unternehmens immer häufiger zu Aufbaustudiengängen oder zum MBA nach Moskau, St. Petersburg oder ins Ausland entsandt.

Die Motivation der Mitarbeiter basiert heutzutage zwar im Wesentlichen auf einer leistungsorientierten Vergütung des Personals. Dennoch werden gesetzliche Feiertage, Betriebsfeste und Berufsfeiertage wie etwa der Tag des Lehrers, der Tag des Metallurgen oder der Tag des Arztes weiterhin gemeinsam begangen, stellen einen Teil des sozialen Lebens in der wirtschaftlichen Gemeinschaft dar und binden das Personal an das Unternehmen. Mitarbeiterehrungen in Form von Auszeichnungen, Ehrentiteln sowie einmaligen Extrazahlungen oder zusätzlichen Urlaubstage sind nach wie vor üblich. Neu hingegen ist die Ehrung der sogenannten Mitarbeiterdynastien, der Familien, die schon in der dritten oder vierten Generation für ein und dasselbe Unternehmen arbeiten. Neu ist auch das Foto-Shooting der Angestellten und Mitarbeiter von namenhaften Künstlern. Da wird zum einen die Arbeit des Unternehmens präsentiert, es erfolgt eine Künstlerförderung, da die Bilder nicht nur auf der Website des Unternehmens ausgestellt, sondern in eigenen Galerien und Katalogen zu sehen sind, und es findet eine Wertschätzung der Arbeiter und deren Tätigkeit an sich statt. Der soziale Zusammenhalt wird darüber hinaus von unternehmenseigenen Sportclubs in den unterschiedlichsten Kategorien hergestellt, über eigene Theaterensembles, Betriebsorchester, Frauenvereine und Jugendorganisationen.

Die Einschätzungen dieser Sozialleistungen gehen weit auseinander: Die einen bemängeln, dass ein rigeroser Abbau festzustellen ist, die medizinische Versorgung nur gegen zusätzliche Bezahlung erfolgt, Kindergärten und Schulen aufgrund des demographischen Wandels schließen, die Kreditvergabe für den Wohnungsbau nur formal unter gleichen Bedingungen stattfindet und nur ein Bruchteil der Mitarbeiter über zusätzliche Sport-, Kultur- und Freizeitangebote erreicht werden. Die anderen schätzen die Aus- und Weiterbildung in den Betrieben, von der praxisnahen Fachkräfteausbildung bis hin zu den internationalen Aufbaustudiengängen für die mittlere und höhere Leitungsebene sowie das insgesamt gute Verhältnis der Unternehmensführung und der Angestellten dadurch, dass die Forderungen der Mitarbeiter erfüllt und für die soziale Absicherung der Angestellten in Form von zusätzlichen Versicherungen und Beihilfen bei privaten Veränderungen gesorgt ist[36].

4.7.1.4 Investitionen in die soziale und kommunale Infrastruktur

Investitionen in die kommunale Sozial- und Infrastruktur, etwa der Unterhalt von Krankenhäusern und der Wohnungsbau, wurden bereits angesprochen. Darüber hinaus finanziert Norilsk Nikel beispielsweise aber auch den Ausbau des Flughafens der Stadt Norilsk, andere Unternehmen investieren in den öffentlichen Nahverkehr sowie den Straßenbau. Sie beteiligen sich an Stadtprojekten wie der Erneuerung von Grünflächen, der Restauration von Kirchen und Kulturdenkmälern, sie unterhalten Sportanlagen und kulturelle Begegnungsstätten, Theater, Opern, Kinos und Festspielhäuser und sogar Hotels. Sie finanzieren außerdem lokale und regionale Sportclubs, Kulturensembles, unterstützen zahlreiche lokale und regionale Aktivitäten wie beispielsweise Stadtfeste, Festivals oder Festspiele nationaler Minderheiten und der indigenen Bevölkerung. Im Bereich der Kinderfürsorge, der Bildung, der Kultur sowie des Sports unterstützen sie Kinderheime, Kinderkrankenhäuser und Schulen mit finanziellen und Sachspenden. Ein zentrales Anliegen der Unternehmen ist beinahe ausnahmslos die Unterstützung von Kriegsveteranen, Arbeits- und Kriegsinvaliden sowie Helden der Arbeit mit finanziellen und/oder Sachspenden. Dies sind Beispiele für betriebliches Engagement, die aus der sowjetischen betrieblichen Sozialplanung übrig geblieben sind. Sie sind bei den Großunternehmen des Landes, in Monostädten und in den produzierenden Industriebetrieben zu finden.

4.7.1.5 Unternehmensstiftungen

Darüber hinaus gibt es eine Reihe von neu gegründeten Unternehmensstiftungen. Zum Teil erfüllen sie Aufgaben der oben bereits erwähnten betrieblichen Sozialleistungen oder übernehmen die vormals vom Unternehmen getragenen Investitionen in die Kommunal- und Sozialinfrastruktur; zum Teil haben sich mit ihnen aber auch eigene Projekte und Aktivitäten entwickelt. Eine der größten Unternehmensstiftungen und die größte im Ural ist die Sinara Foundation (благотворительный фонд «Синара»), gegründet von der Sinara Group, der mittlerweile unterschiedliche produzierende Unternehmen der Stahlindustrie

36 Unter Verwendung von Datenmaterial der Deutsch-Russischen Gespräche Baden-Baden.

sowie eine Regionalbank angehören. Diese Stiftung kümmert sich in erster Linie um die soziale Infrastruktur im Ural, um die Gesundheitsfürsorge und die ökologische Nachhaltigkeit in der Region, um Bildungsprojekte und -programme für Kinder und Jugendliche sowie um Wohltätigkeit und die Unterstützung regionaler Nichtregierungsorganisationen und zivilgesellschaftlicher Initiativen. Das Gleiche tut die Regionalstiftung des sibirischen Kohleunternehmens SUEK (фонд социально-экономической поддержки регионов «СУЭК – Регионам») sowie die nicht kommerzielle Organisation Center for Social Programmes des Aluminiumunternehmens Rusal (Центр социальных программ РУСАЛа), die besonders die Zusammenarbeit mit der regionalen Verwaltung zum Zwecke der sozio-ökonomischen Stabilisierung der Regionen, in denen das Unternehmen tätig ist, betonen. Hier erfolgt die Auslagerung der Investitionen in soziale und kommunale Infrastruktur aus dem Unternehmen in die Unternehmensstiftung.

Regionale Unternehmensstiftungen unterhält auch Evraz, einmal für den Ural und einmal für Sibirien («Благотворительный фонд Евраза - Сибирь»; «Благотворительный фонд Евраза - Урал»), um gesellschaftliche Herausforderungen zu bewältigen. Im Vordergrund stehen dabei die Jugendarbeit, die Bildung und die Beteiligung an regionalen gesellschaftlichen und Bürgerinitiativen im Bereich Umwelt- und Ressourcenschutz. Das Aufgabenspektrum bleibt allerdings gleich. Ähnliches Engagement legt auch die Unternehmensstiftung des größten privaten Ölkonzerns Russlands, Lukoil (благотворительный фонд «Лукойл»), an den Tag: Gesundheitsförderung inklusive Sport und eine gesunde Lebensweise, Bildung, Bewahrung des regionalen kulturellen Erbes, Sozialhilfe sowie Unterstützung der örtlichen Bevölkerung sind hier die Themenfelder. Der Stahlproduzent Novolipetsk Steel unterstützt mit seiner Unternehmensstiftung Miloserdie (благотворительный фонд НЛМК «Милосердие») den Kinder- und Jugendsport, Kultur und Kunst sowie die Gesundheitsförderung. Eine gleichnamige Stiftung gründete 1999 auch das Unternehmen Tatneft. Ihr Ziel ist ebenfalls die Unterstützung im Bereich Erziehung, Bildung und Wissenschaft, Kultur und Sport, Gesundheitsförderung sowie die soziale Hilfe für Bedürftige.

Severstal widmet seine Unternehmensstiftung Blago (корпоративный благотворительный фонд «Благо») der sozialen Absicherung seiner Pensionäre, während das Unternehmen Dalsvayz einen Sozialfond (фонд оказания благотворительной материальной помощи) für seine Mitarbeiter gegründet hat, der einspringt, wenn sie unerwartet in kritische Situationen geraten sind, beispielsweise kostenintensive Operationen benötigen oder nach Natur- und anderen Katastrophen Wohneigentum wieder errichten wollen. Neben finanzieller Unterstützung und Sachspenden erhalten sie auch medizinische Betreuung und Pflege.

Mit ihrer Stiftung Uralsib (благотворительный фонд «Уралсиб») möchte die gleichnamige Finanzholding ganz konkret Kindern in schwierigen Lebenslagen helfen und damit das staatliche föderale Programm Deti Rossii (Kinder Russlands, «Дети России») unterstützen. Des Weiteren legt die Stiftung ein eigenes Gesundheitsprogramm und ein Programm für den kommunalen Wohnungsbau auf. Die Unternehmensstiftung Renova der Renova Group of Companies (корпоративный благотворительный фонд «Ренова») unterstützt über die staatlichen und regionalen Initiativen zur Förderung der sozialen Infrastruktur hinaus auch die Eigeninitiative und das Volunteering von Mitarbeitern, die für die Umsetzung eigener Projekte Mittel und Förderungen der Stiftung erhalten können. Außerdem unternimmt die Stiftung Anstrengungen, auch die Geschäftspartner der Renova-Unternehmen zu Wohltätigkeit und gemeinsamen Aktionen zu ermuntern. Die Unternehmensstiftung der Finanzholding Sistema (благотворительный фонд «Система») hingegen engagiert sich beinahe ausschließlich im Kunst- und Kulturbereich: bei der Digitalisierung sowie bei der Erarbeitung von IT-Lösungen zur Verbreitung und Veröffentlichung von Kunst- und Kulturschätzen Russlands, im Rahmen von virtuellen Rundgängen durch staatliche Museen sowie im Bereich der Künstlerförderung und des Sponsorings von Kulturstätten.

Dass das Stiftungsengagement nicht nur von politischen Notwendigkeiten sondern auch von den persönlichen Neigungen der Unternehmensführung abhängt, macht die Stiftung des staatlichen Konzern Russian Railways deutlich: Die Stiftung Transsojuz der russischen Eisenbahnen und ihrer Tochterunternehmen (благотворительный фонд «Транссоюз») unterstützt vornehmlich das geistliche Erbe des Landes, den Aufbau und die Restaurierung von Kirchen und Klöstern, engagiert sich aber auch im Bereich Bildung und Kultur. Im weiteren Verlauf der Arbeit wird es noch um private Philanthropen gehen, und dort wird beleuchtet, wie sich der Generaldirektor des Unternehmens ganz persönlich für den Erhalt und die Pflege des geistlich-kulturellen Vermächtnisses der russisch-orthodoxen Kirche einsetzt.

Das Medienunternehmen TMK entspricht mit seiner Stiftung eher westeuropäischen und nordamerikanischen Denkkategorien. Es hat seinen Fond dem sowjetischen Künstler Jurij Bašment gewidmet (Международный благотворительный фонд Юрия Башмета) und unterstützt junge Talente im Bereich Kunst, Kultur und Musik. Der 1996 von Mitarbeitern des Verlagshauses Kommersant gegründete Russian Assistance Fund (Российский фонд помощи) nutzt die Unternehmensressourcen auf gänzlich andere Weise und präsentiert sich als eine Plattform, mittels der individuell bedürftigen Kindern lebensnotwendige Operationen, Reha-Aufenthalte oder andere medizinische Unterstützungsleistungen durch Leser und Privatpersonen finanziert werden. Über die öffentlichen Kanäle und Medien erfolgen Spendenaufrufe, die, ebenso wie die eingehenden zweckgebundenen Spenden, von der Stiftung kanalisiert, strukturiert und veröffentlicht werden.

4.7.1.6 Mitarbeiterbeteiligungen

Yandex zeichnet sich darüber hinaus durch sein Geschäftsmodell und die Tatsache aus, dass Mitarbeiter des Unternehmens sowie ehemals Beschäftigte über circa 25 % der Aktienanteile von Yandex verfügen. Auch das Unternehmen Polyus Gold hat einigen Hundert seiner Mitarbeiter aus allen Bereichen des Betriebes Anteile verkauft. In immer mehr Unternehmen haben die Mitarbeiter darüber hinaus die Möglichkeit, Verbesserungsvorschläge einzureichen oder auch anonym Beschwerden zu äußern oder Verstöße gegen die Geschäftsethik zu melden. Volunteering-Programme und die Realisierung eigener sozialer und zivilgesellschaftlicher Projekte der Mitarbeiter erfahren von den Unternehmen mehr und mehr Unterstützung.

4.7.1.7 Integrierte Unternehmensverantwortung

Ein Beispiel für die Suche nach einem gemeinschaftlichen Konsens und die Übernahme ordnungspolitischer Mitverantwortung ist das gesellschaftliche Engagement des Unternehmens Rosvodokanal, verantwortlich für Wassergewinnung und (Trink-) Wasseraufbereitung. Das Unternehmen veranstaltet landesweite Journalisten-Wettbewerbe rund um das Thema Wasser, unterstützt ebenso landesweit Schülerwettbewerbe mit dem Programm „Wasserprojekte“ und sensibilisiert durch diese und andere spezielle Bildungsprogramme, Aktionen und interaktives Lernen Kinder für die Themen Wasser, Ressourcenschutz, ökologische Nachhaltigkeit und soziale Verantwortung. Ressourcenschutz spielt auch in der Zusammenarbeit mit privaten Haushalten eine Rolle, über Massenmedien, das Internet und regionale Aktivitäten soll das ökologische und ressourcenschonende Gewissen der Gesellschaft geweckt werden. Da Wasser in Russland nach wie vor als ein öffentliches Gut betrachtet wird, ist es dementsprechend nicht teuer. Sein Wert wird in der Gesellschaft darum auch nicht in dem Maße erkannt, wie es eigentlich nötig wäre. Auf internationaler Ebene arbeitet Rosvodokanal mit der Europäischen Bank für Wiederaufbau und Entwicklung (EBRD) sowie mit der International Finance Corporation für die Förderung einer ökologischen Politik, von Umweltschutz und Nachhaltigkeit zusammen. Hier kommen die ordnungspolitische Mitverantwortung des Unternehmens sowie der gesamtgesellschaftliche Diskurs über eine relevante gesellschaftliche Herausforderung zum Tragen. Offen bleibt allerdings die Frage, wie die betriebsinterne Konsensbildung erfolgte und wer an der Erarbeitung dieser unternehmensethischen Grundsätze und Aktivitäten beteiligt war.

Ein anderes Beispiel ist die University of Personal Finance der Ursa Bank. Sie lehrt potentiellen Kunden aller Altersklassen, also auch Schülern und Studenten, den Umgang mit Geld und Krediten sowie das verantwortungsvolle Wirtschaften für den privaten Lebensunterhalt. Darüber hinaus bietet sie auch Kurse und Lehrgänge über den Umgang mit Finanzdienstleistungen an, darüber, wie man gegen Verschuldung angehen und wie der Aufbau gegenseitigen Vertrauens zwischen dem Kunden und der Bank hergestellt werden kann.

4.8 Leistungen der russischen Unternehmensethik

Die angeführten Beispiele zeigen, wie extrem heterogen die interne und externe Legitimierung ökonomischer Aktivitäten ist und wie sehr sie sich in Anbetracht der Größe, der geografischen Lage und Tätigkeit sowie der Eigentumsstrukturen und der internationalen Ausrichtung des Unternehmens unterscheidet. Auffällig ist, dass eine Messung des Einflusses von sozialen Investitionen (Knox/Maklan, 2004) kaum stattfindet. Ebenso gibt es im Bereich Finanzierungsmodelle für soziale Investitionen kaum Innovationen. Deutlich wird bei den vielen genannten Beispielen außerdem, dass die Unternehmen auf der einen Seite ausländische Konzepte übernehmen, zugleich aber an eigenen Traditionen festhalten und teilweise ganz eigene Wege in der gelebten Wirtschaftsethik gehen. Die Suche nach dem dritten Weg ist noch lange nicht abgeschlossen, man fokussiert sich aber auch nicht ausschließlich auf die Erfahrungen im internationalen Umfeld. Besonders deutlich wird das beim Thema Diversity, was bis heute kaum eine Rolle in den russischen Unternehmen spielt. So finden zum Beispiel folgende Themen in der Sozialpolitik der Unternehmen beinahe gar keine Beachtung:

- Gleichstellung von Behinderten durch das Unternehmen
- Schutz ethnischer Minderheiten durch das Unternehmen
- Schutz religiöser Minderheiten durch das Unternehmen
- Gleichstellung ethnischer und nationaler Minderheiten am Arbeitsplatz
- Gleichstellung von Mann und Frau am Arbeitsplatz
- Gleichstellung von Homosexuellen am Arbeitsplatz

Auch die Themen Jugendkriminalität, Alkohol- und Drogenkonsum sowie AIDS sind als gesamtgesellschaftliche Herausforderungen eher Randgebiete, mit denen sich russische Unternehmen bis heute kaum befassen.

Dennoch bemühen sich beispielsweise Sistema, TransAero, Sakhalin Energy und Alcoa um eine Weiterentwicklung ihrer sozialen Investitionen, angefangen mit Ratings zur Messung des Effekts ihrer sozialen Investitionen sowie zur Messung der Effektivität des sozialen Engagements und der Dialogförderung mit den eigenen Mitarbeitern, den Aktionären, der Politik und den Medien. Diese Maßnahmen dienen erneut der gemeinschaftlichen Konsensbildung, der Erhöhung der Legitimität des Wirtschaftens. Daraus ergibt sich aber auch konsequenterweise, dass Unternehmen in hohem Maße der gesellschaftlichen Kontrolle ausgesetzt sind. RosNeft bemüht sich um die Messung des Effekts seiner sozialen Investitionen, indem das Unternehmen die eingesetzten Ressourcen für Studienpraktika, Stipendien, Internetbildungsplattformen, gezielte Jugendpolitik sowie Aus- und Weiterbildung des Personals im Rahmen der RosNeft-Klassy («Роснефть-классы») mit den Neuanstellungen und Übernahmen der Studenten und Facharbeiter aus den vom Unternehmen initiierten Bildungsprogrammen ins Verhältnis setzt. Dadurch wird versucht offenzulegen, welchen Einfluss das gesellschaftliche Engagement des Unternehmens auf die betrieblichen beziehungsweise internen Leistungen hat.

Das Unternehmen Rusal legt seine Investitionen in die medizinische Betreuung der Mitarbeiter sowie die einzelnen Projekte der Prävention, Behandlung und Rehabilitation offen. Dieses soziale Engagement setzt das Unternehmen dann ins Verhältnis zu den Zahlen der Arbeitsunfälle durch menschliches Versagen, Krankschreibungen und Todesfälle und benutzt dazu das Verfahren LTAFR (Lost Time Accident Frequency Rate). Rusal kommt zu dem Schluss, dass durch die Maßnahmen in der medizinischen Betreuung und Versorgung ein Rückgang der Krankheiten am Arbeitsplatz sowie ein Rückgang der Personalausfälle zu verzeichnen ist.

4.8.1 Sponsoring als soziales Mäntelchen?

Das gilt auch für Unternehmensaktivitäten im Bereich des Sponsorings. In der Vergangenheit war das staatliche Unternehmen Transneft in dieser Hinsicht Mittelpunkt der Auseinandersetzung, weil es unter der Flagge des Sponsorings und der Charity die russische Regierung aktiv unterstützte. Konkret handelt es sich dabei um die Restaurierung des Konstantin-Palast[37] durch das Unternehmen. Das Sponsoring von Kulturgütern wird in diesem Zusammenhang kritisch beleuchtet, da es sich beim Konstantin-Palast um die Residenz des Präsidenten der Russischen Föderation in St. Petersburg handelt. Die unternehmenseigene Stif-

37 Государственный комплекс Дворец Конгрессов: http://www.konstantinpalace.ru/.

tung, welche dieses Vorhaben finanziert, unterstützt außerdem einen staatlichen Fond für technologiegetriebene Start-ups[38], der 1994 von der russischen Regierung als einer von drei Wissenschaftsfonds aufgelegt wurde und zu 1,5 % vom föderalen Budget für Wissenschaft finanziert wird, sowie einen Fond für die Mitarbeiter und Veteranen des nationalen Sicherheitsdienstes, die für den Schutz und die Sicherheit der politischen Führungspersönlichkeiten Russlands[39] arbeiteten.

Gleichzeitig setzt das Unternehmen jedoch enorme Ressourcen für den Umweltschutz und die eigene Betriebssicherheit ein. Wesentlich sind dabei der Schutz vor Bränden, die Weiterentwicklung von Feuerlöschgeräten sowie die Sensibilisierung und Ausbildung des Personals in Brandschutz und -prävention. Für die professionelle Waldbrandbekämpfung sind rund ein Viertel der betriebseigenen ausgebildeten Kräfte landesweit als freiwillige Helfer im Einsatz. So auch bei den Wald- und Torfbränden 2010, wo das Unternehmen gemeinsam mit dem Ministerium für Katastrophenschutz, eigenen Tochtergesellschaften und den regionalen Verwaltungen bei der Eindämmung und dem Löschen der Flächenbrände seine Ressourcen, sein geschultes und geübtes Personal sowie sein Know-how einsetzte. Hier zeigt sich einerseits die Unterstützung der russischen Regierung und des Katastrophenschutzes, andererseits aber auch gesellschaftliches Engagement eines Unternehmens, welches im Falle eine Krise mit seinen eigenen Mitteln und Wegen versucht, eine gesamtgesellschaftliche Bedrohung abzuwenden.

In Russland gibt es eine Reihe solcher Beispiele und es wird wohl in vielen Fällen eine Frage der Auslegung sein, wie man die Legitimität der Unternehmen bewertet, was Schmiergelder und Transferzahlungen sind und wo die Grenze zwischen lauteren und unlauteren Mitteln des Wettbewerbs verläuft. Wird das Unternehmen allerdings als eine wirtschaftliche Gemeinschaft definiert, die dem Wohle der Gesamtheit verpflichtet ist, muss sich aus den unterschiedlichen sozialen und gesellschaftlichen Initiativen des gegebenen Beispiels Transneft kein Konflikt ergeben – zumindest so lange nicht, wie dieses Engagement sowie die wirtschaftlichen Aktivitäten im gesellschaftlichen Diskurs ausgehandelt wurden und von allen Seiten, und nicht nur der des Staates, kontrolliert, aber auch in Anspruch genommen werden können.

---

38 Фонд Содействия Развитию - Фонд содействия развитию МП НТС: http://www.fasie.ru/.

39 Фонд по содействию сотрудникам и ветеранам Федеральной службы охраны «Кремль-9»; Федеральная служба охраны Российской Федерации (ФСО России): http://fso.gov.ru/.

4.8.2 Shareholder-Konflikte

Dass dieser Dialog nicht stattfindet und Unternehmensentscheidungen nicht in jedem Falle einvernehmlich mit allen Anspruchsgruppen ausgehandelt werden, dass die ökonomische Autonomie der Wirtschaftsorganisationen eingeschränkt ist, belegt der unten in Auszügen wiedergegebene Artikel „Transneft Says Higher Dividends Would Deprive Orphans, Sick“. Die Assoziation zum Schutz der Investorenrechte (Ассоциация по защите прав инвесторов (АПИ))[40] wartet regelmäßig mit Artikeln und Analysen zu einzelnen Unternehmen auf und dokumentiert, wie Entscheidungspraktiken in russischen Unternehmen weder den geltenden russischen Gesetzen und Regeln noch der unternehmenseigenen Geschäftsethik oder einem deliberativen Aushandlungsprozess innerhalb der Gesellschaft entsprechen:

40 http://www.corp-gov.ru/association/.

Transneft, Russia's monopoly pipeline operator, says paying more dividends would curtail aid to orphans and other charity work.
Higher dividends would reduce money destined for "the sick, supporting sport, renovating churches and monasteries," *Moscow-based Transneft said in a document dated March 16 and filed as part of the company's appeal against a ruling requiring it to release board minutes.*
Transneft made 3.2 billion rubles ($112 million) of charitable contributions in 2009, 7.8 times more than the dividends it paid to private investors, according to the company's financial reports. That spurred preferred shareholders such as Prosperity Capital Management Ltd. and East Capital to demand more information as they seek a larger slice of profit.

"It's a nice piece of Soviet propaganda," said Alexander Branis, chief investment officer at Stockholm-based Prosperity, which manages about $5.6 billion of assets. "But its charter says the company's main aim is to make money for its shareholders, not raise money for worthy causes."

"I understand the desire of all shareholders to get more dividends," Igor Dyomin, a Transneft spokesman, said in an April 15 phone interview. **"I don't know if holders of preferred stock will get major dividends if we stop helping orphaned or sick children."**

"One of the flagship Russian state companies says in all seriousness, **'Why should it pay foreigners dividends?"** Navalny said in an interview. "How can they talk about improving the investment climate and creating an international financial center in Moscow after that?

*Transneft has a 12-month dividend yield of **0.62 percent**, according to data compiled by Bloomberg. Calgary-based Pembina Pipeline Corp., which operates oil and gas pipelines in western Canada, pays **6.81 percent**, and San Antonio-based NuStar Energy LP, with 8,417 miles of pipelines, pays **6.49 percent**.*

Abb.4.1: Transneft Says Higher Dividends Would Deprive Orphans, Sick. Quelle: http://www.bloomberg.com/news/2011-04-19/transneft-says-increased-dividends-would-deprive-orphans-sick.html

Darüber hinaus sprach sich der russische Premierminister Putin im April 2011 gegen die Einschränkung oder gar Aufgabe sozialer Programme zum Wohle der unternehmerischen Profitmaximierung aus[41]. Zwar glaubt er, dass das Wirtschaften effektiver gestaltet werden muss, da nur so soziale Herausforderungen im Land adressiert und gelöst werden können; es könne jedoch nicht sein, das eine durch das andere zu ersetzen. Unternehmen sollten sich aktiv in

41 Interfax, 19.04.2011: http://www.mosblago.ru/news/show-722.htm.

die Lösung sozialer und gesellschaftlicher Herausforderungen einbringen. Und so fordert er in Vorbereitung auf die von Russland ausgestatteten Weltsportspiele der Studenten in Kazan 2013, die Olympischen Winterspiele in Sochi 2014 und die Fußballweltmeisterschaft 2018 die Förderung einer gesunden Lebensführung einschließlich Investitionserhöhungen im medizinischen Bereich, mehr Sicherheit und Schutz am Arbeitsplatz und den Kampf gegen Alkoholismus und mäßige Lebensmittelqualität. Auch hier ist wieder die staatliche Regulierungsfreude sowie die daraus resultierenden negativen Folgen für das Verhältnis Wirtschaft und Gesellschaft spürbar. Einem im Kern richtigen Ansatz und gesellschaftlich akzeptierten Gedanken könnte möglicherweise die gemeinschaftliche Legitimation von vornherein entzogen werden, weil er nicht im Diskurs mit der Gesamtgesellschaft entwickelt wurde.

4.9 Exkurse

4.9.1 Exkurs 1: Private Philanthropen in Russland und Familienstiftungen

Philanthropie wurde in der Sowjetunion mit zwei wesentlichen Gesetzen eingeschränkt. Das erste war struktureller Natur: Alle Unternehmen waren staatseigene Betriebe. Über siebzig Jahre hinweg wurden soziale und kulturelle Programme, Benefizien, welche in Westeuropa durch Philanthropen und private Stiftungen betrieben wurden, administrativ reguliert. Als Teil der Gesellschaft organisierten Unternehmen das gemeinschaftliche Leben in ihrer Kommune und stellten eine Reihe von Dienstleistungen zur Verfügung[42]. Das zweite war ideologischer Natur: Es herrschte die Meinung, dass unternehmerische Wohltätigkeit in kapitalistischen Ländern als Selbstzweck betrieben wurde und nicht aus einem sozialen Bewusstsein heraus. Philanthropie war in der Sowjetunion verpönt und untersagt, nicht zuletzt aus dem Grund, weil es die Kommunistische Partei herausforderte (McCarty/Puffer, 2003). Bis heute ist private Philanthropie vielen suspekt, wird mit Zynismus und zuweilen sogar offener Feindseligkeit beantwortet. Zudem gibt es kulturelle Spezifika zu berücksichtigen: Tocqueville bezeichnet Philanthropie als „Selbst-Interesse“. Doch unterschiedliche Kulturen haben ein unterschiedliches Verständnis dieses „Selbst“. Während sich in der okzidentalen Lebenswelt eine atomisierte, individualistische Definition heraus-

42 Siehe: Zusammenfassung des Betriebsverfassungsgesetzes der UdSSR unter 2.3.3 und 3.1.5.

gebildet hat, ist die russische Idee des „Selbsts“ das einer harmonischen, egalitären Gesellschaft mit gegenseitigen Abhängigkeiten. Die vorliegende Arbeit hat bereits herausgestellt, dass diese Idee ebenso Teil der orthodoxen Kirche wie auch Teil von dessen atheistischen Pendants, etwa der Kommunistischen Partei, war und ist und damit integraler Bestandteil der modernen russischen Gesellschaft bleibt: “Note that there is no word for ‘privacy’ in the Russian language, and individualism carries a pejorative connotation of selfishness and egocentrism” (Dinello, 1998: 127).

Einzelne „Gutmenschen“ allein werden also auch in Zukunft den Erwartungen und Bedürfnissen der Gesellschaft nicht vollständig gerecht werden. Andererseits ist die Ablehnung der tradierten, sozialen Wohlfahrt im heutigen Russland nicht zu bestreiten. Sie hat viel mit der ideologischen Revolte gegen die Fundamente der sowjetischen Wohlfahrt zu tun (Blagov, 2007). Mitleid und Vergebung sollen, wie überall, privatisiert werden. Damit steigt ebenfalls der Bedarf an individuellen und privaten Philanthropen. Andererseits bleibt das Misstrauen in der Bevölkerung jedoch bestehen. Es bleibt vor allem dadurch bestehen, dass private Wohltäter nicht immer das gesamtgesellschaftliche Wohl im Auge haben, sondern eher die Befriedigung von Partikularinteressen verfolgen. Das Beispiel des Profi-Fußballclubs Anši aus Machačkala, der Hauptstadt der strukturschwachen nordkaukasischen Republik Dagestan, macht das deutlich: Sulejman Kerimov, russischer Milliardär, der durch Erdöl und Immobilien zu Wohlstand gekommen ist, kaufte den Verein Anši und stockt ihn nach und nach mit Top-Fußballern aus aller Welt auf (FTD, 2011; SpiegelOnline, 2011; Focus, 2011). Während in Dagestan Arbeits- und damit verbundene Perspektivlosigkeit vorherrschen und die prekäre Sicherheitslage aufgrund der zum Teil offen ausgetragenen Auseinandersetzungen zwischen islamistischen Untergrundkämpfern und staatlichen Sicherheitsorganen anhält, investiert Kerimov Millionenbeträge für die Fußballer und den Bau neuer Stadien. Einerseits tragen diese Maßnahmen sicherlich zur Stabilisierung der Region sowie zur Integration in gesamtgesellschaftliche Groß(sport)ereignisse bei. Sie werten die Region durch ein positives Image auf und können Dagestan helfen, sich aus der Dauerkrise zu befreien, um neue wirtschaftliche Geschäftszweige auszubauen, die soziale Sicherheit zu erhöhen und das Leben in der Republik insgesamt lebenswerter zu machen. Andererseits liegt die Vermutung nahe, dass diese Investitionen in den Profisport Dagestans zum persönlichen Selbstzweck Kerimovs erfolgen und die Gelder abhängig von der Person vergeben werden. Mit diesem Beispiel wird eine generelle Beobachtung privaten philanthropischen Engagements besonders anschaulich: Dadurch, dass die Gemeinschaft keine Verfügungsgewalt darüber besitzt und den Sinn und Zweck einer Investition und der ausgegebenen Gelder nicht legitimieren kann, bleibt das Misstrauen gegenüber privaten Stiftern, Spendern, Förderern und Wohltätern bestehen. Zumal es sich hier um eine Region handelt, die drängendere soziale und gesellschaftliche Probleme zu bewältigen hat als den Einzug ihres Fußballclubs in die Champions League.

Daneben gibt es aber auch Stifter, Spender und private Philanthropen, die sich für das Gemeinwohl in ihrem Land einsetzen. Abgesehen von Fridman, der neben Life Line auch die Genesis Philanthropy Group zur Unterstützung russischsprachiger Juden in der Welt gründete, und Deripaska, dessen wohltätige Initiativen sich stark an der Sozialpolitik Russlands orientieren, ist die Dynasty Foundation eine der größten Privatstiftungen des Landes. Dmitrij Zimin war Mitgründer des Telekommunikationsunternehmens Vimpelcom, welches heute Teil der Alfa Group und Comstar UTS ist. Er verkaufte seine Anteile an Vimpelcom und gründete mit diesem Geld die Dynasty Foundation (фонд Дмитрия Зимина «Династия»), die sich um die Förderung der Grundlagenforschung und angewandten Wissenschaften sowie um die Verbreitung der Wohltätigkeit in Russland insgesamt bemüht. Vekselberg gründete neben seiner Familienstiftung 2004 die Stiftung The Link of Times (фонд «Связь времен»), deren Ziel die Rückführung der im 20. Jahrhundert ausgeführten kulturhistorischen Schätze Russlands ist. Ališer Usmanov, Gründer von UralSteel, tritt ebenfalls als privater Stifter in Erscheinung. Er ist Hauptanteilseigner des Londoner Fußballclubs Arsenal, seine Finanzholding Metalloinvest fördert seit 2008 zudem den Moskauer Fußballclub Dinamo. Er selbst gründete die Wohltätigkeitsorganisation „Kunst und Sport“ (фонд НП «Благотворительная организация «Искусство и спорт») zur Organisation und Unterstützung gesellschaftlicher Großereignisse im Bereich Sport, Kunst und Kultur. Usmanov leitet außerdem die soziale Wohltätigkeit des Unternehmens Gazprom Transgas Machačkala (ООО «Газпром трансгаз Махачкала»), einer hundertprozentigen Tocherfirma von Gazprom, deren wirtschaftliche Aktivitäten sich auf Dagestan, den Nordkaukasus und weitere Kaukasusrepubliken konzentrieren und deren soziale Aktivitäten auf die Wohltätigkeit für Kinder gerichtet sind[43]. Für sein Engagement im Nordkaukasus wurde er 2011 mit dem Ehrenorden von Südossetien ausgezeichnet[44]. Außerdem sammelt er Kunst und sowjetische Filmrechte, die er der russischen Regierung beziehungsweise öffentlichen Fonds übergibt[45]. Alexander Lebedev, Anteilseigner von Aeroflot und der russischen Zeitung Novaja Gazeta sowie Besitzer einiger britischer Zeitungen, ist ebenfalls ein aktiver Philanthrop. Er ist Präsident des Charity Provident Fund und arbeitet zusammen mit seinem Sohn in der Raisa Gorbachev Foundation. Zusätzlich unterstützt er eine Vielzahl

---

43 http://www.gazprom.ru/subsidiaries/news/2011/june/article113115/.

44 http://www.presidentrso.ru/edicts/detail.php?ID=3756.

45 http://www.konkurent-krsk.ru/index.php?id=2809.

von Kultur- und Kunstprojekten sowie die Restauration und Wartung historischer Kulturgüter.

Gesellschaftliches Engagement zeigt auch der bereits angekündigte Präsident der Russian Railways, Vladimir Jakunin. Er ist vor allem im religiös orientierten Fond Andrej Pervozvannyj (фонд «Андрея Первозванного») sowie in der Stiftung „Russkij Mir“ (Russische Welt, фонд «Русский мир») zur Förderung der russischen Kultur und Sprache im Ausland aktiv. Alexej Mordašov, Haupteigner von Severstal, wiederum ist ebenfalls Sponsor kirchlicher Einrichtungen und Klöster, unterstützt zudem aber auch Kulturstätten wie das Bolšojtheater oder die Tratjakov-Galerie sowie die russische Schachföderation. Die Vladimir Potanin Foundation (благотворительный фонд В. Потанина), 1999 vom Eigner der Finanzholding Interros gegründet, engagiert sich im Bereich der nationalen Bildung und Kultur. Sie vergibt Schüler- und Studienstipendien und unterstützt gezielt Bildungseinrichtungen. Darüber hinaus vergibt sie für Mitarbeiter staatlicher Museen, Hochschulen und anderer Kultur- und Bildungseinrichtungen Stipendien für bestimmte eigene Initiativen und Programme, welche die Mitarbeiter ausgearbeitet haben und umsetzen wollen. Die Stiftung unterstützt somit die Eigeninitiative, Selbstverantwortung und Selbständigkeit sowie das Volunteering der Mitarbeiter im öffentlichen Sektor.

Geschichte, Kunst, Kultur und Religion sowie Bildung, Wissenschaft und teilweise Gesundheitsfürsorge – das sind die zentralen Themen, bei denen sich die privaten Philanthropen engagieren. Gesamtgesellschaftliche Themen wie der demographische Wandel und die damit verbundenen Veränderungen der russischen Gesellschaft, der Wandel der Arbeitswelten in Russland oder die ökologischen Herausforderungen des Landes werden hier hingegen nicht berücksichtigt. Bei den vorgestellten Tätigkeiten handelt es sich um klassisches Mäzenatentum; man gibt sich möglichst unpolitisch in seinem persönlichen gesellschaftlichen Engagement. Lediglich der mittlerweile im Exil lebende Boris Berezovskij, Anfang der 1990er Investor und Anteilseigner des Automobilkonzerns AvtoVaz sowie Gründer der International Foundation for Civil Liberties, hat sich mit politischen Themen auseinandergesetzt. Das Gleiche gilt für den Milliardär Michail Prochorov. Seine Stiftung fördert Buch- und Bildungsmessen in Russland. Er selbst hat durch seine politischen Aktivitäten und die Führung der rechtsliberalen Partei Pravoe Delo (Rechte Sache, «Правое дело»), die sich zur Duma-Wahl aufstellen lassen wollte, von sich reden gemacht. Prochorov trat jeodch im September 2011 aus ihr aus und kandidierte im März des darauf folgenden Jahres bei den russischen Präsidentschaftswahlen[46].

---

46 http://www.spiegel.de/politik/ausland/0,1518,803332,00.html.

Darüber hinaus gibt es zunehmend mehr Familienstiftungen[47]. Interessant ist hierbei die regionale Ausprägung. Die größte Dichte von Privatstiftungen gibt es in Toliatti im Oblast' Samara, welche neben der Community Foundation „Toliatti" (Общественный фонд «Тольятти») allein elf Privatstiftungen und etwa zwanzig Familienstiftungen vorweisen kann[48]. Die Stadt Toliatti ist in erster Linie wegen ihrer Automobilindustrie, dem Unternehmen AvtoVaz und ihrer Lada-Werke bekannt. Daraus ergab sich das Engagement des amerikanischen Automobilkonzerns Ford sowie der Ford Foundation in der Region. Da Samara zu den wirtschaftsstärksten Regionen mit der niedrigsten Arbeitslosenquote in ganz Russland gehört, ist der Finanzsektor, aber auch das soziale und kulturelle Kapital der Region enorm. Bürgerinitiativen, zivilgesellschaftliches Engagement und die aktive Einbettung der Unternehmen in die gesellschaftliche Entwicklung spielen hier eine große Rolle. Internationale Partner, allen voran die Ford Foundation, haben zu einer nordamerikanisch geprägten Engagementinfrastruktur in dieser Wirtschaftsregion geführt, die so in keiner anderen Region Russlands zu finden ist. Man kann aber auch argumentieren, dass der hohe Grad an Kapitaltransformation, das Bildungsniveau und die starken sozialen Netzwerke dazu führten, dass sich eine solche aktive Bürgerbeteiligung herausgebildet hat.

Ein überregionales Beispiel für eine Familienstiftung ist die von Viktor Vekselberg, Eigentümer und Präsident der Renova Group of Companies, mit seiner Frau gegründete Stiftung Dobryj Vek (Gütiges Zeitalter, семейный фонд «Добрый век»), die sich um die psychotherapeutische Betreuung von geistig Erkrankten sowie um die Weiterentwicklung von Behandlungsmethoden im Bereich der Psychotherapie kümmert. Eine der wenigen international tätigen Stiftungen russischer Philanthropen ist die von Gennadij und seiner Frau Elena Timšenko gegründete Familienstiftung Neva Foundation mit Sitz in Genf, Schweiz, die sich um den Kulturdialog zwischen Russland und der Schweiz kümmert. Im Mittelpunkt steht dabei die Lyrik, die Dichtkunst.

---

47 http://www.cafcf.ru/english/russian_cfs_en.html; http://www.cafrussia.ru/programs/fms/fms_contacts_eng/.

48 http://www.fondtol.org/.

4.9.2 Exkurs 2: Kleine und mittelständische Unternehmen

Kleine und mittelständische Unternehmen führen keine oder nur vereinzelt Maßnahmen der sozialen Sicherung ihrer Mitarbeiter oder des gesellschaftlichen Engagements durch. Arbeitnehmer in Russland wollen daher überwiegend in Großunternehmen beschäftigt werden. Wer dort keine Anstellung erhält, macht sich noch lieber mit einem „Malyj Biznes" (малый бизнес, Kleinst- und Kleinunternehmen) selbständig, bevor er in das Arbeitsverhältnis in einem mittelständischen russischen Unternehmen einsteigt. Gründe dafür sind die fehlen sozialen Leistungen und Absicherungen der Angestellten und ihrer Familien, das geringe Entgelt und die unkollegialen Arbeitsverträge sowie die schlechten Bedingungen hinsichtlich Arbeitszeit, Kündigungsschutz oder rechtliche Durchsetzung von Arbeitnehmeransprüchen[49]. So entwickelte sich der Mittelstand in Russland von den Kleinhändlern und Agentenfirmen der 1990er Jahre hin zu produzierenden und verarbeitenden Unternehmen nur langsam, auch wenn er von staatlicher Seite zunehmend mehr Beachtung und Unterstützung erfährt, wie etwa durch das 2010 erlassene Programm des russischen Energieministerium „Über die Entwicklung kleiner und mittelständischer Unternehmen im Bereich der Wärme- und Energiegewinnung"[50]. Zudem haben sich im Zuge der Transformation die Wertvorstellungen der arbeitenden russischen Bevölkerung drastisch verschoben (Boenko/Garanina, 2008). Aufgrund der hohen Arbeitslosigkeit und der geringen finanziellen Privatressourcen nach der Auflösung der UdSSR ist das Einkommen die wichtigste Handlungsorientierung geworden. Die Verfolgung moralischer Prinzipien sowie die Selbstverwirklichung am Arbeitsplatz rangieren bei Umfragen zu Arbeitswerten und Handlungsorientierungen auf den letzten Plätzen. Gesellschaftliche Werte und soziale Normen werden beinahe ausschließlich im familiären Rahmen generiert und gelebt, dabei sinkt gleichzeitig der Wert der familiären Bindungen.

Kleine und mittelständische Unternehmen könnten diese Marginalisierung des Einzelnen durch eine gezielte Politik der Mitarbeiterbindung auffangen. Das Familienunternehmen mit der Entfaltung familiärer Werte wie Solidarität und dem Arbeiten im Gemeinschaftsverband, die von allen Mitarbeitern geteilt werden, könnte ein Vorbild sein. Doch da es in Russland historisch bedingt keine

---

49 Unter Verwendung von Datenmaterial der Deutsch-Russischen Gespräche Baden-Baden.

50 Приказ Министерства энергетики Российской Федерации (30.03.2010): «Развитие малого и среднего предпринимательства в сфере топливно-энергетического комплекса».

Tradition des Familienunternehmens gibt, haben kleine und mittelständische Unternehmen (KMU) in Russland (noch) kein „soziale Gewissen“ für ihre Mitarbeiter sowie ihr unmittelbares Arbeitsumfeld entwickelt. Sie sind dementsprechend nicht in der Lage, gesellschaftlichen Entfremdungstendenzen aufzufangen und ihnen sinnstiftend entgegenzuwirken (Strišov, 2006).

Durch den beschränkten finanziellen Spielraum, den Mangel an Ressourcen sowie die starke regionale Verankerung sind russische kleine und mittlere Unternehmen in den globalen CSR-Prozess wenig eingebunden. Trotz alledem setzt sich der russische Mittelstand mit seinen gesellschaftlichen Einflussbereichen auseinander und hat auch in seinem Verband, der russischen Vereinigung der kleinen und mittelständischen Unternehmen (OPORA), ein eigenes Komitee für Unternehmensethik, soziale Unternehmensverantwortung und Wohltätigkeit (Организациия малого и среднего предпринимательства «Опора России» - Комитет по корпоративной этике, социальной ответственности бизнеса и благотворительности). Beispiele für gelebte Unternehmensethik von kleinen und mittelständischen Unternehmen sind vor allem in den Regionen anzutreffen, beispielsweise bei der Rekonstruktion von Kirchen und Klöstern oder der Unterstützung von Kindergärten und Schulen. So unterstützt beispielsweise das Kaliningrader Straßenbauunternehmen OOO „Stroex“ den Bau sowie den Infrastrukturanschluss örtlicher Kinderheime[51].

Regional verankert und in einer sehr an den lokalen Bedürfnissen ausgerichteten Tätigkeit orientiert, bieten zivilgesellschaftliche Initiativen eine Plattform des Engagements von ebenfalls örtlich begrenzten Unternehmungen. Ein Beispiel aus dem Raum Moskau ist das Rehabilitationszentrum Reto-Nadežda (центр «РЕТО Надежда»). Das Zentrum war ein ehemaliger landwirtschaftlicher Betrieb. Heute ist es eine Art Kommune für Drogenabhängige, die von ihrer Sucht loskommen wollen. Das Leben ist auf den religiösen Prinzipien der Sobornost’ aufgebaut: Durch tätige Arbeit in der Holzwirtschaft, beim Aufbau und Reparatur angrenzender Gehöfte, Dörfer und Aushilfsarbeit auf Moskauer Großbaustellen sowie durch die emotionale Unterstützung der Mitbewohner werden die Menschen vom Drogenkonsum entwöhnt. Die Materialien für ihr Leben in der Gemeinschaft werden von Unternehmen in der Region gestiftet; wenn sie Arbeit in den benachbarten Dörfern oder für benachbarte Unternehmen erledigen oder aber für größere Aufträge nach Moskau fahren, werden sie nie finanziell entlohnt, sondern immer in Form von Naturalien ausgezahlt, die sie am Ende des Tages in das gemeinschaftliche Leben einbringen (Nahrungsmittel,

51 Unter Verwendung von Datenmaterial der Deutsch-Russischen Gespräche Baden-Baden.

Wäsche, Pflege- und Hygieneartikel). Das Leben verläuft nach den Prinzipien der Obščina und der Obščestvo: Die Entscheidung zum dortigen Leben steht jeden frei. Doch wenn er oder sie sich für ein Leben in dieser Gemeinschaft entschieden hat, hat er die geltenden Regeln zu beachten.

In erster Linie geht es um die gegenseitige Hilfe, darum, sich von der Drogenabhängigkeit zu befreien. Dazu sind der Verzicht auf Geldwirtschaft, die Tätigkeit im Freien (Sport, Arbeiten) sowie die psychologische Hilfe der Gemeindemitglieder elementar. Zur medizinischen Versorgung der Mitglieder mit AIDS und anderen Krankheiten hat die Kommune eine Partnerschaft mit dem Regionalkrankenhaus geschlossen. Je stabiler der Mensch nach den ersten Wochen des Entzugs ist, desto selbständiger kann er sich eine Tätigkeit innerhalb der Gemeinde suchen, die er ausführen möchte – Wald- oder Forstwirtschaft, Schreinern, KFZ-Mechaniker, Koch- und Küchendienst, Objektreinigung und Instandhaltung, Öffentlichkeitsarbeit in Form von Straßentheater, Musikveranstaltungen und Schulbesuchen, aber auch Aushilfsarbeiten in der Nachbarschaft auf den Dörfern oder in Unternehmen sowie bei einzelnen Moskauer Bauprojekten sind möglich. Diese Form des Gemeindelebens gibt es in weiteren Regionen Russlands, in denen Drogen- und Alkoholabhängige durch die Arbeit und die soziale Sicherheit einer Gemeinschaft neue Lebensperspektiven erhalten. Gleichzeitig sind solche Projekte das Tätigkeitsfeld des sozialen Engagements kleiner und mittelständischer Unternehmen und Wirtschaftsorganisationen in Russland.

4.9.3 Exkurs 3: Ukraine

Warum kann es überhaupt legitim sein, in einer Auseinandersetzung mit der russischen Unternehmensethik ukrainische und belarussische Praktiken mit zu berücksichtigen? Weil sich die hier behandelten wirtschaftsethischen Grundlagen des russischen Imperiums ebenso wie die der Sowjetunion nicht nur in den Wirtschaftspraktiken des Territoriums der Russischen Föderation niederschlugen. Sieht man sich die Herkunft der wichtigsten Vertreter des „russischen" ökonomischen Denkens an, wird man feststellen, dass eine Reihe von ihnen in Kiev geboren ist, dort gelebt hat und auch wissenschaftlich tätig war. Beispiele dafür sind unter anderem Tugan-Baranovskij, Bunge und Vitte, die sowohl als Vertreter des russischen wie auch als Vertreter des ukrainischen ökonomischen Denkens gelten. Sie alle grenzen sich vor allem im 19. und 20. Jahrhundert klar vom westeuropäischen Modell der individuellen Wohlstandsmehrung und Marktwirtschaft ab. Der osteuropäische Raum wird also durch eine gemeinsame wirtschaftsphilosophische Vergangenheit geprägt, angefangen mit den Aufzeichnungen von Herodot und dem Gesetzestext der mittelalterlichen „Russkaja Pravda“ (Russisches Recht, «Русская Правда»), welche nicht nur in aktuellen russischen Wirtschaftslehrbüchern, sondern auch in ukrainischen Monographien über „ukrainisches ökonomisches Denken“ Ausgangspunkt und Grundlage ethischer und normativer Überlegungen sind[52]. Hinzu kommt die geistliche Macht, die sich als „byzantinisches Modell“ (byzantinisch-orthodox, griechisch) im östlichen Europa konfiguriert, während das westliche Europa in das „okzidentale Modell“ (lateinisch) eingebunden war.

Auf dem Territorium der heutigen Ukraine befand sich außerdem das Zentrum des ersten slawischen Staates, der Kiever Rus’, die im 10.-11. Jahrhundert zu den größten und einflussreichsten Staaten Europas gehörte. Mit dem Einfall der Mongolen und Tataren fielen Teile der Rus’ an das Großfürstentum Litauen, während sich das geistig-kulturelle Zentrum nach Osten, nach Moskau hin verlagerte. Nach und nach wurde das Territorium vom russischen Imperium absorbiert, bis die Ukraine zwischen 1917-1920 eine kurze Phase der Unabhängigkeit hatte, bevor sie von der Sowjetunion in den 1920er Jahren zurückerobert wurde. Nach der Russischen war die Ukrainische Sowjetrepublik die wichtigste wirtschaftliche Komponente in der UdSSR, mit einem viermal höheren Produktionsoutput vor der nächstgrößeren Republik. Mit ihren Schwarzerdeböden erwirtschaftete sie ein Viertel der gesamten landwirtschaftlichen Produkte, die in alle Unionsrepubliken geliefert wurden. Ihre diversifizierte Schwermetallindustrie und der Rohstoffabbau lieferten wesentliche Ressourcen für die verschiedensten Industriezweige anderer Sowjetrepubliken. Kurz nach der Auflösung der UdSSR in 1991 fanden eine Preisliberalisierung und die Privatisierung der staatlichen Betriebe statt. Doch die Reformmaßnahmen schlugen fehl aufgrund mangelnder struktureller Umwandlungen, und Ende der 1990er Jahre erwirtschaftete das Land weniger als 40 % des Levels von 1991. Dazu kommt die Abhängigkeit des Landes von russischen Energieressourcen in Form von Gas, Öl und Atomenergie. Hauptprobleme sind heute die Schattenwirtschaft, die Korruption, unvollständige Kapitalmärkte und fehlende rechtliche Rahmenbedingungen für wirtschaftliche Aktivitäten. Das wichtigste Exportgut ist nach wie vor Stahl, gefolgt von Getreide. Die Finanzkrise 2008 hat die Wirtschaft des Landes mit am schwersten getroffen, verringerte sie sich doch um 15 %.

Seit 2004 gibt es in der Ukraine ein neues handelsrechtliches Gesetzbuch (Господарський кодекс України) sowie das Gesetz über Wirtschaftsunternehmen (Закон України «Про господарські товариства»)[53]. Zusammen legen sie

---

52 Vgl.: Zlupko, Stepan M. (1998): Ukraïns‘ka ekonomična dumka - chrestomatija, Znannja, Kyïv, 1998.

53 http://zakon.rada.gov.ua.

das Wirtschaften in der Ukraine fest. Im Wirtschaftskodex der Ukraine (Хозяйственный кодекс України) klären § 46, § 69 und § 177 außerdem den Beitrag der Wirtschaft am gesellschaftlichen Leben in Form von sozialer und medizinischer Versorgung sowie der Sicherung der sozialen und der kommunalen Infrastruktur.

Insgesamt ist die gelebte Unternehmensethik in der Ukraine heute zweigeteilt. Auf der einen Seite ist man sehr darum bemüht, die sowjetischen Errungenschaften im Bereich der betrieblichen Sozialleistungen zu bewahren und so die soziale Infrastruktur zu erhalten. Man liest immer wieder, dass das Land strukturell (ökonomisch wie sozial) in einen östlichen und eine westlichen Teil gegliedert ist. Spielt das hier eine Rolle? Es spielt sicherlich in die Ausrichtung der Unternehmen mit rein; die Zweiteilung im Falle der gelebten Unternehmensethik hat jedoch eher weniger etwas mit der Einteilung in etwas Ukrainisches oder Russisches zu tun, als eher mit der internationalen Ausrichtung der Unternehmensstruktur, der Unternehmensleitung und der Produktion sowie dem Industriezweig an sich. Das Unternehmen Sumy Frunze Machine-Building Science and Production Association («Сумское НПО им. М.В.Фрунзе») beispielsweise zeigt ein ausgesprochen aktives regionales Engagement, ist in das gemeinschaftliche Leben und Wirtschaften mit einem hohen Grad an Öffentlichkeit und Interaktion mit den Mitarbeitern eingebettet. Das Gleiche gilt auch für den Stahlproduzenten Azovstal der Holding Metinvest sowie vor allem für die staatlichen Betriebe und Großunternehmen. Holdings und im internationalen Geschäft tätige Unternehmen orientieren sich hingegen ausgesprochen stark an nordamerikanischen Modellen des Engagements und der sozialen Unternehmensverantwortung. Ein Beispiel dafür ist die Investmentgesellschaft Avec für Bauprojekte, die neben dem regionalen Engagement für Sport und Kultur ein eigenes Ausstellungsgebäude finanziert, in dem ukrainische Künstler Galerien und Soireen abhalten und ihre Werke der Öffentlichkeit vorstellen können. Darüber hinaus hat die Gesellschaft eine eigene Stiftung für ihre Kunstsammlung aufgelegt. Die Finanzholding SCM hat sich auf die Entwicklung der Gemeinden mit Beteiligungsangeboten, eigene soziale Projekten, eine Privatstiftung des Hauptaktionärs und internationale soziale und gesellschaftliche Zusammenarbeit spezialisiert. Diese Beispiele sind aber nach wie vor die Ausnahme in der ukrainischen Wirtschaftslandschaft. Insgesamt ist das Verhältnis Wirtschaft-Gesellschaft durch die anhaltende politische und wirtschaftliche Krise im Land derart in einer Schieflage geraten, dass weder die Aufrechterhaltung der sozialen Infrastruktur durch Unternehmen gewährleistet werden kann noch sich private Philanthropen in nennenswerter Anzahl hervortun und für die Belange der Gesamtgesellschaft Verantwortung übernehmen können.

4.9.4 Exkurs 4: Belarus

Belarus war über sieben Jahrzehnte konstituierende Republik der UdSSR, bevor das Land 1991 seine Unabhängigkeit erklärte. Sie war die „Werkbank der Sowjetunion", in welcher 80–90 % der Produkte für den Binnenhandel bestimmt waren. Dafür mussten allerdings 96 % der Rohstoffe aus den anderen Unionsrepubliken eingeführt werden (Mildner, 2000). Im Vergleich mit allen übrigen ehemaligen Sowjetrepubliken hat das Land auch heute noch die engsten wirtschaftlichen und politischen Beziehungen zu Russland. So unterzeichneten beide Staaten 1999 einen Vertrag über eine Zweistaatenunion für eine vertiefte wirtschaftliche und politische Integration, die jedoch bis heute nicht weiter vorangetrieben wurde. Der 1994 gewählte erste Präsident der Republik, Aleksandr Lukašenko, herrschte im Laufe seiner Amtszeit nach und nach autoritärer. Gründe für diese „Lukanomics"-Politik sind das Fehlen einer eigenen Staatlichkeit in historischer Perspektive und die verspätete Nationalbewegung im 20. Jahrhundert. Zudem fehlte die breite gesellschaftliche Basis für die Transformation, da die Auflösung der Sowjetunion nicht von gesellschaftlichen Kräften getragen wurde, die einen Wertewandel vollziehen wollten, sondern im Hinblick auf Belarus eher als ein zufälliges Produkt der Geschichte gesehen werden muss (Mildner, 2000). Der radikale wirtschaftliche und soziale Niedergang führte das Land auf den Weg der Restauration nach sowjetischem Vorbild. Und so ist auch die ethisch-normative Grundlage des Wirtschaftens eine vom staatlichen Herrschaftssystem sowie von einer planmäßigen Umverteilung der Produktionsgüter geprägte Wirtschaftsethik.

Seit 1995 ist eine Hinwendung zum Marktsozialismus festzustellen, bei dem es zwar eine Vielfalt an Eigentumsformen gibt (staatlich, genossenschaftlich, privat), die staatliche jedoch in den dominanten Sektoren vorherrscht und die Preisbildung einerseits über den Markt, andererseits über staatliche Regulierungen erfolgt. Durch die Marktmechanismen soll es zu einer effektiveren Verteilung und zu einem besseren Einsatz der Ressourcen kommen, während die Gesamtgesellschaft in Form staatlicher Herrschaftsstrukturen die Kontrolle über die Produktion, die Verteilung sowie das Management sogar in privaten Unternehmen behält. 2005 wurden außerdem eine Reihe privater Unternehmen erneut verstaatlicht, Unternehmer wurden stärker kontrolliert, die Wechselraten und der Außenhandel waren staatlich reguliert. Dennoch wuchs die Wirtschaft und erreichte vor der Finanzkrise eine Wachstumsrate von über 10 %. Mit der Krise fiel der Wert jedoch auf beinahe null, eine Unterstützung des Internationalen Währungsfonds (IWF) folgte. 2010 schloss sich das Land mit Russland und Kasachstan zu einer Zollunion und Freihandelszone zusammen, woraufhin Russland Belarus alle Öl- und Gasverpflichtungen erließ.

Die Wirtschaftsethik ist demnach „von vier Grundkonzepten geprägt: a) Autokratie, b) Paternalismus und Klientelismus, c) Inanspruchnahme von Vergünstigungen (rent-seeking) sowie d) Populismus und polizeistaatliche Kontrolle. Hier zeigt sich deutlich, dass die Wirtschaftspolitik des Präsidenten nicht auf eine Rückkehr zur Planwirtschaft gerichtet ist, sondern darauf zielt, über staatliche Regulierung und systemimmanente Korruption die Wirtschaft des Landes in das präsidiale Machtsystem einzuordnen, die Machtapparate zu finanzieren und die Loyalität der Clans im Umfeld des Präsidenten sicherzustellen“ (Mildner, 2000: 4). Die staatliche Herrschaftsausübung in der Wirtschaft konzentriert sich in erster Linie auf die Versorgung der Hauptsektoren Landwirtschaft, Bauwesen und Schwerindustrie mit günstigen Krediten, der Subventionierung des Wohnungsbaus und der Kommunalwirtschaft, dem Ausbau der Rolle des Staates in der Wirtschaft, Preisregulierung, Devisen- und Außenhandelskontrollen sowie administrativen Verteilungssystemen (Mildner, 2000). Zwar ist die ökonomische Autonomie, was die Vielfalt der Eigentumsformen betrifft, gegeben, doch die persönliche Kontrolle der Wirtschaft durch den Präsidenten, der zwingende Erhalt einer industriellen Produktion und der entsprechenden Arbeitsplätze, die Rentenabsicherung über die Betriebe und die Subvention einer sozialen kommunalen Infrastruktur sowie die Nahrungsmittelverteilung durch das Kolchossystem und über regulierte Preise schränken diese Autonomie stark ein.

Die gelebte Wirtschaftsethik stützt sich also stark auf die Bewahrung der sowjetischen Traditionen sozialer Unternehmensverantwortung und die Stellung des Unternehmens als Garant der sozialen Ordnung. Zwei rechtliche Grundlagen dafür sind einmal das Gesetz über den Umgang mit den Bürgern von 1996 (Закон Республики Беларусь от 6 июня 1996 г. №407-XIII «Об обращениях граждан») und zum anderen der Präsidentenerlass von 2007 über die zusätzlichen Leistungen in der Arbeit mit den Bürgern und juristischen Personen (Указ Президента Республики Беларусь от 15 октября 2007 г. №498 «О дополнительных мерах по работе с обращениями граждан и юридических лиц»).

In der Praxis spielt der Erhalt der sozialen Infrastruktur eine zentrale Rolle. Der Staat regelt die soziale und ökologische Sphäre sowie den Beitrag der Unternehmen an der Gesamtgesellschaft. Das lässt den Unternehmen kaum Möglichkeiten einer kreativen und innovativen Gestaltung ihrer sozialen Unternehmensverantwortung oder ihres eigenen sozialen Engagements. Dennoch ist der überwiegende Teil der Großunternehmen an internationale ISO-Standards für Produktqualität, ökologische Verantwortung, Management und/oder Sicherheit am Arbeitsplatz angepasst. Ein Beispiel sind die Belarussian Steel Works, ein staatliches Unternehmen, das seit 2003 jährliche Tätigkeitsberichte verfasst und für die Jahre 2008 und 2009 auch CSR-Reporte vorgelegt hat. Darüber hinaus befolgt das Unternehmen internationale Standards der Normierung einer Geschäftsethik und veröffentlicht seine interne und externe Kommunikationsstruktur. Diese Art der Öffentlichkeit ist aber eher die Ausnahme; in der Regel gibt es kaum Reporting oder normative unternehmenseigene Dokumente, abgesehen von der Veröffentlichung staatlicher Erlasse.

Wie das Unternehmen Intertransavto als privates mittelständisches Unternehmen allerdings zeigt, spielen die Sozialpolitik, Arbeitsbedingungen, sportliche Betätigungsmöglichkeiten für die Mitarbeiter, Charity und der kommunale Wohnungsbau nicht nur in staatseigenen Betrieben oder genossenschaftlich organisierten Unternehmen eine Rolle. Bemerkenswert ist auch das Umweltmanagement der staatlichen Produktionsassoziation Beloil. Neben der Förderung, Verarbeitung und Forschung von Öl- und Ölprodukten unterstützt sie die Landwirtschaft zum Erhalt der regionalen wirtschaftlichen Gemeinschaft und zur Schaffung von Arbeitsplätzen außerhalb der Ölindustrie. Freigesetzte Arbeitskräfte werden in die Landwirtschaft umgelenkt, um die regionale Selbstversorgung sicherzustellen sowie das Problem der aufkommenden regionalen Arbeitslosigkeit zu bewältigen. Die Mitarbeiter der Ölindustrie sind den Umgang mit Hochtechnologie gewöhnt, was sie zu gesuchten Kräften in der zunehmend hochtechnisierten Landwirtschaft macht[54]. Zusätzlich wird die regionale Produktion von Mineralwasser gefördert. Die soziale Infrastruktur mit Sport- und Kultureinrichtungen ist ebenfalls Bestandteil des Engagements. Insgesamt hat man hier ein Beispiel für die wirtschaftliche Gemeinschaft sowjetischen Typs, in welcher der Abbau eines Energieträgers über die weitere Ansiedlung von Industrie- und Wirtschaftszweigen in der Region entscheidet. Zusätzlich kommt hier der zeitgenössische Anspruch des ökologisch wie sozial nachhaltigen Wirtschaftens ins Spiel.

Lediglich Unternehmen wie die Brauerei Alivaria (Tochterunternehmen der Carlsberg Group) sind als Teil großer internationaler Konzerne in der Gestaltung ihrer gelebten Unternehmensethik um einiges freier. Sie haben das Volunteering

---

54 Da die Landwirtschaft technisch immer komplexer wird, sind Traktoristen und Landmaschinentechniker im Agrarbereich mittlerweile die höchstbezahlten Arbeiter – ein Phänomen, das ebenso in der Ukraine, in Russland und sogar in Kanada zu beobachten ist. Landmaschinentechniker und Traktoristen werden in der Regel systematisch von der Öl- und Gasindustrie abgeworben, weil sie zuverlässig und verantwortungsvoll mit komplizierter Technik umgehen können sowie mit der Arbeit im Freien vertraut sind. Allerdings werden sie im Energiesektor wesentlich besser bezahlt als in der Landwirtschaft. In Belarus erlebt man aufgrund der Transformation in der Energiewirtschaft des Landes genau den gegenteiligen Trend: die Arbeiter aus der Ölindustrie gehen in die Landwirtschaft.

der Mitarbeiter in einem Kinderkrankenhaus ins Leben gerufen, initiieren Aktionen im verantwortungsvollen Umgang mit Alkohol sowie im Wald- und Klimaschutz. Das sind keine typisch sowjetischen Maßnahmen, sondern intendiert eine spezifische Sensibilisierung der Bevölkerung für unternehmens- und produktrelevante Themen und zielt auf die Einbeziehung der Mitarbeiter und der Bürger in diesen Prozess der Öffentlichkeit und Beteiligung.

4.10 Zwischenbilanz

Die Erneuerung der Begriffe Obščina als „gemeinschaftlicher Konsens" und Obščestvo als „gesellschaftliche Kontrolle" schafft die zeitgemäße Legitimitätsvoraussetzung für wirtschaftliche Tätigkeit in Russland.

Da der gemeinschaftliche Konsens und die gesellschaftliche Kontrolle jedoch nicht in jedem Falle integrale Bestandteile der Wirtschaftsethik sind, fehlt wirtschaftlichen Tätigkeiten oft die Legitimität. Das drückt sich unter anderem in der mangelhaften Durchsetzung von Eigentumsrechten aus, aber auch in der Willkürlichkeit von Regelungen und Aktivitäten sowie der Korruption auf Seiten des Staates wie der Wirtschaft.

Im Ergebnis der Betrachtung ausgewählter Beispiele einer gelebten Wirtschaftsethik in Russland kann man feststellen, dass die Gesetzgebung beziehungsweise die Verpflichtungen dem Staat und der regionalen Administration gegenüber einen erheblichen Einfluss auf die Gestaltung des Verhältnisses von Wirtschaft und Gesellschaft haben. Dabei sind Unternehmen in der Regel bereit, ihren Verpflichtungen gegenüber dem Staat nachzukommen und auch die Anforderungen der Mitarbeiter zu berücksichtigen. Dennoch fehlt der gemeinschaftliche Konsens über die Legitimität wirtschaftlicher Aktivitäten, da nicht alle Beteiligten einer Wirtschaftsregion in gleichem Maße am Aushandlungsprozess über den Sinn und die Zumutbarkeit ökonomischer Tätigkeiten sowie über den Sinn und die Zumutbarkeit staatlicher Forderungen gegenüber den Wirtschaftsorganisationen involviert sind. Die föderale und regionale Verwaltung ist nach wie vor der energischste Treiber gelebter Wirtschaftsethik. Das hindert folglich auch die gesamtgesellschaftliche Kontrolle über ökonomisches Handeln. Zwar verfügt der Staat über Kontrollmechanismen, um die Legitimität zu prüfen, es mangelt allerdings an der gleichberechtigten Anhörung der öffentlichen Meinung sowie der öffentlichen Kontrolle. Darüber hinaus mangelt es den Unternehmen sowie den einzelnen Regionen und auch den Regionalverwaltungen an qualifiziertem Personal, das entweder bei der Umsetzung wirklich guter und innovativer CSR-Ansätze unterstützend tätig ist oder aber einen ganzheitlichen Dialog mit diversen Anspruchsgruppen in die Wege leiten kann.

Nichtregierungsorganisationen spielen im Meinungsbildungsprozess und bei der Ausarbeitung sozialer Unternehmensverantwortung kaum eine Rolle, da ihnen generell Misstrauen entgegengebracht wird. Dennoch gibt es landesweit lokale und regionale gemeinschaftliche Initiativen, die von lokal und regional verankerten Wirtschaftsorganisationen mitgestaltet werden. Die Legalitätsvoraussetzungen für wirtschaftliche Tätigkeit in Russland sind also nach wie vor Obščina und Obščestvo, wobei die wirtschaftliche Gemeinschaft nur dann legitim wirtschaftet, wenn ihr eine autonome, aber dennoch konsensfähige Geschäftsethik zugrunde liegt, und das gemeinschaftliche Wirtschaften nur dann legitim ist, wenn es nicht ausschließlich auf ordnungspolitischer Regulierung aufbaut.

Erst eine in der wirtschaftlichen Gemeinschaft ausgehandelte Geschäftsethik als Basis für die interne Legitimation unternehmerischen Handelns und für den „solidarischen Zusammenhalt jenseits der Partikularinteressen" trägt zum guten und vor allem gerechten Zusammenleben bei. Nur in der Wirtschaftsgemeinschaft ausgehandelte Grundsätze und Prinzipien, die auch für jeden verbindlich und richtungsweisend sind, die von allen einheitlich erarbeitet, beschlossen und akzeptiert worden sind, haben Bestand. Gleichzeitig müssen sie dem Einzelnen dennoch größtmögliche Freiheit gewähren. Das heißt beispielsweise, dass Mitarbeitern die reale Möglichkeit gegeben wird, sich sinnstiftend und gewinnbringend in das Unternehmen einzubringen sowie sich an Aushandlungs- und Entscheidungsprozessen zu beteiligen.

Zudem ist erst eine reale Beteiligung der Unternehmen an ordnungspolitischer Mitverantwortung, die Schaffung einer Engagementinfrastruktur für Unternehmen zur externen Legitimation unternehmerischen Handelns eine Voraussetzung für das faire Zusammenleben in einer Gesellschaft. Unternehmen sollten als quasi-öffentliche Akteure am gesellschaftlichen und politischen Meinungsbildungs- und Gestaltungsprozess beteiligt sein, sie sollten nicht bloß die staatlichen Anforderungen erfüllen müssen. Sie verfügen über immense Ressourcen finanzieller, organisatorischer und intellektueller Art, die sie sinnstiftend und gewinnbringend in den gesamtgesellschaftlichen Diskurs über das gute und gerechte Zusammenleben einbringen können. Gleichzeitig muss über die Zumutbarkeit ihrer wirtschaftlichen Aktivitäten immer wieder neu reflektiert werden. Doch auch das geht nur in einem Netzwerk verschiedener Akteure und Anspruchsgruppen, da jeder einen anderen Blickwinkel hat und man nur gemeinschaftlich die Interessen aller verfolgen kann. So ist in den Konzepten des Staatskapitalismus und Solidarismus durchaus auch die ökonomische Autonomie der Wirtschaftseinheiten mitgedacht, das Recht auf Privateigentum, die Sicherung von Eigentumsrechten, ebenso aber auch die Garantie einer Gemeinschaft, der Obščina, durch ein einnehmendes „Wir"-Gefühl sowie die gesellschaftliche Einbettung von Wirtschaftsorganisationen.

Kul'kov, Sorokin und Abalkin setzen teilweise Gesellschaft und Staat gleich, und sie begrüßen entsprechend die staatliche Vormachtstellung in ökonomischen und sozialen Prozessen zur Sicherung gesamtgesellschaftlicher Interessen. Das ist zwar auch bei den angeführten Beispielen in kirchlichen Dokumenten und in den Stellungnahmen der Wirtschaftsverbände zu spüren, doch wird dort stets auch auf die Anerkennung ökonomischer Autonomie verwiesen. Mit ihrem Engagement machen die Kirche und die wirtschaftlichen Interessenverbände darauf aufmerksam, dass es neben dem Staat auch andere gesellschaftliche Kräfte gibt, die ein Mitspracherecht und eine ordnungspolitische Mitverantwortung einfordern. Nach wie vor regulieren regionale und föderale Administrationen die zu leistenden Sozialmaßnahmen der Unternehmen durch entsprechende Gremien und Ausschüsse. Die Unternehmen ihrerseits reagieren mehrheitlich auf staatliche Anreize und Maßnahmen, pflegen das sowjetische Erbe und fangen gerade erst an, sich dezidiert mit den Forderungen anderer Anspruchsgruppen als des Staates und der Mitarbeiter zu befassen. Denn: kann der Staat in jedem Falle gesamtgesellschaftliche Interessen vertreten? Die Artikulation der Interessen und Bedürfnisse muss aus der Gesellschaft selbst heraus kommen, daraufhin muss ein Konsens darüber hergestellt werden, welches Interesse es zu verfolgen gilt und welches nicht, um schließlich auf gesamtgesellschaftlicher Ebene zu kontrollieren, ob dieser ausgehandelte Kompromiss adäquat verfolgt wird. Insofern stellt sich die Frage, ob die strikte Verfolgung von Mitarbeiterforderungen der größten Betriebe einer Region die wirtschaftliche Gemeinschaft daran hindert, sich weiterzuentwickeln, wie behauptet, oder ob es doch die Kommunikationsstrukturen gesellschaftlicher Großgruppen in Russland sind, die dem, zumindest teilweise, im Wege stehen.

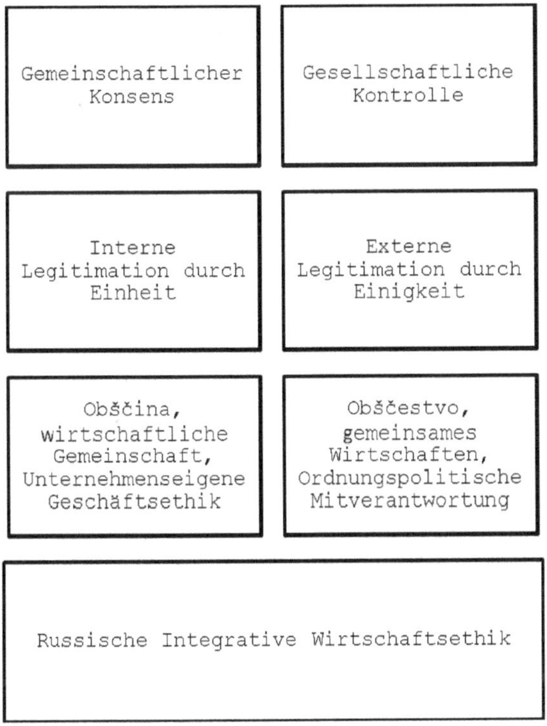

Abb. 4.2: Darstellung der russischen integrativen Wirtschaftsethik. Quelle: eigene Darstellung, 2011

5 Der gesellschaftliche Mehrwert

5.1 Ökonomische Autonomie und soziale Sicherheit

Welchen Mehrwert können der gemeinschaftliche Konsens und die gesellschaftliche Kontrolle über wirtschaftliche Aktivitäten erbringen? Grundsätzlich setzt sich gesellschaftlicher Mehrwert aus einer Bandbreite an Indikatoren zusammen. Hier wird lediglich der Mehrwert Gegenstand näherer Betrachtungen sein, den ökonomische Akteure mit ihren Beiträgen leisten können. Der gesellschaftliche Mehrwert, zu dem Unternehmen durch ihre spezifischen Fähigkeiten beitragen, ist einmal die ökonomische Autonomie der Wirtschaftsorganisationen und der wirtschaftlichen Subjekte in einer Gemeinschaft. Zum anderen garantiert das Prinzip Obščestvo die soziale Sicherheit der Gesamtgesellschaft durch staatliche und zivilgesellschaftliche Kontrollmechanismen (Kirche, Wirtschaftsverbände, Wissenschaft, bürgerschaftliche Initiativen). Die ökonomische Autonomie einer wirtschaftlichen Gemeinschaft baut ihrerseits auf einer unternehmenseigenen Geschäftsethik auf, welche zur Schaffung von betriebsinternen Beteiligungsinfrastrukturen beiträgt sowie zu Ressourcensynergien im Unternehmen führt. Die Voraussetzungen dafür sind die persönliche Freiheit und die individuelle Autonomie der Mitarbeiter einer Wirtschaftsorganisation. Die soziale Sicherheit basiert ihrerseits auf einer ordnungspolitischen Mitverantwortung der Unternehmen, welche die Selbstorganisation fördert und die Sichtbarkeit ökonomischer, politischer und gesellschaftlicher Aktivitäten eines Unternehmens erhöht. Grundlage dieser Verantwortung zur Regulierung gesellschaftlicher Herausforderungen im Namen der Interessen größtmöglicher gesellschaftlicher Teile sind Eigentums- und Rechtssicherheit der Wirtschaftsorganisationen vor politischer und gesellschaftlicher Willkür. In diesem Konzept haben traditionell russische Wertvorstellungen und auf der Gemeinde basierende Handlungsorientierungen ebenso einen Platz wie die aktuellen internationalen Debatten rund um ökonomische Liberalisierung und Autonomie. Im Ergebnis verbindet die russische integrative Wirtschaftsethik, wenn sie denn gelebt wird, das Beste aus beiden Welten.

Tab. 5.1: Darstellung des gesellschaftlichen Mehrwerts. Quelle: eigene Darstellung, 2011

Obščina		Obščestvo	
individuelle Autonomie in der wirtschaftlichen Gemeinschaft	kollektive Autonomie durch die wirtschaftliche Gemeinschaft als Kommunikationsplattform	gesellschaftliche Kontrolle durch ordnungspolitische Regulierung	gesamtgesellschaftliche Kontrolle ökonomischer Tätigkeiten durch die Sobornost'
ökonomische Autonomie		soziale Sicherheit	
gesellschaftlicher Mehrwert ökonomischer Akteure			

Ökonomische Autonomie und soziale Sicherheit benötigen Netzwerke gesellschaftlicher Großgruppen und individuelle wie gesellschaftliche Bildung, um am Entscheidungs-, Produktions- und Verteilungsprozess teilhaben zu können. Sie sind ihrerseits also Formen der Kapitaltransformation und -akkumulation, bei der sich vorhandenes ökonomisches Kapital in soziales und kulturelles umwandelt. Gesellschaftlicher Mehrwert lässt sich daher wie folgt beschreiben:

- Er ist keine bloße Wertsteigerung und Profitmaximierung, sondern die Schaffung neuer ökonomischer sowie sozialer und ökologischer Werte.
- Er beruht auf dem Geltungsanspruch ethisch-normativer Prinzipien, bei der die Frage im Mittelpunkt steht: „Ist dieses konkrete wirtschaftliche Handeln sozial und ökologisch zu rechtfertigen?“
- Gesellschaftlicher Mehrwert ist das Streben nach ökonomischer Autonomie, um gewinnbringend zu wirtschaften.
- Er ist zudem das Streben nach sozialer Sicherheit, um sinnstiftend zu wirtschaften.

Umzusetzen ist diese ethisch-normative Grundhaltung durch den gegenseitigen Know-how-Transfer aus Wirtschaft, Gesellschaft und Politik sowie durch die dialogorientierte Ausbalancierung von Interessen zwischen der ökonomischen Profitmaximierung und der Zumutbarkeit beziehungsweise Verträglichkeit des unternehmerischen Handelns.

5.1.1 Das Schaffen des gesellschaftlichen Mehrwerts

Was können Unternehmen tun, um diesen Beitrag zum gesellschaftlichen Mehrwert zu leisten? Wie kann Mehrwert überhaupt legitim sein? Er ist dann legitim, wenn er auf der Grundlage eines gemeinschaftlichen Konsenses sowie unter den Augen der gesellschaftlichen Kontrolle generiert wird und wenn er ökonomische Autonomie sowie gleichzeitig soziale Sicherheit gewährt. Wirtschaftliche Tätigkeit kann nur dann legitim sein, wenn sie für die russische Gesamtgesellschaft in gleicher Weise sinnstiftend und gewinnbringend ist, nicht nur für den einzelnen Arbeiter, Politiker oder Unternehmer. Die maximale Interessendurchsetzung steht nicht im Vordergrund, sondern der Interessenausgleich zwischen allen gesellschaftlichen Großgruppen. Und da die Wirtschaft ein Teilsystem der Gesellschaft ist, muss sie einen bestimmten Nutzen für die Gesamtgesellschaft haben, sonst würde sie abgeschafft; sie muss also irgendeine Art von Mehrwert generieren. Das sollte jedoch auf eine für alle verträgliche Art und Weise geschehen, soll es nicht zu einer Verschärfung der sozialen Auseinandersetzungen kommen, wie wir sie seit der Finanzkrise 2008 erleben. Der gesellschaftliche Mehrwert beschreibt also einen Wert, der entsteht, wenn das Engagement eines Unternehmens über den Business Case von Unternehmensverantwortung sowie über die traditionelle Corporate Social Responsibility hinausgeht. Der so geschaffene Neuwert, die unternehmerische Wertschöpfung, ist damit mehr als die soziale Wohlfahrt und stellt gleichzeitig auch nicht bloß ein Instrument der Unternehmen dar, um noch profitabler zu sein. Was sind also die Werte, die ein Unternehmen über seine Autonomie und Kommunikation, über ordnungspolitische Regulierungen und gesamtgesellschaftliche Kontrolle (Sobornost') zu schaffen in der Lage ist?

Tab. 5.2: Das Schaffen des gesellschaftlichen Mehrwerts. Quelle: eigene Darstellung, 2011

← unternehmerische Wertschöpfung →		
– Kundenattraktivität – Brand-, Wertereputation – intellektuelles Kapital – Risikoprofil – Innovation – Handlungs-, Tätigkeits-legitimierung[55]	– moralische Verpflichtungen – Nachhaltigkeit – Forderungen diverser Anspruchsgruppen – Reporting	– Beteiligung – Ressourcensynergien – Selbstorganisation – Sichtbarkeit
Business Case für Corporate Social Responsibility	Corporate Givings	gesellschaftlicher Mehrwert ökonomischer Akteure

In der aktuellen Debatte über das Verhältnis von Wirtschaft und Gesellschaft ist der ganzheitliche Ansatz zwar mittlerweile unstrittig. Die Interpretationen gehen hier allerdings weit auseinander. Großen Zuspruchs erfreut sich in der aktuellen Debatte das Konzept „Creating Shared Value“ (CSV) (Porter/Kramer, 2011), bei dem die Schaffung ökonomischer Werte mit der Schaffung gesellschaftlicher Werte einhergehen soll. Dazu sei jedoch ein neuer Weg für die Erzielung ökonomischen Erfolgs wichtig, für den es drei Möglichkeiten gibt: Produkte und Märkte überdenken, die Produktivität und die Wertschöpfungskette neu definieren sowie regionale Entwicklung ermöglichen. Damit grenzt sich dieses Konzept klar von Corporate Social Responsibility ab. Doch das ethisch-normative Prinzip der Profitmaximierung in der Wirtschaft wird auch bei dem Creative Shared Value-Ansatz nicht infrage gestellt. Ethik wird auch hier als Gegenstück zur ökonomischen Rationalität wahrgenommen, und es wird versucht, beides so gut es geht zu vereinen. Die ordnungspolitische Rolle von Regierungen wird außerdem bei diesem Ansatz weit an den Rand gedrängt; Staat und Verwaltung treten eher als Beobachter denn als Regulatoren auf. Die Unterscheidung des gesellschaftlichen Mehrwerts vom Creative Shared Value-

55 Die Agentur SustainAbility (2001) hat in einem Business Case für Nachhaltigkeit diese Indikatoren der Unternehmensentscheidungen für oder gegen gesellschaftliches Engagement differenziert.

Ansatz und beides in Abgrenzung zur Corporate Social Responsibility sind in der folgenden Tabelle dargestellt:

Tab. 5.3: Abgrenzung des gesellschaftlichen Mehrwerts. Quelle: eigene Darstellung, 2011; angelehnt an Porter/Kramer (2011)

Corporate Social Responsibility	Creative Shared Value	Gesellschaftlicher Mehrwert ökonomischer Akteure
Wert: Gutes tun	Wert: ökonomische und soziale Benefizien in Relation zu den Kosten	Wert: unternehmerisches Gewinnstreben in Relation zu der sozialen und ökologischen Verträglichkeit
Bürgerschaft, Philanthropie, Nachhaltigkeit	gemeinsame Unternehmens- und gesellschaftliche Wertsteigerung	Kreierung neuer Werte
willkürlich oder als Antwort auf externen Druck	Wesentlich für den Wettbewerb	Basis für jede unternehmerische Tätigkeit
separat von Profitmaximierung	Integral für Profitmaximierung	Ergebnis von verantwortbarer Profitmaximierung
Agenda ist von externer Berichterstattung und persönlichen Vorlieben beeinflusst	Agenda ist unternehmensspezifisch und internalisiert	Agenda wird im Dialog mit Gemeinschaft aufgesetzt
Einfluss auf Unternehmensbilanz und CSR-Budget ist beschränkt	ordnet das gesamte Unternehmensbudget neu	bezieht Gesamtheit der Unternehmensressourcen mit ein
Beispiel: Fairen Handel unterstützen	Beispiel: Transformation der Beschaffung, um Qualität und Erträge zu erhöhen	Beispiel: integriertes soziales Engagement, bei dem Unternehmensaufgabe und betriebsinterne und -externe Beteiligung am Leben in der Gemeinschaft eins sind

5.2 Generieren des gesellschaftlichen Mehrwerts in der betriebsinternen wirtschaftlichen Gemeinschaft

Gesellschaftlichen Mehrwert zu generieren „is more than demonstrating concern for the environment, fair business practices, and socially responsible business decisions. It can entail making extra efforts to improve social welfare“ (London, 2008: 314). Zentral ist hier die Beteiligung der Mitarbeiter am Meinungsbildungs- und Entscheidungsprozess innerhalb des Unternehmens, damit sie ökonomische Tätigkeiten und Entscheidungen mittragen können. Dazu ist allerdings die Bildung und Qualifizierung der Mitarbeiter und Angestellten nötig, damit sie überhaupt zu einer begründeten Meinung gelangen und ein qualitatives Urteil fällen können. Das ökonomische Kapital der Unternehmen kann dazu eingesetzt werden, um dieses kulturelle Kapital zu akkumulieren. Unternehmen stellen somit eine neue Art von Kommunikationsplattform dar, auf der intern ein Konsens über das richtige und gerechte Wirtschaften hergestellt wird. Russische Unternehmen verfügen teilweise über Mitarbeiter-Blogs und interne Foren, auf denen man sich vernetzen und austauschen kann. Damit wächst automatisch die Eigenverantwortung der Mitarbeiter für sich, ihr Handeln, ihre Tätigkeit am Arbeitsplatz sowie ihr Interesse an außerbetrieblichen Partizipationsmöglichkeiten, was insgesamt eine Vitalisierung der wirtschaftlichen Gemeinschaft und der Wirtschaftsregion zur Folge haben kann. Das Einbringen von Verbesserungsvorschlägen, die Beteiligung der Mitarbeiter an Aktien des Unternehmens oder regelmäßiges Einholen von Mitarbeiter-Feedback sind bereits erwähnte Beispiele solcher Partizipationsmöglichkeiten.

Der Dialog fördert außerdem die betriebsinterne, abteilungsübergreifende Wahrnehmung und Vertretung von Interessen, Wissenstransfer und Austausch. So entsteht die Sensibilisierung der Arbeiter für die Tätigkeiten und Aufgaben der jeweils anderen, Netzwerke bilden sich im Unternehmen, die wiederum effektiv zur Lösung gemeinsamer Herausforderungen durch Synergieeffekte beim Zusammentragen verschiedener Ressourcen beitragen können.

Ein weiterer Aspekt ist die Selbstorganisation der Gemeinschaft, um verantwortungsvoll und im Austausch mit allen gesellschaftlichen Gruppen Kontrollmechanismen für die Zumutbarkeit wirtschaftlicher Aktivitäten zu entwickeln: Die Menschen, die von einem Problem betroffen sind, sollten sich der Lösung ihres Problems selbst annehmen. Bildung und Partizipationsmöglichkeiten sind dafür notwendig, wenn die Eigenverantwortung innerhalb einer Wirtschaftsregion erfolgen soll. So sollte beispielsweise in einem Gipswerk in Südsibirien die Verringerung der Anzahl der Mitarbeiter aufgrund des Nachfrageeinbruchs in 2008 erfolgen[56]. Betriebsführung und Management waren sich bereits über Art und Umfang der Kürzungen einig, als die Mitarbeiter des Betriebes beschlossen, auf einen Teil ihres Lohnes zu verzichten, damit alle weiter angestellt bleiben könnten. Für den sozialen Frieden in den regionalen Gemeinschaften ist die Arbeitslosigkeit einiger manchmal wesentlich gefährlicher als die Lohnminderung aller. Kommunikations- und Partizipationsmöglichkeiten führten dazu, dass sich die Mitarbeiter einbrachten und mit ihrer Forderung auch durchsetzten. Darüber hinaus tritt auch hier wieder das Obščina-Prinzip, die wirtschaftliche Gemeinschaft, zutage.

Die vierte Komponente, die Öffentlichkeit der Aktivitäten, muss zudem über die bloße Berichterstattung auf firmeneigenen Internetseiten und in Broschüren hinausgehen und die Mitarbeiter am Öffentlichkeitsprozess teilhaben lassen. Darüber hinaus ist die Gesamtgesellschaft in Form von Plattformen zu beteiligen, welche einerseits den Dialog und die Kontrolle wirtschaftlicher Aktivitäten fordern und fördern sowie andererseits Zugang zu Informationen von und für das Unternehmen schaffen. Den Datentransfer optimieren, Maßnahmen messen, die Frage nach dem Sinn ökonomischer wie sozialer Aktionen stellen und einen Diskurs darüber anstreben, wie die Sinnhaftigkeit nachhaltig erhöht werden kann – dazu braucht es die unterschiedlichen Anspruchsgruppen, deren Forderungen, deren spezielles Wissen und deren eigene Netzwerke. Entsprechende Maßnahmen können auch die Präsentation des Engagements im Internet, in Werbefilmen oder durch das Drehen von Spielfilmen zu einem bestimmten sozialen Problem umfassen. Laut der Internet-Marktforschungsfirma comScore (2007; 2009) hat Russland die weltweit größten Wachstumszahlen an Internet-Usern und besitzt weltweit die größte Social Network Audience, was für die Wirtschaft, aber auch für die Politik und die Öffentlichkeit nutzbar ist. Hier kann sowohl die IT-Abteilung als auch die Abteilung für Öffentlichkeitsarbeit eines Unternehmens unterstützend eingesetzt werden. Dazu braucht es nicht in erster Linie mehr Geld, sondern gegebenenfalls nur eine Umverteilung bereits investierter Ressourcen.

Berechtigt ist natürlich die Frage, wie die Mitarbeiter zu ändern sind, wie sie die Inkorporierung des sozialen Engagements umsetzen. Die Frage ist je nach Unternehmen sicherlich verschieden zu beantworten. Viele werden sich nicht ändern. Und sie werden sich sicherlich auch nicht freiwillig engagieren. Zumindest nicht alle und auch nicht bei jedem Thema. Zum einen führt das zur Erosion des Bereichs der sozialen Fürsorge und des sozialen Status Quo in einem Unter-

56 Unter Verwendung von Datenmaterial der Deutsch-Russischen Gespräche Baden-Baden.

nehmen. Zum anderen wird ein Vorgesetzter nicht in jedem Fall ein Interesse daran haben, dass die Mitarbeiter einen Teil ihrer Arbeitszeit für andere Dinge aufwenden. Dennoch können Prozesse in Gang gesetzt werden, die im zweiten, dritten Schritt vielleicht einen Wandel mit sich bringen. Ein Beispiel für den betriebsinternen Einstellungs- und Verhaltenswandel ist die Nichtraucherprämie. Sie wird in Betrieben an Mitarbeiter vergeben, die nicht rauchen. Da diese keine Raucherpausen während des Arbeitsprozesses benötigen und durch das Nichtrauchen einen gesünderen Lebenswandel führen, ein niedrigeres Krankheitsrisiko haben und entsprechend eine höhere Arbeits- und Leistungskraft aufweisen, werden sie vom Unternehmen „belohnt“. Diese Maßnahme wirkt in hohem Maße disziplinierend und bewirkt außerdem, dass auch andere Regeln am Arbeitsplatz eingehalten werden[57].

Es stellt sich die Frage, welche Personen die Konvergenzzonen identifizieren können, in denen die Kernkompetenzen des Unternehmens zur Lösung sozialer Fragen und damit zur Erhöhung des gesellschaftlichen Mehrwerts beitragen. Sie müssen in der Lage sein, Herausforderungen zu identifizieren und sein soziales Umfeld sowie Möglichkeiten des Gestaltens und Wandelns zu erkennen. Sie sind gekennzeichnet durch ein hohes Commitment gegenüber ihrem Unternehmen beziehungsweise gegenüber ihrer sozialen, gesellschaftlichen oder bürgerlichen Organisation, besitzen Führungsqualitäten und kennen sehr genau ihre Stärken und Schwächen. Zudem besitzen sie die Fähigkeit, Strategien zur Lösung bestimmter Herausforderungen zu entwickeln, und sie sind in der Lage, ihre (Führungs-) Verantwortung zu teilen. Des Weiteren verfügen sie alle über für eine neue sektorenübergreifende Partnerschaft notwendigen und relevanten Kenntnisse, sie können von anderen etwas Neues annehmen und dies in ihrem Wirkungsumfeld weitergeben. Pinchot (1985) hat diesen Personenkreis treffenderweise als „Intrapreneurs“ bezeichnet – unternehmerisch denkende und handelnde Menschen in einer bestehenden Organisation. Das müssen nicht in jedem Falle Unternehmen sein. Auch auf Regierungsseite oder in gesellschaftlichen Initiativen sind solche Leute aktiv und können zu mehr Kostenbewusstsein, Stakeholder-Orientierung und Eigeninitiative geschult werden.

57 Unter Verwendung von Datenmaterial der Deutsch-Russischen Gespräche Baden-Baden.

5.3 Generieren des gesellschaftlichen Mehrwerts in der betriebsexternen wirtschaftlichen Gemeinschaft

Versteht man die wirtschaftliche Gemeinschaft also nicht nur als die Belegschaft eines Unternehmens, sondern als Wirtschaftsregion, die sich um eine Hauptindustrie herum angesiedelt hat beziehungsweise angesiedelt wurde, ist es möglich, gesellschaftlichen Mehrwert in diesen vier Kategorien auch regionsintern mit der Beteiligung der Politik, der Kirche, der Wirtschafts- und Sozialverbände sowie der bürgerschaftlichen Initiativen zu schaffen.

Welche Projekte fallen in diese Konvergenzzonen? In erster Linie sind es soziale Projekte, die signifikant mit den Unternehmen in Verbindung stehen. Nur so ist ein Unternehmen bereit, Risikokapital zur Verfügung zu stellen. Dieses Risikokapital kann dann für die Skalierung einer bereits bewährten Initiative verwendet oder sozialen Organisationen bezeihungsweise der öffentlichen Verwaltung zur Verfügung gestellt werden. Es sind Konzepte, die bereits einen Proof of Concept hinter sich haben und sich in der kleinsten Einheit des (Sozial-)Marktes bereits bewährt haben. Sie orientieren sich an einem bestimmten Business Model, haben eine Roadmap oder Ähnliches und können bereits einen sichtbaren positiven Einfluss vorweisen. Sie genießen außerdem lokale Unterstützung und die Akzeptanz der Bevölkerung. Die Projekte müssen so angelegt sein, dass sie sich mittel- und langfristig selbst finanziell tragen können, somit nachhaltig sind und ganz klar kommunizieren können, welche Investition sie sich vom Unternehmen erwarten (finanzielle Ressourcen, Know-how, Infrastruktur, Lobbying). Außerdem müssen sie sagen können, was sie dem Unternehmen zurückgeben werden. Dabei geht es nicht um ein Tit-for-Tat-Tauschgeschäft, sondern um die Frage der Gegenseitigkeit, der Schaffung eines gemeinsamen, gesellschaftlichen Mehrwerts[58].

Umgekehrt funktioniert es ebenfalls: Auch große Unternehmen können sich an nicht kommerzielle Organisationen oder Projekte wenden mit dem Angebot, bestimmte Ressourcen zur Verfügung zu stellen, um gemeinsam skalierbare Projekte auszubauen und weiterzuentwickeln. Vielfach sind sie auf der Suche nach zu ihnen passenden Projekten und Maßnahmen, werden jedoch selten fündig, weil im Unternehmen längst nicht das Wissen vorhanden ist, geeignete Initiati-

58 Die hier vorgestellten Gedanken über die Eigenschaften der Personen und die Besonderheiten der Projekte sind einer Gruppenarbeit (vier Personen, mich, die Autorin, eingeschlossen) im Rahmen des Themas „Social Entrepreneurship“ am 6. April 2011 an der Universität St. Gallen, Schweiz, entlehnt.

ven zu identifizieren, oder weil der Unterstützung staatlicher Initiativen Vorrang eingeräumt wird. Und Geld allein löst die gesellschaftlichen Probleme nicht – es geht um die Wertschöpfung, darum, wie man mit den eingesetzten Ressourcen mehr für die Gesellschaft leisten kann, wie das gute und gerechte Zusammenleben fairer organisiert werden kann.

Tab. 5.4: Beispiele, wie gesellschaftlicher Mehrwert generiert wird. *Quelle: eigene Darstellung, 2011*

Gesellschaftlichen Mehrwert generieren	Beispiele
• Beteiligung schaffen	• Events, über Internet, Öffentlichkeit, mediale Aufmerksamkeit schaffen, neue Partnerschaften initiieren und vermitteln, Nachahmer suchen, Social-Franchise-Modelle und PSPP entwerfen
• Ressourcenallokation im Unternehmen	• Objektnutzung, Business Improvement Districts, Infrastruktur, Know-how-Transfer, Fürsprache, Lobbying
• Selbstorganisation fördern	• Social Commissioning zur Bewältigung sozialer Verantwortungsbereiche eines Unternehmens, die nicht direkt zum Produktionsprozess gehören: soziales Unternehmertum etablieren, sektoren übergreifende Zusammenarbeit initiieren
• Sichtbarkeit schaffen	• Unternehmenszeitung, -blog, -radio, -TV, Internet, Social-Media-Präsenz, Filmproduktion

5.4 Beispiele russischer Unternehmen

Die im Folgenden dargestellten Beispiele gesellschaftlichen Engagements russischer Unternehmen spiegeln dieses Mehr wider. Bei dieser Auswahl steht die gelebte Unternehmensethik einerseits signifikant mit dem Unternehmen in Verbindung, das heißt, die Kernkompetenzen eines Unternehmens tragen zur Lösung gesellschaftlicher Herausforderungen bei. Andererseits fördert das Engagement aber auch den sektorenübergreifenden Dialog, wie in den ersten Beispielen dargestllt. Es macht den Aushandlungsprozess über die gesellschaftliche Zumutbarkeit ökonomischer Aktivitäten durch Beteiligungs- und Engagementinfrastrukturen sowie durch die Erhöhung eigenständiger wirtschaftlicher und gesellschaftlicher Selbständigkeit möglich.

5.4.1 Beteiligung schaffen

- Kuzbassenergo (Energieunternehmen): Durch das Programm „Molodež – Architektor budušČevo!“ (Die Jugend – Architekt der Zukunft, «Молодежь – архитектор будущего!») sensibilisiert das Unternehmen Kinder und Jugendliche für soziale Mitverantwortung. Außerdem unterstützt es das Engagement von Kindern und Jugendlichen im sozialen Bereich in Form von Sozialpartnerschaften mit regionalen Stiftungen, sozialen Initiativen und einer breit angelegten Aktivierung der Jugendlichen sowie der Initiierung neuer Partnerschaften.
- Sozialreklame russischer Unternehmen (u. a. das Metallurgische Kombinat MMK in Zusammenarbeit mit SkyCinema)[59] ist ein Betätigungsfeld zur Sensibilisierung der russischen Öffentlichkeit für gesellschaftliche Herausforderungen, das mehr und mehr an Bedeutung gewinnt. In der Sowjetunion gab es bereits so etwas Ähnliches, beispielsweise wurde mit Werbefilmen oder Plakaten gegen Trunkenheit am Steuer geworben oder für das täglich mehrmalige Händewaschen und Körperhygiene, um sich vor Infektionskrankheiten zu schützen. Damit soll auf die gesellschaftliche Haltung und Einstellung zu bestimmten Themen eingewirkt werden, woraus sich eventuell auch Verhaltensänderungen ergeben oder Aktionen und Projekte initiieren lassen.
- Evraz (Montan-Unternehmen in der Stahlproduktion): Die Ideenwettbewerbe für eine lebenswertere Stadt, das beste Volunteering-Projekt und die schönste Gestaltung der Höfe und Vorgärten (Конкурс молодежных проектов «Город друзей - город идей», Конкурс волонтерских проектов «Ты нужен городу!» und Программа благоустройства придомовых территорий «Дворы») schaffen gemeinschaftliche Beteiligung an der städtischen Infrastrukturentwicklung von Monostädten, sensibilisieren speziell die Jugend und Unternehmensmitarbeiter, aber auch die lokale Bevölkerung für die städtische Sauberkeit und Ordnung und damit für die Erhöhung der Attraktivität des Wohn- und Wirtschaftsraums Ural und die Entwicklung innerstädtischer Bereiche.
- Rusal (Metallindustrie): Das Unternehmen hat ein Internetportal für die Vernetzung sozial aktiver Kinder und Jugendlicher mit regionalen Nichtregierungsorganisationen und anderen gesellschaftlichen Initiativen eingerichtet[60].

---

59 http://www.1soc.ru/.

60 www.parkprojektov.ru.

Es initiiert und fördert damit den Aufbau und die Entwicklung einer Infrastruktur für soziales und zivilgesellschaftliches Engagement.

- UralKhim (Chemieunternehmen): Mit seinem Projekt Liga Liderov («Лига Лидеров») sucht das Unternehmen Nachahmer und Katalysatoren sozialer und gesellschaftlicher Initiativen, die eventuell einmal zu Social-Franchising-Projekten führen können. In jedem Fall fördert UralKhim damit die soziale Engagementinfrastruktur und geht mit eigenem gutem Beispiel voraus, indem es gleichzeitig Jugendliche auffordert und unterstützt, die soziale Herausforderungen in der Region angehen und lösen wollen. Dazu wurde bereits eine Zusammenarbeit mit dem Roten Kreuz initiiert. Außerdem trat das Unternehmen 2009 der internationalen Initiative „Responsible Care" bei.

5.4.2 Selbstorganisation fördern

- AvtoVaz trug in Toliatti nicht nur durch die Förderung des Stiftungssektors zur Selbstorganisation der regionalen Gemeinde bei. Neben der Schaffung einer eigenen GmbH für soziale Programme (OOO «Социальные программы»), welche die sozialen Anforderungen der Mitarbeiter und der Gemeinde an den Konzern regelt, trug das Unternehmen auch mit der Überführung seines betriebseigenen Hotels («Гостиница Юбилейная») in eine eigenständige GmbH neben der ökonomischen Vitalisierung zu eigenverantwortlichem Wirtschaften in der Gemeinde bei. Die betriebseigenen Sportclubs für Handball und Hockey («Гандбольный клуб Лада», «Хоккейный клуб Лада») sind ebenfalls als eigenständige Organisationen ausgegliedert worden. Darüber hinaus kam es 2003 zur Gründung der Unternehmensstiftung AvtoVaz – novomu pokoleniju (Именной фонд «АвтоВаз — новому поколению!») im Rahmen der Toliatti Community Foundation (Городской благотворительный фонд «Фонд Тольятти»). Diese Beispiele sind gleichzeitig Arten des Social Commissioning, bei dem soziale und gesellschaftliche Verantwortungsbereiche des Unternehmens an andere Organisationen und Nichtregierungsorganisationen abgegeben werden. Insgesamt steht hier die unternehmerische Selbständigkeit im Vordergrund.
- Das Unternehmen Sakhalin Energo Invest[61] aus der Öl- und Gasindustrie bietet seinen Mitarbeitern ein erweitertes Volunteering-Programm zur Unter-

61 Obwohl Shell einen wesentlichen Anteil an der Sakhalin Energo Invest Ltd. hält, ist das Unternehmen als Beispiel für die Schaffung von Engagementinfrastrukturen, einen dialogorientierten Ansatz zur Lösung der Herausforderungen auf der Insel und die

stützung ihrer wohltätigen Initiativen und sozialen Projekte. Es beteiligt sich bei den Aktionen der Mitarbeiter jedoch nicht nur finanziell, sondern auch organisatorisch und konzeptionell. Damit fördert und begleitet das Unternehmen die Eigeninitiative und das private Engagement seiner Angestellten, was vor allem im Zuge eines dialogorientierten Ansatzes im Rahmen der Erschließung neuer Rohstofflagerstätten auf der Insel Sakhalin zum Tragen kam. Gerade im Bereich Naturschutz und Meeresschutz hat sich eine hohe Sensitivität und ein bereitwilliges Engagement entwickelt, was durch das Engagement der Unternehmensmitarbeiter für den Umweltschutz auf ihrer Insel und an den Küstengebieten sowie durch eine rege Internet-Kommunikation über Öllecks, Wasserverunreinigungen und unsachgemäßen Umgang mit der Natur zum Ausdruck kommt. Hier steht die interessengebunde Selbständigkeit sowie die Formierung von Initiativen, die Artikulation gesellschaftlicher Zielvorstellungen und die gemeinsame Problemlösung mit Unternehmensbeteiligung im Vordergrund.

- Die Gruppa Ilim aus der Forst- und Papierwirtschaft gründete 2005 die Unternehmensstiftung Ilim-Garant (Благотворительный фонд «Илим-Гарант»), welche sich eigenverantwortlich, aber in Kooperation mit dem Unternehmen um die sozialen Belange der Unternehmensmitarbeiter sowie regionaler Anspruchsgruppen kümmert, Volunteering-Projekte einführt und neue Sozialpartnerschaften initiiert. Zu bemerken ist an diesem Beispiel die organisatorische und verwaltungstechnische Selbständigkeit des Fonds, damit eine reibungslose Gegenseitigkeit möglich ist.

5.4.3 Ressourcenallokation im Unternehmen

- Das Medien- und Kommunikationsunternehmen Vimpelcom bietet für Nichtregierungsorganisationen und soziale Initiativen die Möglichkeit, kostenlos SMS-Fundraising zu betreiben und für ihre sozialen und ökologischen Projekte zu werben. Das Unternehmen stellt damit kostenlos seine Produkte und Dienstleistungen für gesellschaftliche Organisationen und die Verbreitung gesellschaftlichen Engagements zur Verfügung.

---

aktive Unterstützung von Mitarbeitervorschlägen für soziale und ökologische Aktivitäten hier mit aufgenommen. Durch die Erschließung der neuen Rohstofflagerstätten Sakhalin-2 ist dieser Dialog überhaupt erst nötig geworden. Die Erschließung führte jedoch auch dazu, dass die russischen Partnerunternehmen in die Vergrößerung ihrer Anteile investierten, es zu einer Umstrukturierung im Management kam und die Unternehmensleitung heute unter russischer Dominanz steht.

- Von der bereits erwähnten unternehmenseigenen Stiftung des Finanzdienstleisters Uralsib wurde eine strategische Partnerschaft mit der Stiftung Viktorija («Виктория») für sozial benachteiligte Kinder ins Leben gerufen. Ziel dieser Partnerschaft ist die gegenseitige Bereitstellung und Nutzung der eigenen Infrastrukturen und des eigenen Know-hows im Sozialen wie im Finanziellen. Als Finanzdienstleister kümmert sich das Unternehmen um die Buchhaltung, die ökonomische Darstellung der Stiftungskennzahlen und die Weiterentwicklung des Fundraisings, während die Stiftung ihrerseits das Volunteering der Unternehmensmitarbeiter unterstützt und die Sensibilisierung der Angestellten für soziales Engagement vorantreibt.
- Die größte private Fluggesellschaft Russlands, TransAero, stellt für Kinder zum Zwecke der medizinischen Versorgung kostenlose Flüge – national und international – zur Verfügung. Ihr Programm „Zurück zur Zukunft" («Назад в будущее») unterstützt darüber hinaus die Rehabilitierung von Kindern nach Krebserkrankungen. Die Fluggesellschaft bildet dafür extra sein Flugzeugpersonal im Umgang mit Kindern, Behinderten und Schwerkranken aus, um adäquat auf die Bedürfnisse junger Patienten an Bord eingehen zu können.

5.4.4 Sichtbarkeit schaffen

- Mit ihrem breit gefächerten Angebot an Veröffentlichungen und Publikationen ist die Rosbank beispielgebend, was das Öffentlichmachen der Tätigkeiten des Unternehmens anbelangt. Die Bank gibt unter anderem ihre unternehmenseigene Zeitung Žurnal Rosbank (Журнал «Росбанк») heraus[62], die nicht nur für ihre Mitarbeiter, sondern auch für ihre Kunden und Geschäftspartner konzipiert ist. Diese Publikation wurde aufgrund ihres Kommunikationsangebots, ihrer Gegenseitigkeit und der Qualität der Veröffentlichungen bereits mehrmalig ausgezeichnet; sie berichtet sowohl über Finanzen und Märkte als auch über das Unternehmen an sich, über seine Mitarbeiter und Angestellten sowie sein gesellschaftliches Engagement.
- Die russische Fluglinie TransAero strahlt seit Februar 2011 auf ihren Linien mit dem Film „Ein anderes Leben" («Другая жизнь») die künstlerische Aufarbeitung des eigenen sozialen Engagements aus. Der Film befasst sich mit dem Thema Corporate Volunteering und wirbt um die Verbreitung dieses Konzepts sowie seine Verankerung in der Unternehmensphilosophie eines

62 www.rb-j.ru.

jeden russischen Unternehmens[63]. Da der Film lediglich in der Business Class gezeigt wird, handelt es sich außerdem um eine sehr zielgruppenspezifische Kommunikation des sozialen Engagements, die auf der einen Seite zur Sensibilisierung, auf der anderen Seite aber auch zum Nachdenken darüber anregen soll, was man als Unternehmer oder Manager selbst mit seinem Betrieb oder seiner Abteilung machen kann, um zum guten und gerechten gesellschaftlichen Zusammenleben beizutragen.

- Die Ural Mining and Metallurgical Company gründete eine Stiftung namens „Kinder Russlands", welche Programme zu Begabtenförderung sowie zur Förderung von behinderten Kindern entwickelt hat und sich damit aktiv für die Kinder sowie kranke und behinderte junge Menschen in Russland einsetzt. Das ist an sich nicht neu. Interessant ist bei diesem Beispiel allerdings die Sichtbarkeit des Engagements: Das Unternehmen hat eigens dafür einen eigenen TV-Kanal und Kinderprogramme („5+", „Good News", „Multicoloured Umbrella") sowie eine eigene Kinderzeitschrift („Quite Minute") gegründet, in welcher sie Wissenswertes, Spiel und Spaß für Kinder aufbereitet. Gleichzeitig kommuniziert sie über diese Kanäle ihr soziales Engagement und ruft zur Beteiligung an sozialen Initiativen auf. Die Ausstrahlung der Fernsehprogramme erfolgt in Kooperation mit den TV-Unternehmen „Oblastnoe Television" (Ekaterinburg) und „Telekon" (Nižnij Tagil) im Ural, wodurch das Unternehmen mit den Sendeanstalten gleichzeitig eine Sozialpartnerschaft und das gemeinsame Investieren in dieselben sozialen Projekte ins Leben gerufen hat.

Die hier angeführten Beispiele schließen allerdings nicht aus, dass Unternehmen dennoch einen Business Case aus ihrem Engagement machen und sich nur dann an der Lösung gesamtgesellschaftlicher Herausforderungen beteiligen, wenn ihr Image und ihre Handlungslegitimierung dabei gestärkt, ihre Produkte besser verkauft, die allgemeine Reputation gefördert und, damit einher gehend, ihr Risikoprofil positiver werden. Hier ist die Nachhaltigkeit des Engagements von entscheidender Bedeutung, um eine Abgrenzung der gelebten Unternehmensethik vom reinen Business Case für soziale Unternehmensverantwortung zu bewirken. Nachhaltigkeit bezieht sich hierbei allerdings nicht nur auf die Dauer oder die vom Unternehmen aufgewendeten Ressourcen für soziale Projekte, sondern auch auf die Beteilungsinfrastruktur, die sie mit ihnen aufbauen oder die Nachahmer, die sie für ihre Initiativen gewinnen können. Die vorgestellten Aktivitäten sind diesbezüglich von Unternehmensseite her vage formuliert und lassen offen, ob neben dem Willen der Unternehmen, neue Partnerschaften zu initi-

---

63 Quelle: http://www.aviaport.ru/digest/2010/11/22/206015.html.

ieren oder die Fürsprache für gesellschaftlich relevante Fragen und Probleme auch tatsächlich ein Wandel angestoßen wurde. Die Auslagerung sozialer Verantwortungsbereiche aus dem Kerngeschäft des Unternehmens in Form von Unternehmensneugründungen, Stiftungen und Fonds hat neben den positiven Effekten wie beispielsweise eine erhöhte unternehmerische Selbständigkeit auch den Nachteil, dass immanente Fragen des fairen miteinander Arbeitens und Lebens separat von der Wirtschaftsorganisation diskutiert werden und die erhoffte Dialogorientierung trotz der erhöhten Selbständigkeit genau in ihr Gegenteil verkehrt wird. Sektorenübergreifende Zusammenarbeit bleibt eine Herausforderung, der sich Unternehmen tagtäglich stellen müssen. Denn sie ist keine Selbstverständlichkeit und lebt nur mit der gegenseitigen Überzeugung, dass man ohne den anderen nicht wirtschaften kann.

5.5 Zwischenbilanz

Auf der Basis dieser Legitimitätsvoraussetzung können ökonomische Akteure durch Erweiterung ökonomischer Autonomien sowie durch Erhöhung sozialer Sicherheiten ihren Beitrag zum gesellschaftlichen Mehrwert leisten.

Die vorgestellten Praxisbeispiele zeigen dennoch, wie ein Unternehmen gesellschaftlichen Mehrwert generieren kann. Sie zeigen, dass es in erster Linie nicht um die Aufstockung der finanziellen Ressourcen für eine spezifische Sozialpolitik oder um die soziale Absicherung ganzer Gemeinden und Kommunen geht. Was ein Unternehmen leisten kann, ist die Schaffung von Kommunikationsplattformen für den gegenseitigen Austausch über ein lebenswertes Zusammenleben, oder es kann selbst zu solch einer Kommunikationsplattform werden. Dabei geht es in erster Linie darum, Informationen zu verbreiten, sich am Prozess der Verbreitung aktiv zu beteiligen und andere aktiv mit einzubeziehen. Denn während früher die Kaste, der Stand, die Klasse oder das Gehalt über die soziale Stellung des Einzelnen in der Gesellschaft entschieden haben, ist es heute der Zugang zu Informationen, die Netzwerkbildung und die Wissensanreicherung, also die Akkumulation von sozialem und kulturellem Kapital, die über die soziale Stellung des Einzelnen, aber auch über die Stellung einer Gesellschaft im internationalen Umfeld entscheidet. Der Zugang zu Kommunikationsmedien, die Schaffung von Informations- und Kommunikationskanälen muss Aufgabe des Unternehmens sein beziehungsweise werden.

Natürlich bleibt der ökonomische Kapitalertrag solchen Engagements weiterhin schwer fassbar. Dennoch können auch hier ökonomische Vorteile erzielt werden: etwa durch erhöhte Selbständigkeit und Firmengründungen in der Gemeinde oder Region, durch Ressourceneinsparung aufgrund ökologischer Nachhaltigkeit, durch weniger Krankschreibungen und Arbeitsunfälle aufgrund medizinische Betreuung und erhöhter Sicherheitsstandards am Arbeitsplatz, durch erhöhte Loyalität der Mitarbeiter im Zuge von Mitbestimmung und Beteiligung oder durch die Aus- und Weiterbildung der Mitarbeiter zu qualifiziertem Personal.

Denn obwohl die Entwicklung zwar zeigt, dass Unternehmen in den vergangenen Jahrzehnten alles getan haben, ihre Gewinne zu maximieren und sämtliche Produktivitätszuwächse zu okkupieren, geht es in einer postindustriellen Wirtschaftsgemeinschaft doch um mehr, als die Anhäufung materieller Güter. Ganz im Sinne Bulgakovs geht es heute viel eher darum, die Kreativität im Arbeitsprozess anzusprechen, damit der Mensch schöpferisch tätig sein kann. Denn, die Arbeit in einer postinudstriellen Gesellschaft definiert sich nicht mehr ausschliesslich nur über die fiskalische Entlohnung, das man mit ihr verdient, sondern über den Grad der Kultur, die sie schafft. Dabei definiert sich „Kultur“ im Teilsystem Wirtschaft über die Innovationsfähigkeit einer Gesellschaft, über die Anmeldung von Patenten, über die Ausdifferenzierung von bestimmten (intellektuellen) Dienstleistungen, der Akkumulation von kulturellem Kapital und die Generierung immer neuen Wissens. So ist nicht mehr nur die Höhe des Einkommens bei einer Tätigkeit entscheidend, sondern zunehmend auch die innere Befriedigung, die diese Tätigkeit verschafft, und das Ziel, auf das man hinarbeitet, oder das Wohl der Menschen, für die oder mit denen man zusammenarbeitet. Die ökonomische Aktivität muss Sinn machen, das heißt, sie muss nicht nur wirtschaftlich rentabel sein, sondern auch sozial, gemeinschaftlich. Dazu passt auch eine Verknüpfung der zurzeit viel diskutierten Work-Life-Balance mit Bulgakov: Er nimmt die Arbeit lediglich als Grundlage des menschlichen Seins wahr und nicht als Möglichkeit, seine Sünden zu tilgen oder um sich einen Platz im Himmel zu sichern. Die Arbeit sollte darum seiner Meinung nach in genau dem Maße stattfinden, in dem die Harmonie und Einheit mit der Natur hergestellt und das Gleichgewicht zwischen Gewinnerwirtschaftung und Kreativität im Arbeitsprozess hergestellt ist, ohne dass der Einzelne oder ganze gesellschaftliche Teile an den Folgen psychischer oder physischer Überlastung und Erschöpfung leiden. Auch das können Unternehmen leisten, außerhalb ihrer Organisation durch einen dialogorientierten Umgang mit der sozialen und ökologischen Umwelt und innerhalb derselben durch eine stets erneuerte Konsensbildung über die Zumutbarkeit der Tätigkeiten.

6 Anforderungen an Unternehmen

Wie können Kommunikationsplattformen und ein harmonischer, ein ausgewogenen und gemeinschaftlicher Arbeitsprozess umgesetzt werden? Im Folgenden geht es um die Anforderungen an Unternehmen zur Schaffung von Kommunikationsplattformen und einer ausgewogenen Arbeitsweise im betriebsinternen wie -externen Umfeld.

6.1 Das Unternehmen als Kommunikationsplattform

Russische Unternehmen spielen historisch bedingt eine wichtige Rolle im gesamtgesellschaftlichen und sozialen Gefüge. Entsprechend der Gesellschaft sind auch sie von einer strikten und sehr stark hierarchischen Gliederung geprägt. Innerhalb des Unternehmens und auch in der Außendarstellung haben die Geschäftsführung sowie die jeweiligen Abteilungs- und Gruppenleiter eine große Verantwortung als Vorbild und Orientierungspunkt individueller Handlungen. Aufbauend auf den theoretischen Bausteinen der russischen integrativen Wirtschaftsethik sowie den bereits zusammengetragenen Beispielen gelebter Wirtschaftsethik russischer Unternehmen, kann folgende Systematik erstellt werden. Sie ist ein Vorschlag und bietet Beispiele dafür, in welchen Unternehmensbereichen die Integration von ökonomischer Autonomie und sozialer Sicherheit sinnvoll implementiert werden kann. Zentral sind dabei die Wahrung der individuellen Autonomie des Einzelnen sowie der Wirtschaftsorganisation innerhalb einer wirtschaftlichen Gemeinschaft sowie die Förderung von Kommunikationsplattformen durch das Unternehmen beziehungsweise die Erschaffung des Unternehmens als Basis für den Informations- und Wissensaustausch[64]:

64 Kennzahlen wie Anzahl der Projekte/Initiativen und der daran beteiligten Personen/Mitarbeiter/Abteilungen, die dafür aufgewendete Arbeitszeit in Stunden sowie Höhe der Sach- und Produktspenden oder auch die Zeiträume der Aktivitäten können für jede Maßnahme in jedem Bereich zusätzlich erstellt werden (Schunk, 2009).

Tab. 6.1: Handlungsempfehlungen im Rahmen der wirtschaftlichen Gemeinschaft. Quelle: eigene Darstellung, 2011 unter Berücksichtigung von Ulrich, 1993; Ulrich, 2001; Knox/Maklan, 2004; Chen/Sil, 2006; Blagov/Ivanova, 2009

Top-down-Prozesse		Indikatoren für Obščina-Prinzip
Geschäftsführung	Sinngebende unternehmerische Wertschöpfungsaufgabe	Mission Statement, das auf betriebsinternem Konsens beruht
	Geschäftsgrundsätze	Business Principles, Code of Conduct, Code of Business Ethics, Unternehmensverfassung, Richtlinien im Umgang mit der Gesamtgesellschaft
	Selbstverpflichtung	CSR-Reporte, Veröffentlichung der Aktivitäten auf diversen Kommunikationsplattformen
Unternehmensstruktur	CSR-Abteilung	Wie kann eine höhere Effektivität der Abteilung hergestellt werden? Durch Spezialisten, die sich in einer eigenen Abteilung diesen Themen intern und extern widmen, denn Corporate Social Responsibility ist nicht Teil der Öffentlichkeitsarbeit oder Aufgabe der Kommunikationsabteilung oder der Personalpolitik.
	Kommunikations-abteilung	Sichtbarkeit der sozialen Initiativen, Netzwerkbildung mit anderen Unternehmen, die ähnliche Projekte verfolgen, oder Sammlung/Weiterleitung von Initiativen, die an das Unternehmen herangetragen werden

Fortsetzung Tab. 6.1: Handlungsempfehlungen im Rahmen der wirtschaftlichen Gemeischaft

	Personalwesen	Verankerung der Corporate Social Responsibility im Unternehmen prüfen, fähige Leute einstellen oder gegebenenfalls selbst ausbilden, ethische Kompetenzbildung, „Ethiktraining", Stabilität der Strukturen/des Personals, Diversity fördern, Chancengleichheit (bei Neubewerbungen sowie innerhalb des Unternehmens) herstellen
Top-down-Prozesse		Indikatoren für Obščina-Prinzip
Prüfung	Betriebsinterne Beurteilung	Anreiz-Leistungs-Beurteilungssysteme für ethisch konsistente Führungsebene
	Betriebsexterne Beurteilung	Standardisierung sozialer Investitionen mithilfe nationaler und/oder internationaler Normen
Leistungen	Tarifverträge	Soziales Engagement eines russischen Unternehmens überwiegend in Tarifverträgen festgehalten
	Fonds/Stiftungen	Unternehmensstiftungen, Rentenkassen, Betriebskrankenkassen

Fortsetzung Tab. 6.1: Handlungsempfehlungen im Rahmen der wirtschaftlichen Gemein schaft

	Gewerkschaften	Gute Verhandlungsposition, da gut vernetzt und Bindeglied zwischen Manager und Mitarbeiter sowie Unternehmen und Politik; neue Attraktivität der Gewerkschaftsführer nach Metamorphose der Gewerkschaften in den 1990ern (juristische, finanzielle, operationale Autonomie); freiwillige Mitgliedschaft und Wettbewerb zwischen den Gewerkschaften erhöht die Aufmerksamkeit der Gewerkschaft gegenüber regionalen Problemen und Schwierigkeiten der Arbeiter; radikale Marktreform brachte bestimmte Konvergenzen in der Arbeit der Gewerkschaft als Arbeitervertretung und nicht bloß Vermittlung von Entscheidungen der Unternehmensleitung[65]
Top-down-Prozesse		Indikatoren für Obščina-Prinzip
Leistungen	Charity/Sponsoring	Charity, Spenden, auch wenn sie in Russland nicht steuerlich absetzbar sind

65 Vgl.: Olimpieva, I. (2011): „Free“ and „Official“ Labour Unions in Russia: Different Modes of Labor Interest Representation. In: Russian Analytical Digest, 27.10.2011 (104): www.res.ethz.ch.

Fortsetzung Tab. 6.1: Handlungsempfehlungen im Rahmen der wirtschaftlichen Gemein schaft

	Soziale Zusammenarbeit	Global/regional/lokal: Bewertung der gesellschaftlichen Initiativen und sozialen Projekte: Passen die zu uns? Wo gibt es Konvergenzzonen? Was kann in neuen Partnerschaften umgewandelt werden? Wo gibt es Innovationspotential? Im Ergebnis: Intensivierung des Engagements oder aber Änderung der sozialen Investitionen
	Betriebseigene Objekte	Immobilien, Büroinfrastruktur, Neu-, Ausgründungen, Bürgerinitiativen für soziale Projekte/Initiativen neu- und Ausgründungen zur Verfügung stellen; oder Sozialunternehmen aus vorhandenen Objekten (u. a. Hotels, Sanatorien) machen
Anerkennung	Wettbewerbe/Auszeichnungen	Externe Konsensbildung, Anerkennung des legitimen Wirtschaftens durch die Gemeinschaft

Fortsetzung Tab. 6.1: Handlungsempfehlungen im Rahmen der wirtschaftlichen Gemein schaft

Bottom-up-Prozesse		Indikatoren für Obščina-Prinzip
Intern	Mitarbeiter	Mitmachstrukturen in Sachen Unternehmensverantwortung, Verbesserungsvorschläge, Ideengenerierung „Soziales"; Volunteering, individuelle Spenden an unternehmenseigene Sozialprojekte, da effektiver (Ausmaß, Beträge), höhere Identifikation; Unterstützung der Mitarbeiter, wenn sie ihr eigenes Projekt starten wollen; Vernetzung über unternehmenseigenen Chat/Plattform und die festliche Anerkennung einmal gesetzter Meilensteine als „Orte" der Moral des Wirtschaftens
Extern	Kommunikation	Zusammenarbeit bezüglich der Berichterstattung mit Mitarbeitern und Anspruchsgruppen (Was wollt ihr wissen?), Partnerschaften mit gesellschaftlichen Organisationen und Zusammenarbeit mit der Administration für hohe gesellschaftliche Legitimation der Aktivitäten, Sozialreklame, Ideengenerierung für neue Investitionen, Projekte, Initiativen über Umfragen, Vorschläge für neue Projekte, Anreizsysteme schaffen (Awards für beste Vorschläge)

Fortsetzung Tab. 6.1: Handlungsempfehlungen im Rahmen der wirtschaftlichen Gemeinschaft

Bottom-up-Prozesse		Indikatoren für Obščina-Prinzip
Extern	Sozialpartnerschaften	Lokale Projekte, Initiativen, Ressourcen bestimmter sozialer Organisationen: Wie können sie für das Unternehmen eingesetzt werden? „Es ist nicht alles unmoralisch, was unternehmerischen Erfolg bringt, aber auch nicht alles unökonomisch, was ethisch verantwortbar und sinnvoll ist" (Ulrich, 1993: 16)
	Administration	Know-how in der Verwaltung, den Steuern; überregionale Netzwerke, stellt ordnungspolitischen Rahmen zur Verhandlung

Mit solchen Maßnahmen kann man auf der obersten, aber auch auf der untersten Ebene des Unternehmens starten. Zusätzlich kann ein Unternehmen seinen Mitarbeitern die Möglichkeit bieten, im Sinne der Partizipation, der Teilhabe, der Mitbestimmung und Mitgestaltung etwas zu riskieren und etwas Neues zu starten, wobei sie sich allerdings des Rückhalts der Geschäftsleitung sicher sein müssen. Die ökonomische Autonomie des Unternehmens ist hier ebenso zu berücksichtigen wie die individuelle Gestaltungsfreiheit des Einzelnen innerhalb der wirtschaftlichen Gemeinschaft:

- Out-of-the-box-Projects: Unternehmen können ein gewisses Budget für unkonventionelle Projekte zur Verfügung stellen. Gerade für Großunternehmen, von denen ganze Regionen abhängen, ist es leichter, dieses Risiko zu tragen. Sie können für unternehmensbezogene Pläne und Vorhaben von Mitarbeitern aus allen Unternehmensbereichen, für Verbesserungsvorschläge oder neue Geschäftsideen der Mitarbeiter Pitchs und Wettbewerbe veranstalten, die von einem Komitee für Strategie und Investitionen bewertet werden. Dabei ist es wichtig, keine Themen zu tabuisieren oder zu vermeiden, auch wenn es sich um schwierige Herausforderungen handelt. Diese Wettbewerbe, Ausschreibungen, Auswertungen und erste Umsetzungen werden dann im Unternehmen weitergetragen, und es werden sich nach und nach mehr Mitarbeiter vorstellen, die sich mit ihrer Idee einbringen wollen.

- Problem-Vernetzung: Die Problem-Vernetzung zielt auf die spezielle Partnersuche für die Lösung eines ganz bestimmten gesellschaftlichen Problems ab, welches auch das Unternehmen betrifft. Durch diese Know-how-Vernetzung ist nicht nur das Ergebnis ausgearbeiteter und durchgeführter Projekte besser, es spart Transaktionskosten, Zeit und Ressourcen auf allen beteiligten Seiten. Ein Beispiel ist das ökologische Netzwerk Ecorussia[66], zu dem sich Unternehmen, soziale und ökologische Initiativen sowie Regierungsorgane zusammengeschlossen haben, um umweltfreundliches, Energie und Ressourcen schonendes Leben, Bauen und Wirtschaften in Russland zu unterstützen und zu fördern.
- Vernetzung fachfremder Abteilungen und Organisationen: Diese Vernetzung geht unter Umständen mit der Einführung flacherer Hierarchien einher, was für russische Unternehmen ein eher ungewohnter Gedanke ist. Grigor'ev (2008) hält in diesem Zusammenhang die Übertragung von Verantwortung für unabdingbar. Das Überdenken von Kommunikationswegen, das Ausnutzen der kollektiven Intelligenz zur Schaffung einer Kommunikationsplattform für ökonomische und gesellschaftliche Belange kann zum gesellschaftlichen Mehrwert beitragen. Ein Beispiel ist das allerdings nicht aus dem wirtschaftlichen Umfeld stammende Gosbook («ГосБук»)[67], die erste interaktive Kommunikationsplattform, welche speziell für Staatsbedienstete ausgearbeitet wurde, damit ein fach- und abteilungsübergreifender Austausch stattfinden kann. Ebenso können Experten aus diversen Sphären der Gesellschaft und des öffentlichen Lebens daran teilhaben. Diese Idee kann auf die Unternehmens- sowie auf die Branchen- und Regionalkommunikation übertragen werden.

Eine Herausforderung ist natürlich die Koordination, die nötig wird, wenn Mitarbeiter aus ihrer alltäglichen Arbeit teilweise herausgelöst werden, um sich für gemeinschaftliche Projekte engagieren zu können. Denn die Arbeit muss trotzdem erledigt werden. In erster Linie sind hier ein leidenschaftliches Interesse und das persönliche Engagement der Mitarbeiter zu nennen. Der Rückhalt der Vorgesetzten, die entsprechende Freiräume schaffen können, ist aber genauso wichtig. Wenn man sich zum Beispiel die Organisation von Betriebsfeiern ansieht, die Mitarbeitern während und neben ihrer Arbeitszeit bewältigen, wird klar, dass die generelle Bereitschaft, sich einzubringen, vorhanden ist. Nun geht

---

66 http://ecorussia.info/ru.

67 www.gosbook.ru.

es darum, sie auch auf andere Projekte, Initiativen und Aktivitäten umzulenken. Dabei muss die Self-Efficacy derjenigen Mitarbeiter unterstützt werden, die glauben, einen Wandel herbeiführen zu können. Zugleich brauchen sie die organisatorische Unterstützung anderer. Auch in Russland ist man sich darüber einig, dass die unternehmensinterne Motivation für gesellschaftliches Engagement erhöht werden muss (Grigor'ev, 2008); dazu braucht es jedoch geeigneter Rahmenbedingungen, innerhalb derer dies möglich ist.

Budgetkürzungen, wie sie im Zuge der Krise 2008 stattgefunden haben, sind dabei nachteilig für jede Innovation, für jedes Engagement, da extreme Unsicherheit verursacht und Frustration generiert wird. Ein Lösungsvorschlag für dieses Problem ist die Gründung einer Stiftung oder eines Fonds. Eine einmal festgelegte Summe wird vom Unternehmen und den Betriebswirten als Investition abgeschrieben. Das Geld taucht nicht mehr in den Büchern auf und ist dem Einfluss der Geschäftsführung entzogen. So lassen sich, unabhängig vom Verhalten der Märkte, soziale Investitionen finanzieren. Die bereits angeführten Unternehmensstiftungen und Fonds sind ein gutes Beispiel. Die Frage ist nur, auf welcher Basis sie entstanden sind und wer die Entscheidung über den Einsatz der Mittel trifft.

6.2 Die Umsetzung eines ausgewogenen Arbeitsprozesses

Staatskapitalismus und Solidarismus stellen darauf ab, dass nur eine Rahmenordnung es den Unternehmen überhaupt ermöglicht, nicht nur ökonomischen, sondern auch anderen, und das meint ethischen Prinzipien zu folgen. Indem ordnungspolitische Regulierungen einer Wirtschaftsorganisation den Verzicht auf Profitmaximierung zugunsten anderer moralischer Prinzipien gleichzeitig zugesteht und abverlangt, kann eine soziale Sicherung mit der Ausrichtung auf die Sobornost', das heißt mit der Schaffung ausgewogener Arbeits- und Lebensprozesse, möglich werden. Diese Harmonie mit Umwelt und Gesellschaft führt dazu, dass idealerweise nur so viel erwirtschaftet wird, wie das Gleichgewicht zulässt, wie ökologisch zumutbar und gesellschaftlich akzeptabel ist. Dafür bedarf es ethisch-normativer Prinzipien als Grundlage des Wirtschaftens, aber auch der Teilhabe der Unternehmen am gesellschaftlichen Prozess der Problemidentifikation und -lösung. Nur so ist ein effizientes Wirtschaften möglich, das im Einklang mit gesellschaftlichen Zielvorstellungen einerseits ökonomisch rentabel, andererseits aber auch ökologisch und gesellschaftlich verträglich, also insgesamt legitim ist. Der Vorschlag lautet, den Wirtschaftsorganisationen eine ordnungspolitische Mitverantwortung auf Firmen- und Verbandsebene sowie für die Regionalentwicklung der Wirtschaft und soziale Initiativen zu übertragen:

Tab. 6.2: Handlungsempfehlungen im Rahmen des gemeinsamen Wirtschaftens. Quelle: eigene Darstellung, 2011 unter Berücksichtigung von Raymond, 2010; Monitor Institute, 2009

Ordnungspolitische Mitverantwortung		Direkte Unternehmensbeteiligung/ Verwendung eigener Ressourcen
Sozial verantwortungsvolles Investieren	Mutual Funds (Взаимный фонд): Fonds, die ausarbeiten, wie gesellschaftliche Herausforderungen adressiert werden sollten	Serebrjanaja Tajga («Серебряная тайга»), Fond zum gemeinschaftlichen Dialog über nachhaltige ökonomische Waldnutzung, Beratung zur FSC-Zertifizierung, Zusammenarbeit mit Gemeinden zum bewussten Umgang mit natürlichen Ressourcen in Komi, Wissenstransfer in andere Regionen Russlands
Ordnungspolitische Mitverantwortung		Direkte Unternehmensbeteiligung/ Verwendung eigener Ressourcen
Sozial verantwortungsvolles Investieren	Separat verwaltete Konten	Betriebsrentenkassen, Krankenkassen, Zusatzversicherungen
	Kommunale Investitionen	Investitionen in die Sozialprojekte und Wettbewerbe der regionalen Bevölkerung
	Investitionen zur Erhöhung gesellschaftlichen Mehrwerts des Unternehmens sowie seiner Produkte und Dienstleistungen	Severstal: Living Steel - Entwicklung energieeffizienter Häuser für den russischen Norden; Verwendung von Produkten des Unternehmens für Klima- und Ressourcenschutz

Fortsetzung Tab. 6.2: Handlungsempfehlungen im Rahmen des gemeinsamen Wirtschaftens

	Unternehmenseigenes Risikokapital zur Verfügung stellen	Talentwettbewerbe, Stipendien, Bildung für Dritte, Investitionen in Forschung/Start-ups, Innovationswettbewerbe
	Kapitalerhöhung des Investment-Bankings für soziale Investitionen	Renova-Unternehmensstiftung plant eine solche Initiative mit russischen börsennotierten Unternehmen
Lobbying	Fürsprache der Unternehmen für Unterstützung neuer sozialer Investitionen	Internet-Spendenplattformen Russlands, Beteiligung der Unternehmen an staatlichen Initiativen
Ordnungspolitische Mitverantwortung		Direkte Unternehmensbeteiligung/ Verwendung eigener Ressourcen
Lobbying	Ausbalancierung diverser Interessen, Konvergenzzonen in Politik, Wirtschaft, Gesellschaft finden	Expertenrat für Entwicklung und Investitionen im nordwestlichen föderalen Okrug (экспертный совет по развитию и инвестициям при полномочном представителе Президента РФ в СЗФО) zur strategischen Planung unter Beteiligung aller gesellschaftlichen Akteure
	Auflegen gezielter öffentlicher Kampagnen, um die Erfolge sichtbar zu machen	Diverse Auszeichnungen von gesellschaftlichen Akteuren für soziales Engagement russischer Unternehmen

Fortsetzung Tab. 6.2: Handlungsempfehlungen im Rahmen des gemeinsamen Wirtschaftens

Netzwerkbildung	Schaffung themenspezifischer (sozialer/ gesellschaftlicher/ ökologischer) sektorenübergreifender Investment-Clubs	Vernadsky Foundation von Ölunternehmen[68]; Brände 2010 und diverse Hilfsaktionen; spontane Hilfe für Hinterbliebene des Flugzeugabsturzes von Jaroslavl 2011 (Russian Railways), daraus könnte gezieltes Engagement aufgebaut werden; übergeordneter Club für Investitionen bei sozialen Tragödien, Zusammenfassung des Engagements Einzelner
Ordnungspolitische Mitverantwortung Direkte Unternehmensbeteiligung/ Verwendung eigener Ressourcen		
Netzwerkbildung	Public-Private-Fonds auf regionaler Ebene für die Unterstützung sozialer Programme	Toliatti Community Foundation von kommerziellen und privaten Stiftern
In Beziehung mit dem Unternehmen stehende Investitionen	Produktbezogene Investitionen	Kusbassrazrezugol: kostenlose Kohle für öffentliche soziale Einrichtungen
	Programmbezogene Investitionen	Severstal finanziert Maßnahmen in der Umschulung, bei der Arbeitsplatzsuche und in der Jobvermittlung ehemaliger Angestellter, Hilfe wird bei Erfolg, also zum Beispiel neuem Job, zurückgezahlt, muss auch nicht in Geld sein, könnte beispielsweise in Form von Sozialarbeit geschehen

68 http://www.wbcsd.org/ plugins/GENERICDB/details. asp?DBID=4&id=NTI2.

Fortsetzung Tab. 6.2: Handlungsempfehlungen im Rahmen des gemeinsamen Wirtschaftens

	Auf eine bestimmte soziale Mission bezogene Investitionen	Diverse Unternehmen, welche die Vedomosti-Stiftung unterstützen
Ordnungspolitische Mitverantwortung Direkte Unternehmensbeteiligung/ Verwendung eigener Ressourcen		
Investitions-strategien, die Wohltätigkeit unterstützen	Automatisch geht ein bestimmter Prozentsatz des Geldes, was durch Aktien-/ Hedgefonds und gute Aktienkurse erwirtschaftet wurde, an soziale Initiativen – Philanthropie wird damit zu einem Produkt des Investitionserfolges der Investoren und ist gleichzeitig das grundsätzliche Commitment zu Philanthropie als Teilhaber an wirtschaftlichen Erfolgen (und nicht nur als Nehmer mit der offenen Hand)	Börsennotierte russische Unternehmen oder Finanzholdings könnten bei der Umsetzung dieser Strategie führende Akteure sein
Ordnungspolitische Mitverantwortung Indirekte Unternehmensbeteiligung/ Infrastruktur- und Capacity Building, nur bedingt finanzielle Beteiligung		
Ausarbeitung/ Einführung von Industrie- und Branchenstandards für die Messbarkeit gesellschaftlichen Mehrwerts	ISO-Normen, UN Global Compact, nationale Initiativen, Reduzierung der Betriebsunfälle, Krankschreibungen, Umweltbelastung	Erste Schritte, Orientierung erfolgt weniger an der Branche an sich als an traditionellen Methoden

Fortsetzung Tab. 6.2: Handlungsempfehlungen im Rahmen des gemeinsamen Wirtschaftens

Ordnungspolitische Mitverantwortung Indirekte Unternehmensbeteiligung/ Infrastruktur- und Capacity Building, nur bedingt finanzielle Beteiligung		
Ausarbeitung/ Einführung von Industrie- und Branchenstandards für die Messbarkeit gesellschaftlichen Mehrwerts	Schaffung öffentlich vergleichbaren Datenmaterials	Erweiterte CSR-Reports, welche den Impact des sozialen Investments berücksichtigen
	Wettbewerbe/Auszeichnungen für die sozialen Investitionen mit dem größten gesellschaftlichen Mehrwert	Auszeichnung „Vertrauenswürdigstes Unternehmen“
	Zusammenarbeit mit Forschungseinrichtungen zur Weiterentwicklung sozialer Investitionen, die nachweislich gesellschaftlichen Mehrwert erhöhen	International Academy of Philantrophy und International Academy of Social Sciences (IASS) mit ihrem Projekt: Всероссийский центр изучения эффективных социальных технологий und: Телепроект «Социальное признание», interaktive Medienplattform für die Sichtbarmachung und die Effektivitätsbewertung von Sozialpartnerschaften, CSR-Politiken
Förderung regionalen (Sozial-) Unternehmertums	KMU-Förderung sowie die Förderung von Sozialunternehmertum	Förderung und Kommunikationsplattform für Sozialunternehmertum, beispielsweise auf regionaler Ebene (u. a. Фонд региональных социальных программ «Наше будущее» (www.nb-fund.ru))

Fortsetzung Tab. 6.2: Handlungsempfehlungen im Rahmen des gemeinsamen Wirtschaftens

Ordnungspolitische Mitverantwortung		Indirekte Unternehmensbeteiligung/ Infrastruktur- und Capacity Building, nur bedingt finanzielle Beteiligung
Förderung regionalen (Sozial) Unternehmertums	Regionale Aufwertung/ Verbesserung der Wirtschafts- und Gewerbegebiete	Severstal: Агентство городского развития г. Череповец für lokale/regionale KMU-Förderung sowie das Projekt „Saubere Stadt" («Чистый город») für Aufwertung der Gewerberäume in der Stadt
	Koordination einer Kommunikationsplattform, damit jeder „die gleiche Sprache" spricht – einheitlichen Erwartungshorizont schaffen	Dokumente der Kirche und der russischen Wirtschaftsverbände über die Stellung der Wirtschaft in der Gesellschaft können als Grundlage dienen, über gesellschaftliche Teilsysteme hinweg ein gemeinsames Verständnis der Problematik und den damit verbundenen Herausforderungen zu erlangen
Einbeziehen der regionalen/nationalen Verwaltung	Zusammenarbeit von Unternehmensverbänden, gesellschaftlichen Organisationen und der Regierung	Vereinbarungen (u. a. Решение «О развитии социального партнерства в Алтайском крае и формировании социально ответственного поведения работодателей на рынке труда») und Wettbewerbe (u.a. конкурс «Социальная звезда») der Region Kuzbass mit sozialen Initiativen und Unternehmen

Ordnungspolitische Mitverantwortung		Indirekte Unternehmensbeteiligung/ Infrastruktur- und Capacity Building, nur bedingt finanzielle Beteiligung
Engagement-infrastrukturen	Volunteering, Plattformen für Soziales schaffen, Auszeichnungen für die Verdienste im gesellschaftlichen Bereich	Blutspendeaktionen von Mitarbeitern, Auszeichnung der Mitarbeiter, die bereits bestimmte Menge gespendet haben in russischen Unternehmen
Stützung regionaler sozialer Initiativen	Soziale Infrastruktur	Sport-, Kulturpaläste, Clubs, Vereine, Community Foundations => hier Unternehmen oft sehr aktiv, doch es kommt auch hier auf das Geschäftsmodell an, welches, um die Beteiligung/Selbstverantwortung zu erhöhen, in sich selbst tragende Strukturen eingebettet werden sollten

6.3 Förderung des regionalen Unternehmertums

Der alleinige Fokus auf soziale Initiativen wäre zu kurz gegriffen, ein Schwerpunkt muss auch auf der Förderung des regionalen Unternehmertums liegen. Wirtschaft und Gesellschaft müssen zusammengedacht werden (Sobornost'), und die Wahrnehmung kleinster und Kleinunternehmen sei im Gegensatz zu mittleren und einem großten Teil der Großunternehmen in Russland weitaus positiver, so Yakovlev und Avraamova (2008). Diese Aussage ist durchaus strittig, denn immerhin sind kleine und mittelständische Unternehmen angesichts ihrer geringen sozialen Sicherungsleistungen für die Mitarbeiter und des bereits erwähnten fehlenden „sozialen Gewissens" keine attraktiven Arbeitgeber. Zu beachten ist allerdings, dass ihnen innerhalb gleicher sozialer Netzwerke (Familie, Freunde, Bekannte, Nachbarn) ein hohes Maß an Vertrauensvorschuss gewährt wird. Schließlich handelt es sich oft um Menschen, die versuchen, aus dem Nichts etwas aufzubauen und die sich nicht am Staats- und Volkseigentum bereichert haben. Außerdem werden mit ihnen zusätzliche Arbeitsplätze und die Reduzierung der Arbeitslosenrate in Verbindung gebracht. Gleichzeitig kann der Bevölkerung eine breitere Palette an Gütern und Dienstleistungen angeboten werden. Großunternehmen können durch ihr Engagement bei der Infrastrukturförderung für Unternehmertum einen nachhaltigen Beitrag zur Weiterentwicklung ihrer jeweiligen Wirtschaftsregionen leisten und zu einem besseren Image neuer Gründungen im Allgemeinen und der Arbeitsmigranten, die sich mit einer bestimmten Idee in einer bestimmten Region verwirklichen wollen, im Besonderen beitragen. Denn nach wie vor wird die wirtschaftliche Tätigkeit von „Outsidern“ mit größter Skepsis betrachtet. Die Menschen sehen die Gefahr, dass andere, ortsfremde und lokal nicht verwurzelte Geschäftsleute und Unternehmer die traditionell angesiedelte Produktion in den jeweiligen Regionen zerstören könnten. Damit würde ein Gebiet seinen spezifischen, individuellen Charakter sowie seinen tradierten Lebensstil verlieren (Yakovlev/Avraamova, 2008). Diese Sorge der Bevölkerung können sich Großunternehmen wiederum auch zunutze machen, indem sie gezielt lokale Ideen und Menschen fördern – die aufgrund der höheren gesellschaftlichen Legitimation am Markt erfolgreich sein werden, vorausgesetzt, ihr Produkt oder ihre Dienstleistung ist markttauglich.

Die Form sowie die Gestaltung der Projekte und der gemeinsamen Initiativen mit der regionalen Verwaltung kann wie folgt aussehen: Community Joint-Venture, Public-Social-Private-Partnerships (PSPP) (Государственно-частное партнёрство (ГЧП), государственные предприятия с участием частного капитала). Dazu hat die OECD 2005 eine Liste mit russischen PPP-Projekten zusammengestellt. Auf nationaler Ebene gibt es weiterhin die Initiative des Präsidenten zu Verbesserung des Investitionsklimas in Russland (10 инициатив по улучшению инвестиционного климата)[69], die Regierungsinitiativen zusammenfasst, welche als Basis für Kooperationen mit der Wirtschaft dienen können. Auf regionaler Ebene gibt es außerdem eine Reihe von Blogs[70], in denen ausführlich über die staatliche Unterstützung neuer Geschäftsmodelle und Business-Ideen gesprochen wird.

---

69 http://news.kremlin.ru/news/10777.

70 Beispielsweise bietet http://tatiana-mineeva.livejournal.com/22471.html Informationen zum Innovations-Tag in Astrakhan und dem regionalen Innovationswettbewerb (Дни инноваций Астраханской области bzw. Конкурс „Лучший инновационный проект“, http://minec.astrobl.ru/article/article/view/1224), zu nennen sind aber auch das Portal für Jungunternehmer und Gründungswillige (портал молодежного предпринимательства, astradelo.ru/) und der Blog der regionalen Verwaltung von Astrakhan für ökonomische Entwicklung (Блог министра экономического развития Астраханской области Аскара Кабикеева, http://kabikeev.livejournal.com/15727.html).

6.3.1 Beispiele für die Förderung des regionalen Unternehmertums durch Wirtschaftsorganisationen

- Das Ölunternehmen TatNeft hat verschiedene Programme zur KMU-Förderung aufgelegt, unter anderem den Technopark Idea-South-East (Технопарк «Идея — Юго-восток»). Dabei handelt es sich um eine GmbH in Leninogorsk, die in einem Netzwerk von Unternehmen, Wirtschaftsassoziationen und regionalen Administrationen zur Förderung regionaler kleiner und mittlerer Unternehmen sowie zur Schaffung eines Business-Inkubators[71] beiträgt. Das Projekt Azalija-Jugo-Vostok (OOO «Азалия-Юго-восток») im Bereich der Leichtindustrie ist beispielsweise ein Unternehmen, das aus dem Technopark heraus entstanden ist. Außerdem fördert der Technopark das Projekt Agro-Ideja (проект OOO «АгроИдея») zur Produktion und Bereitstellung von Landtechnik. Diese GmbH soll zum Wiederaufbau und zur Restrukturierung bestehender landwirtschaftlicher Unternehmen beitragen.
- Das Unternehmen Rusal gründete dafür eine eigene Stiftung (Фонд «Центр социальных программ»), deren Aktivitäten auf Facebook und Youtube mit Fallbeispielen einsehbar sind. Sie unterstützt die regionale und betriebsexterne Arbeitsplatzkreierung, schreibt außerdem Mini-Stipendien der Weltbank für Start-ups und kleine bis mittlere Unternehmen aus.
- Yandex unterstützt Start-ups in der IT-Branche und bietet Open-Source beziehungsweise Information-Sharing zur Unternehmensgründung und Generierung von Geschäftsideen (Яндекс.Старт, «Яндекс.Фабрика», Я.Субботники)[72] an. Dort werden alle Vorträge, Analysen und das Datenmaterial des Unternehmens rund um Geschäftsideen, Geschäftsmodelle und Unternehmensgründung veröffentlicht. Zusätzlich veranstaltet das Moskauer Büro auch Vortragsreihen sowie Studententage und Konferenzen rund um das Thema Start-ups.
- Sakhalin Energo Invest, SUEK und RusHydro beteiligen sich ebenfalls an der KMU-Förderung in ihrer Region. SUEK konzentriert sich dabei eher auf die Schaffung von Arbeitsplätzen innerhalb des Unternehmens sowie die Umqualifizierung der freigesetzten Mitarbeiter, während Sakhalin Engergo Invest aktiv die Gründung von neuen Unternehmen durch diverse Starthilfen unterstützt. RusHydro hingegen bevorzugt bei seinen Auftragsvergaben Un-

---

71 http://www.tpideayv.ru.

72 http://company.yandex.ru/public/start/; http://company.yandex.ru/public/start/factory.xml; http://company.yandex.ru/public/subbotnik/.

ternehmen aus der Region, um eine wirtschaftliche Vitalisierung der Gemeinde voranzutreiben.
- Das Öl- und Gasunternehmen Surgutneftegaz fördert die Mobilitätsinfrastruktur der indigenen Bevölkerung im Norden und im Fernen Osten, damit diese ihre Subsistenzwirtschaft und somit ihre traditionelle Lebensweise aufrechterhalten kann. Das Unternehmen richtete beispielsweise Benzin- und Dieselpunkte ein, an denen sich die Fischer mit Treibstoff für den Fischfang versorgen sowie ihre Boote reparieren können.
- Severstal ist eines der ganz wenigen russischen Unternehmen, die neben den nationalen auch internationale Projekte auflegt. Zu den nationalen gehören die Agentur für städtische Entwicklung und der Business-Inkubator in Čerepovec («Агентство городского развития» und «Бизнес-инкубатор») zur KMU-Förderung. Zu den internationalen Projekten, die im Zuge der internationalen Aktivitäten des Konzerns in die Wege geleitet wurden, gehört die Unterstützung der „Michigan Economic Development Foundation" in Nordamerika, die ebenfalls die Gründung und Entwicklung von kleinen und mittelständischen Unternehmen fördert.

Die dargestellten Beispiele zeigen, welche Gestaltungsspielräume Großunternehmen im Rahmen der Gründungsförderung haben. In erster Linie handelt es sich um Anschubfinanzierungen und die Gewährleistung von Rechtssicherheit und Lobbying für eine Entfaltung ökonomischer Aktivitäten in der Region. Damit können neue Akteure in der lokalen und regionalen, in Zukunft vielleicht auch in der nationalen und globalen Wirtschaft auftreten. Da die Unternehmen, zumindest in ihrer Startphase, regional sehr verwurzelt sind, können sie ein hohes soziales Verantwortungsbewusstsein und eine besondere Sensibilität für die Zumutbarkeit ihrer wirtschaftlichen Aktivitäten in ihrer Region entwickeln. Sie können außerdem zur weiteren Spezialisierung und Diversifizierung der russischen Wirtschaft beitragen. Dafür ist die Zusammenarbeit wichtig, damit sich bessere Chancen ergeben, um im Wettbewerb konkurrieren zu können: Partnerschaften mit anderen kleinen und mittelständischen Unternehmen, mit Großunternehmen in der Region, vor allem, wenn es um Infrastruktur und Logistik geht, mit der regionalen Verwaltung für die Regelungen in Sonderwirtschaftszonen, Hubs (Netzwerke), für die Gestaltung von Innovationszentren sowie bei der Registrierung neuer Unternehmen. Zwar sind solche Formen der Zusammenarbeit in Russland ausgesprochen korruptionsanfällig, sie können jedoch durch Kommunikation und Publizität, aber auch gerade durch gesamtgesellschaftliche Kontrollmechanismen vor unlauteren Methoden geschützt werden.

Offen bleibt bei den dargestellten Beispielen allerdings der Einfluss dieses Engagements und der Unternehmensinvestitionen in Neugründungen. Wie viele

Ideen werden eingereicht? Wie viele umgesetzt? Schaffen die Neugründungen einen Existenzaufbau, der über die berühmten sieben Jahre hinausgeht? Wie viele Menschen betreffen diese Neugründungen? Wie viele werden in Jungunternehmen eingestellt? Für wen sind die Umschulungen erfolgreich und rechtfertigen sie die Kosten? Wie viel zusätzliches Kapital für Neugründungen kommt aus anderen Branchen, von der Regierung, oder sind es lediglich die Großunternehmen, die Start-ups zu 100 % finanzieren? Gibt es staatliche Programme, die zur Projektumsetzung in Anspruch genommen wurden? Sind dafür Menschen von einer Region in eine andere gezogen, erhöhte sich also die Binnenmigration? Haben Mitarbeiter von Großunternehmen für ein Start-up ihre Arbeitsstelle verlassen? Wie wirken sich die Neugründungen auf das gesellschaftliche Umfeld aus, auf die lokalen Business Districts, auf den sozialen Frieden, die Jugendarbeitslosigkeit? Das sind nur einige der offenen Fragen, die in diesem Zusammenhang zu diskutieren wären und sicherlich genügend Stoff für eine vertiefende Auseinandersetzung mit dem Thema bieten.

6.4 Das Unternehmen als öffentliche Institution

Damit werden Unternehmen zu öffentlichen Akteuren, die einen wesentlichen Einfluss auf das politische und gesellschaftliche Leben einer Wirtschaftsregion haben. Zwar sind russische Großunternehmen seit jeher auch auf die politische Legitimierung angewiesen, doch im Hinblick auf ihre neue Rolle als öffentlicher Akteur – und dies in jedem Sinne des Wortes „öffentlich" – befinden sie sich im Findungsprozess. Das gilt zum einen für die Entwicklung von gemeinschaftlichen Kommunikationsplattformen, zum anderen aber auch für die Publizität der eigenen ökonomischen Tätigkeiten. Ein Beispiel für diesen Lernprozess ist ein Betriebsunfall bei der RusHydro: Die RusHydro ist der größte Produzent von Elektrizität aus Wasserkraft und besitzt mehrere Werke, darunter auch das größte Russlands: Der Staudamm „Sayano–Shushenskaya GES" («Саяно-Шушенская ГЭС») am Jenissei in Chakassien. Im August 2009 kam es zu einem verheerenden Betriebsunfall, als zwei Turbinen brachen, was 75 Menschen das Leben kostete und weitere 60 Menschen verletzte. Der Vorfall löste sowohl national wie auch international eine Welle der Bestürzung und des Mitgefühls aus. In den betroffenen Republiken wurde Staatstrauer ausgerufen, Feste, Feierlichkeiten und Gedenkveranstaltungen abgesagt. Damals nahmen 2.000 Menschen an der Bewältigung der Folgen der Katastrophe teil. Gleichzeitig kam wieder die Kritik an den veralteten russischen Industrieanlangen auf, am Versagen des Staates und der Privatwirtschaft, die es versäumt hätten, ihre Unternehmen zu modernisieren, und generelle Kritik an der Art und Weise des russischen

Wirtschaftens wurde laut. Als Reaktion darauf veröffentlichte das Unternehmen sämtliche Unterlagen zu dem Fall, Videofilme über den Hergang der Katastrophe, den Wortlaut des Protokolls der Unfallkommission[73], es baute einen eigenen Unternehmensblog[74] auf und begleitet seither in Zusammenarbeit mit RIA Novosti mit Web-Cam und zeitgleicher Berichterstattung den Wiederaufbau des Staudamms, den Transport der zwei Turbinen sowie die Aktionen rund um die Versorgung und Pflege der Angehörigen der Unfallopfer («Саяно-Шушенская ГЭС: новая жизнь»; «Мы с вами, Саяны!», Веб-трансляция с Саяно-Шушенской ГЭС; Маршрут особого значения)[75].

So tragisch der Unfall auch war, er hat im Unternehmen zu einer gänzlich anderen Politik der Offenheit und Transparenz geführt – nicht nur im Umgang mit dem Unfall an sich. Es bezog die gesamte Öffentlichkeit am Wiederaufbau des Staudamms mit ein und stellte sich der Legitimitätsfrage seitens der Öffentlichkeit und der Medien. Zusätzlich führte das Unternehmen die Standards internationaler Normung für Risikobewertung ein (ISO 31000, ISO 31010), veranstaltete Konferenzen über das Risikomanagement in der Energiewirtschaft in Zusammenarbeit mit dem Journal „EnergoRynok" (Energiemarkt, «Энерго-Рынок») und legte beim Wiederaufbau, der Sanierung und der Wartung der Anlagen Wert auf die Zusammenarbeit mit Unternehmen aus der Region, um die lokale Wirtschaft und Gesellschaft, die durch den Unfall so zu Schaden gekommen ist, wieder zu stärken und eine soziale und ökonomische Infrastruktur neu zu kreieren. Es schafft dadurch Beteiligung, Sichtbarkeit der Aktivitäten, bezieht Partner bei der Kommunikation des Engagements mit ein und hat als Unternehmen im organisatorischen Lernen einen großen Schritt gemacht.

Deutlich wird hier aber auch, dass Unternehmen heute mehr sind als reine Wertschöpfungsorganisationen, dass sie einen öffentlichen Auftrag haben, dass sie der Öffentlichkeit gegenüber zur Rechenschaft verpflichtet sind und dass sie nur in Aushandlung mit anderen Akteuren ihre Legitimität zum Handeln überhaupt besitzen. RusHydro hat dafür ein eigenes „öffentliches Vorzimmer" eingerichtet, das jedem offensteht, wo jeder seine Sorgen, Nöte, Ansprüche an das Unternehmen äußern kann, vor Ort oder im Internet. Das Unternehmen versucht auf diesem Wege, Partnerschaften mit regionalen Unternehmen in die Wege zu leiten, den Draht zur regionalen Verwaltung kurz zu halten und herauszube-

---

73 Авария на Саяно-Шушенской ГЭС; Видеозапись момента аварии / Съёмка камеры наружного наблюдения; Акта технического расследования причин аварии на Саяно-Шушенской ГЭС 17 августа 2009 года.

74 rushydro.livejournal.com/profile.

75 http://ria.ru/hydro/; http://www.sshges.rushydro.ru/press/live/; http://www.sshges.rushydro.ru/press/tracing.

kommen, wie es in der Region den Menschen helfen kann. Für 2010 wurden 411 Anträge an das Unternehmen gestellt, von denen 64 abgelehnt, 253 erfüllt wurden und weitere 194 noch in der Ausführung sind (CSR-Report RusHydro, 2010). Am Rande sei noch erwähnt, dass das Unternehmen im Bereich Sponsoring und Charity alle Wassersportarten, von lokalen Sportclubs bis hin zum Profisport, unterstützt.

Unternehmen können als öffentliche Institutionen jedoch auch ganz anders gedacht werden. Alexander Lebedev plädiert in einem Artikel der Vedomosti für die Umstrukturierung der Eigentumsverhältnisse in Russland und fordert, dass das Volk darüber entscheiden solle, wie Eigentum neu verteilt wird. Schließlich wurde der Großteil des Privatbesitzes in den 1990ern einerseits unrechtmäßig und andererseits zu viel zu geringen Preisen erworben. Für Lebedev bleibt das Privateigentum nach wie vor die Grundvoraussetzung, um aus dem Volk Bürger zu machen. Doch es soll selbst die Verfügungsgewalt über das gesamte Vermögen in Russland haben und eine gerechte Verteilung vornehmen[76].

6.5 Zwischenbilanz

Die russische integrative Wirtschaftsethik kann zu gewinnbringenden und sinnstiftenden Wirtschaften führen.

Indem Unternehmen als nach innen sowie nach außen gerichtete Kommunikationsplattformen auftreten und vermittelnd zwischen Politik, Wirtschaft und Gesellschaft wirken, tragen sie zum einen zu einer Erhöhung ihrer eigenen Autonomie bei und leisten zum anderen einen legitimierten Beitrag zur Sicherung des gesellschaftlichen Zusammenhalts. Die Harmonisierung der Lebens- und Arbeitsprozesse in der betriebsinternen sowie -externen wirtschaftlichen Gemeinschaft durch die ökonomische Autonomie der Wirtschaftsorganisationen sowie die individuelle Entfaltung im Einklang mit der wirtschaftlichen Gemeinde und der natürlichen Umgebung trägt ebenfalls zum gesellschaftlichen Mehrwert bei. Gleichzeitig führen sie zu einer Erhöhung der sozialen Sicherheit in der Wirtschaftsregion sowie zu einer ökonomischen Vitalisierung, die wiederum neue Lebens- und Gesellschaftsperspektiven entstehen lässt. Um der Kommunikationsaufgabe gerecht zu werden und einen Ausgleich der Interessen sowie die gegenseitige Kontrolle gewährleisten zu können, ist die Teilhabe der Unternehmen an gesellschaftlichen Aushandlungs- und Entscheidungsprozessen notwen-

---

76 http://www.vedomosti.ru/opinion/opinions/2011/09/27/1376014;http://www.vedomosti.ru/opinion/news/1376014/grazhdane_sobstvenniki.

dig. Diese sollten jedoch immer mit so vielen Partnern wie möglich erfolgen, um auf breiter Basis einen Konsens über die Art und Weise des Wirtschaftens und Lebens herbeiführen sowie eine Kontrolle der wirtschaftlichen und gesellschaftlichen Aktivitäten gewährleisten zu können. Gesellschaftlicher Mehrwert, den Wirtschaftsorganisationen erbringen können, sind zum einen die ökonomische Autonomie (individuelle Autonomie und Kommunikationsplattform) sowie die soziale Sicherheit (ordnungspolitische Regulierung und Sobornost') als gewinnbringender und sinnstiftender Beitrag zum guten und gerechten Zusammenleben.

7 Zusammenfassung und Schlussfolgerungen

Die Aufgabe besteht nicht darin, die Welt zu verändern, sondern den Blick der Unternehmen auf die Welt zu ändern, ihnen ihre Legitimitätskrise vor Augen zu führen und Lösungsvorschläge anzubieten, wie sie ihrer Rolle als Teil des gesellschaftlichen Ganzen gerecht werden können. In Russland wurde erst kürzlich das Zertifikat „Vertrauen des Arbeitnehmers" eingeführt, um öffentlich sichtbar zu machen, welches Unternehmen tatsächlich auf dialogorientierter Basis arbeitet und die volle Unterstützung und Legitimität seiner Umwelt genießt.

In einem ersten und zweiten Schritt erfolgten die Herausarbeitung sowie die Zusammenführung integrativer wirtschaftsethischer Grundhaltungen mit den Prinzipien der traditionellen ökonomischen Wertvorstellungen und wirtschaftlichen Handlungsorientierungen der russischen Gesellschaft. Alsdann wurde der Beitrag ökonomischer Akteure zur Schaffung des gesellschaftlichen Mehrwerts herauskristallisiert. Der von Wirtschaftsorganisationen hier zu erbringende gesellschaftliche Mehrwert ist einerseits die ökonomische Autonomie, andererseits die soziale Sicherheit. Beide Aspekte führen über betriebsinterne und -externe Dialog- und Beteiligungsformen zu einer wirtschaftlichen Effizienz der Unternehmen, welche gemeinschaftlich eingebunden, das heißt auch ökologisch verantwortbar und gesellschaftlich zumutbar, also insgesamt legitim ist. Ziel sollte jedoch die wirtschaftliche Selbstbestimmung der Wirtschaftsorganisationen sein, die im Einklang mit gesamtgesellschaftlichen Zielvorstellungen immer wieder neu aus- und verhandelt wird. Zusätzlich wird durch den Zugang zu Informationen, der Beteiligung an Kommunikationsinfrastrukturen sowie durch das ausgewogene Ineinanderwirken der gesellschaftlichen Teilsysteme im Arbeitsprozess das gute und gerechte Zusammenleben gefördert.

Tab. 7.1: Zusammenfassung der vorliegenden Arbeit. Quelle: eigene Darstellung, 2011

Unternehmen als Kommunikationsplattform Individuelle Autonomie der Wirtschafts-organisationen	Sobornost', i. e. ausgewogener Arbeitsprozess Ordnungspolitische Regulierung	SOLL: Zugang zu Informationen, Beteiligung an Kommunikations-infrastruktur sowie Harmonie und Einheit der gesellschaftlichen Teilsysteme; autonome Selbstbestimmung im Einklang mit gesamt-gesellschaftlichen Zielvorstellungen
Ökonomische Autonomie	Soziale Sicherheit	IST: Gesellschaftlicher Mehrwert einer russischen Integrativen Wirtschaftsethik: wirtschaftliche Effizienz, die gemeinschaftlich eingebunden ist
Gemeinschaftlicher Konsens über Beteiligung und Ressourcensynergien	Gesellschaftliche Kontrolle über Selbstorganisation und Sichtbarkeit	Schaffung von gesellschaftlichem Mehrwert durch ökonomische Aktivität
Interne Legitimität durch Einheit	Externe Legitimität durch Einigkeit	Grundlage ökonomischer Aktivität auf traditioneller Vorstellung darüber aufbauen, wie Gesellschaft zu organisieren sei
Obščina, wirtschaftliche Gemeinschaft als unternehmenseigene Geschäftsethik	Obščestvo, gemeinsames Wirtschaften als ordnungspolitische Mitverantwortung	Traditionelle Wertvorstellungen in Deckungsgleichheit mit wirtschaftsethischen Prinzipien
Russische Integrative Wirtschaftsethik		

Welche Schlussfolgerungen lassen sich daraus ziehen? Das Unternehmen als Kommunikationsplattform fördert über Gleichheit und Schutz der Beteiligten eine auf den Dialog aufbauende Vertrauensbildung und bietet gleichzeitig Partizipationsmöglichkeiten an. Diese Vitalisierung der wirtschaftlichen Gemeinschaft ist unter den russischen Ökonomen im Wesentlichen unstrittig. Sie muss jedoch an die Bedingungen des 21. Jahrhunderts angepasst und weiterentwickelt werden. Die in der russischen Öffentlichkeit bereits angestoßene Solidarismusdebatte kann ein Weg in diese Richtung sein. Hier muss allerdings berücksichtigt werden, dass die individuelle ökonomische Autonomie trotz der Einschränkung absoluter Freiheiten zugunsten eines lebenswerten Lebens in einer Gesellschaft gewahrt bleibt und nicht zum Wohle staatlicher Interessen aufgeopfert werden muss. Eine neue digitale Agenda, regions- und grenzüberschreitende Onlineplattformen, um unternehmerische Innovationsfähigkeit zu stärken und gleichzeitig die Mitarbeiter verschiedener Standorte und Betriebe einzubinden, kann ein Weg einer nach allen Seiten hin vermittelnden Wirtschaftsethik sein. Aber auch der Zugang zu Informationsmedien und Telekommunikationsmitteln, die Qualifizierung der Mitarbeiter und Angestellten für Beteiligung und Partizipation sollten stärker berücksichtigt werden, damit, wie bei Vyšeslavcev dargestellt, die Gleichheit der Menschen im Sinne ihrer Autonomie hergestellt wird.

Hier ist an die individuelle Autonomie anzuknüpfen. Ihr Fehlen in der russischen Wirtschaftswelt war gerade für die Ökonomen des 19. und 20. Jahrhunderts eine Herausforderung, stellt aber ebenso bei Kul'kov ein Hauptbetätigungsfeld für Verbesserungen und die Entwicklung neuer Modelle dar. Denn wirtschaftliche und gesellschaftliche Entwicklung bedürfen der individuellen Autonomie. Intrapreneure in Unternehmen, unternehmerische Selbständigkeit, Firmen- und Neugründungen, aber auch die ökonomische Autonomie von Wirtschaftsorganisationen – ökonomische Autonomie heißt dabei noch nicht, dass sie in anderen Bereichen auch autonom, das heißt von anderen gesellschaftlichen Teilsystemen abgekoppelt sind – müssen weiter in das Zentrum der Aufmerksamkeit gerückt werden. Dies könnte Innovation und Wachstum hervorrufen. Ökonomisch geht es in der Weiterentwicklung des Innovationsgedankens um eine Zunahme russischer Patente. Für deren Schutz und Sicherung braucht es aber ein wirkungsvolles Patentrecht, einen geeigneten Patentschutz und eine durchsetzungsfähige Patentgerichtsbarkeit. Bei der Weiterentwicklung des Wachstumsgedankens wirken sich bei der Kreditvergabe gleiche Zinsen für kleine und mittelständische Unternehmen einerseits und Großunternehmen andererseits negativ aus. Sie verschärfen die Gründungsunwilligkeit und die Abhängigkeit vor allem von kleinen oder jungen Wirtschaftsorganisationen. Zusätzlich sind der Schutz von Eigentumsrechten und die Durchsetzung des geltenden Rechts wesentliche Voraussetzungen.

Die dritte Schlussfolgerung bezieht sich auf die Sobornost', die in ihrer Eigenschaft einerseits die gleichberechtigte Teilhabe am Arbeits- und Produktionsprozess bei ebenso gleicher Beteiligung am Verteilungsprozess meint und andererseits das Einbeziehen aller, auch anderer Ethnien des Landes, sowie die Reduzierung der ethno-ökonomischen Differenzierung, wie Kul'kov es fordert, berücksichtigt. In der Konsequenz kann daraus eine zielgerichtete Arbeits-, Einwanderungs- und Migrationspolitik abgeleitet werden. Denn die Sobornost' stellt nicht nur die nationale Einheit und Harmonie zwischen Wirtschaft und Gesellschaft dar, sondern das Zusammenwirken der Gesamtheit der Menschen. Aufgrund der prekären demographischen Lage kann es sich Russland nicht leisten, eine restriktive Einwanderungspolitik zu verfolgen, vielmehr könnten Punktesysteme und gesteuerte Einwanderungen die Lösung für dieses Problem sein. Ebenso müssen Anreize gesetzt werden, die Binnenmigration zu erhöhen. Denn Sobornost' heißt auch, alle Mitglieder einer Gesellschaft am Arbeits- und Wertschöpfungsprozess teilhaben zu lassen. Das bedeutet nicht, dass die Arbeitspflicht wieder eingeführt werden soll, sondern dass die Strukturen des Wettbewerbs auf dem Arbeitsmarkt und der Binnenmobilität ausgebaut werden müssen. Und hier kann die ordnungspolitische Mitverantwortung von Unternehmen einen entscheidenden Beitrag leisten.

Doch die ordnungspolitische Mitverantwortung der Unternehmen, als vierte Schlussfolgerung, muss auf einer ausgewogenen Industriepolitik der Regierung fußen. Die Europäische Union spricht derzeit von einer „Reindustrialisierung“[77] ihrer nationalen Ökonomien, da die industrielle Produktion im Zusammenhang mit der Finanzkrise als Stabilisierungsfaktor einer Volkswirtschaft erkannt und für die gesamtgesellschaftliche Entwicklung wiederentdeckt wurde. Russland hat durch seine diversen Industriezweige einen globalen Wettbewerbsvorteil, den es nutzen muss, aber nur nutzen kann, wenn seine starke industrielle Basis auf gesamtgesellschaftlicher Legitimität aufgebaut ist. Die Ausübung ordnungspolitischer Mitverantwortung heißt jedoch auch die gleichförmige Umsetzung der Gesetze in allen Regionen sowie das Überdenken von Rechtsinstrumenten und Verordnungen unter Einbeziehung aller relevanten gesellschaftlichen Anspruchsgruppen. Ebenso bedeutet sie finanzielle Stabilität der Regionen, Konsolidierung ihrer Finanzen mit realen Steuereinnahmen und deren ausgewogene Verteilung zwischen Zentrum und Peripherie.

77 Vgl. dazu Konferenz des Bundesministeriums für Wirtschaft und Technologie, Berlin, Deutschland: „Wettbewerbsfähigkeit in Europa – Stabilität und Wachstum“, 1. Dezember 2011.

8 Bibliographie

8.1 Deutsch-, Englischsprachige Literatur (enthält auch russische Autoren)

Adachi, Yuko (2010): Building Big Business in Russia. The impact of informal corporate governance practices. BASEES / Routledge Series on Russian and East European Studies, Oxon, 2010

Allen, R.C. (2003): Farm to Factory. A Reinterpretation of the Soviet Industrial Revolution. Princeton University Press, Princeton Oxford, 2003

Ambrosius, Gerold (1981): Zur Geschichte des Begriffs und der Theorie des Staatskapitalismus und des staatsmonopolistischen Kapitalismus. Wirtschaft und Gesellschaft, 16. J.C.B. Mohr (Paul Siebeck), Tübingen, 1981

Apressyan, Ruben G. (1997): Business Ethics in Russia. In: Journal of Business Ethics, 1997, 16, 1561-1570

Austin, James / Reficco, Ezwquiel (2009): Corporate Social Entrepreneurship. Harvard Business School, Working Paper 09-101: http://www.hbs.edu/research/pdf/09-101.pdf (zuletzt besucht: 21.04.2011)

Aras, Güler / Crowther, David (2009): The Durable Corporation. Strategies for Sustainable Development. Grower Publishing Limited, Farnham, 2009

Arsen'jev, K. (1854): Das Kaiserthum Rußland. Fr. v. Boetticher's Verlag, Riga und Leipzig, 1855

Aßländer, Michael S. (2006): Unternehmerische Verantwortung und Kultur. In: Beschornder, Thomas / Schmidt, Matthias (Hrsg.) (2006): Unternehmerische Verantwortung in Zeiten kulturellen Wandels, Rainer Hampp Verlag, München und Mering, 2006

Austin, James E. et al. (2006): Social Entrepreneurship: It is for Corporations, Too. In: Nicolls, Alex (Ed.) (2006): Social Entrepreneurship. New Models of Sustainable Social Change, Oxford University Press, 2006

Bakunin, Michael (1996): Russische Zustände (1849). Einleitung Boris Nikolaevskij. Karin Kramer Verlag, Berlin, 1996

Baranowski, Günter (2005): Die Russkaja Pravda – ein mittelalterliches Rechtsdenkmal. Rechtshistorische Reihe, 321, Peter Lang GmbH, Frankfurt am Main, 2005

Baranskij, Nicolai N. (1957): Die ökonomische Geographie der UdSSR. Verlag Volk und Wissen VEB, Berlin, 1957

Barnett, Vincent (2005): A History of Russian Economic Thought. Routledge, Abington, 2005

Beck, Hanno (1983): Alexander von Humboldts Reise durchs Baltikum nach Russland und Sibirien – 1829. Edition Erdmann in K. Thienemanns Verlag, Stuttgart, 1983

Beekun, Rafik I. / Stedham, Yvonne / Yamamura, Jeanne H. / Barghouti, Jamal A. (2003): Comparing business ethics in Russia and the US. In: International Journal of Human Resource Management, 2003, 14 (8), 1333-1349

Bode, Ingo / Evers, Adalbert / Klein, Ansgar (Hrsg.) (2009): Bürgergesellschaft als Projekt. Eine Bestandsaufnahme zur Entwicklung und Förderung zivilgesellschaftlicher Potentiale in Deutschland. VS Verlag für Sozialwissenschaften, Wiesbaden, 2009

Bourdieu, Pierre (1983): Ökonomisches Kapital, kulturelles Kapital, soziales Kapital. In: Kreckel, Reinhard (Hrsg.) (1983): Soziale Ungleichheiten. Sonderband 2. Soziale Welt, Göttingen, 1983, 183-198

Brückner, A. (1878): Iwan Possoschkow. Ideen und Zustände in Russland zur Zeit Peter des Grossen. Verlag von Duncker & Humbolt, Leipzig, 1878

Bucharin, Nikolai I. (1990): Ökonomik der Transformationsperiode. Dietz Verlag, Berlin, 1990

Buckley, Graeme / Salazar-Xirinachs, José / Henriques, Michael (2009): The promotion of sustainable enterprises. International Labour Office, Geneva, 2009

Bulgakov, Sergey (2000): Philosophy of Economy: The World as Household. New Haven, 2000, Chapters 1, 3-4, 8-9

Bundesverband Deutscher Stiftungen (2008): Social Franchising. Eine Methode zur systematischen Vervielfältigung gemeinnütziger Projekte. Bundesverband Deutscher Stiftungen, Berlin, 2008

Burke, L. / Logsdon, Jeanne M. (1996): How corporate social responsibility pays off. In: Long Range Planning, 1996, 29 (4), 495-502

Buss, Andreas (1989): Die Wirtschaftsethik des russisch-orthodoxen Christentums. Carl Winter Universitätsverlag, Heidelberg, 1989

Čajanov, Alexandr V. (1923): Die Lehre von der bäuerlichen Wirtschaft; Versuch einer Theorie der Familienwirtschaft im Landbau. P. Parey, Berlin, 1923

Carroll, Archie B. (1979): A three-dimensional conceptual model of corporate performance. In: Academy of Management Review, 1979, 4 (4), 497-505

Center for International Private Enterprise (CIPE) (2004): The business case for corporate citizenship. Economic Reform Issue Paper, 0410, Washington, D.C., 2004

Černyševskij, N. G. (1863): Was tun? Aus Erzählungen von neuen Menschen. Aufbau-Verlag, Berlin, 1954

Chen, Calvin / Sil, Rudra (2006): Communist Legacies, Postcommunist Transformations, and the Fate of Organized Labor in Russia and China. In: Studies in Comparative International Development, 2006, 41 (2), 62-87

Clarke, Simon (2004): A Very Soviet Form of Capitalism? The Management of Holding Companies in Russia. In: Post-Communist Economics, 2004, 16 (4), 405-422

Constitution of the Union of Soviet Socialist Republics (adopted in 1977) (1985): Novosti Press Agency Publishing House, Moscow. In: Oldfield, J.D. (2005): Russian Nature. Exploring the Environmental Consequences of Societal Change. Ashgate Publishing Limited, Hampshire, 1985

Cordeiro, William P. (2003): Should Business Ethics Be Different in Transitional Economies? In: Journal of Business Ethics, 2003, 47 (4), 327-334

Davis, Keith (1960): Can Business Afford to Ignore Social Responsibilities? In: California Management Review, 1960, 2, 70-76

Delamotte, Yves (1962): A Look at the Soviet Factory Manager. In: California Management Review, 1962, 3, 25-32

Dembinski, Paul H. (2010): Economic Power and Social Responsibility of Very Big Enterprises. Facts and Challenges. Chapter 6. In: Fryzel, Barbara / Dembinski, Paul H. (Eds.) (2010): The Role of large Enterprises in Democracy and Society. Observatoire de la Finance. Palgrave Macmillan, Hampshire, 2010

Dinello, Natalia (1998): Elites and Philanthropy in Russia. In: International Journal of Politics, 1998, 12 (1), 109-133

Dodd, E. Merrick (1932): For Whom are Corporate Managers Trustees? In: Harvard Law Review, 1932, 45, 1145-1163

Döpmann, Hans-Dieter (1967): Der Einfluß der Kirche auf die moskowitische Staatsidee. Staats- und Gesellschaftsdenken bei Josif Volockij und Nil Sorskij. Evangelische Verlagsanstalt GmbH, Berlin, 1967

Ducker, Peter F. (1984): The New Meaning of Corporate Social Responsibility. In: California Management Review, 1984, 26, 53-63

Elkington, J. (1999): Cannibals whit Forks. Gabriola Island, British Columbia, Canada: New Society, 1999

Evtuhov, Catherine (1997): The cross and the sickle: Sergei Bulgakov and the fate of Russian religious philosophy. Ithaca, 1997, 145-186

Fenske, Hans et al. (2004): Geschichte der politischen Ideen. Von der Antike bis zur Gegenwart. Fischer Taschenbuch Verlag, Frankfurt am Main, 2004

Florovskij, Georgij V. (1989): Sobornost'. Kirche, Bibel, Tradition. Kyrill & Method Verlag, München, 1989

Fuchs-Heinritz, Werner / König, Alexandra (2005): Pierre Bourdieu. Eine Einführung. UVK Verlagsgesellschaft mbH, Konstanz, 2005

Garriga, Elisabeth / Melé, Domènec (2004): Corporate Social Responsibility Theories: Mapping the Territory. In: Journal of Business Ethics, 2004, 53, 51-71

Gercen, Alexandr (1988): Die gescheiterte Revolution. Denkwürdigkeiten aus dem 19. Jahrhundert. Insel Taschenbuch Verlag, Frankfurt am Main, 1988

Gestwa, Klaus (1999): Proto-Industrialisierung in Russland. Wirtschaft, Herrschaft und Kultur in Ivanovo und Pavlovo, 1741-1932. Vandenhoeck & Ruprecht, Göttingen, 1999

Goehrke, Carsten (2003): Russischer Alltag. Band I+II. Chronos Verlag, Zürich, 2003

Golicyn, Dmitrij A. (2001): Vom Geist der Ökonomisten. Russisches Beispiel eines europäischen Aufklärers. Peter Lang GmbH, Europäischer Verlag der Wissenschaften, Frankfurt am Main, 2001

Götz, Roland (1998): Das „andere" Russland. Unternehmerischer Erfolg in der russischen verarbeitenden Industrie. Berichte des Bundesinstituts für ostwirtschaftliche und internationale Studien Nr. 25, Köln, 1998

Grau, Conrad (1963): Der Wirtschaftsorganisator, Staatsmann und Wissenschaftler Vasilij N. Tatiščev (1686-1759). Akademie-Verlag, Berlin, 1963

Guriev, Sergei / Rachinsky, Andrei (2005): The Role of Oligarchs in Russian Capitalism. In: Journal of Economic Perspectives, 2005, 19 (1), 131-150

Guyatt, Danyelle (2008): Corporate social responsibility: the case of long-term and responsible investment. In: Lewis, Alan (Ed.) (2008): Psychology and Economic Behaviour, Cambridge University Press, 2008

Hansen, U. /Schrader, U. (2005): Corporate Social Responsibility als aktuelles Thema der Betriebswirtschaftslehre. In: Die Betriebswirtschaft, 2005, 65 (4), 373-395

Hasse, Rolf H. / Kunze, Cornelie (Hrsg.) (2005): Klein- und Mittelständische Unternehmen in Russland – Stiefkinder oder Stabilisierungsfaktoren? Transformation - Leipziger Beiträge zu Wirtschaft und Gesellschaft. Schriftenreihe des Zentrums für Internationale Wirtschaftsbeziehungen der Universität Leipzig. Leipziger Universitätsverlag, 2005

Haxthausen, August Freiherr von (1852): Studien über die innern Zustände, das Volksleben und insbesondere die ländlichen Einrichtungen Russlands. Dritter Theil. B. Behr's Buchhandlung, Berlin, 1852

Haxthausen, August Freiherr von (1866): Die ländliche Verfassung Russlands. Ihre Entwicklung und ihre Feststellung in der Gesetzgebung von 1861. Brockhaus, Leipzig, 1866

Heller, Klaus (1998): Rechtliche Rahmenbedingungen für gewerbliche Tätigkeit in Rußland von Peter dem Großen bis zu Paul I. (1689-1801). Mit einer Auswahl der wichtigsten Gesetze, übersetzt von Thomas Martin und Johann Biedermann. Duncker & Humboldt, Berlin, 1998

Heppell, Muriel (1989): The Paterik of the Kievan Caves Monastery. Distributed by the Harvard University Press for the Ukrainian Research Institute of Harvard University, Cambridge, Massachusetts, 1989

Herrero, Montserrat (2010): Big Business: A Driving Force for Civil Virtue. Chapter 18. In: Fryzel, Barbara / Dembinski, Paul H. (Eds.) (2010): The Role of large Enterprises in Democracy and Society. Observatoire de la Finance. Palgrave Macmillan, Hampshire, 2010

Hildermeier, Manfred (1986): Bürgertum und Stadt in Russland 1760-1870. Rechtliche Grundlage und soziale Struktur. Beiträge zur Geschichte Osteuropas. Herausgegeben von Dieter Geyer, Band 16, Böhlau Verlag, Köln, 1986

Hollingsworth, J. Rogers / Boyer, Robert (Eds.) (1997): Contemporary Capitalism. The Embeddedness of Institutions. Cambridge University Press, 1997

Horwitz, Bertrand N. (1966): Profit Responsibility in Soviet Enterprise. In: The Journal of Business, 1966, Nummer 47-55

Huber, Maria (1983): Betriebliche Sozialplanung und Partizipation in der UdSSR. Campus Verlag, Frankfurt am Main, 1983

Husted, B.W. / de Jesus Salazar, J. (2006): Taking Freedman seriously: Maximizing profits and social performance. In: Journal of Management Studies, 2006, 43 (1), 75-19

Ivanov, V. I. (1909): Die russische Idee. Verlag von J.C. Mohr „Paul Siebeck", Tübingen, 1930

Ivleva, Irina (2008): Die Straßenökonomie im russischen Alltag. Lit. Verlag Dr. W. Haupt, Berlin, 2008

Kaesler, Dirk (2003): Max Weber. Eine Einführung in Leben, Werk und Wirkung. Campus Verlag GmbH, Frankfurt am Main, 2003

Keussler, Johannes v. (1876): Zur Geschichte und Kritik des bäuerlichen Gemeindebesitzes in Russland. Erster Teil. Verlag J. Deubner, Riga, Moskau, Odessa, 1876

Khodorova, Julia (2006): Philanthropy in Russian Society Today. In: International Journal of Non-Profit-Law, 2006, 8 (3), 13-15. The International Center for Non-Profit-Law, Washington D.C.

Kinderman, Daniel (2009): Why do some Countries get CSR sooner, and in Greater Quality, than Others? The Political Economy of Corporate Responsibility and the Rise of Market Liberalism across the OECD: 1977-2007. WZB - discussion paper SP III 2009-301, Berlin, 2009

Knox, Simon / Maklan, Stan (2004): Corporate Social Responsibility: Moving Beyond Investment towards Measuring Outcomes. In: European Management Journal, 2004, 22 (5), 508-516

Knüsli, Walter (1978): Die gesellschaftliche Gerichtsbarkeit in Osteuropa. Verlag Peter Lang AG, Bern, 1978

Konrad-Adenauer-Stiftung (KAS) (2000): Die Grundlagen der Sozialdoktrin der Russisch-Orthodoxen Kirche http://www.kas.de/db_files/dokumente/7_dokument_dok_pdf_1369_1.pdf (zuletzt besucht: 23.03.2011)

Kostjuk, Konstantin (2005): The Tin Line Between Small Business and Big Politics. In: Corporate Social Responsibility Across Europe, Habisch, André / Jonker, Jan / Wegner, Martina / Schmidpeter, René (Eds.), (2005), Springer, Heidelberg

Kramer, Mark R. (2009): Catalytic Philanthropy. Stanford Social Innovation Review, Fall 2009, Stanford, 2009

Lenin, Vladimir I. (1962): Über die Arbeitsgesetzgebung. VEB Deutscher Zentralverlag, Berlin, 1962

Lincoln, W. Bruce (1980): Petr Petrovich Semenov-Tian-Shanskii: The Life of a Russian Geographer. Oriental Research Partners, Newtonville, Mass., 1980

Livishin, Alexander / Weitz, Richard (2006): Civil Society and Philanthropy Under Putin. In: International Journal of Non-Profit-Law, 2006, 8 (3), 7-12. The International Center for Non-Profit-Law, Washington D.C.

Lomonosov, Mikhail (1768): Alte russische Geschichte von dem Ursprunge der russischen Nation bis auf den Tod des Großfürsten Jaroslaws des Ersten oder bis auf das Jahr 1054, abgefasst von Michael Lomonossow. Backmeister, Hartw. Ludw. Christi, Riga; Leipzig, 1768

London, Manuel (2008): Dual Roles for Corporate Social Responsibility and Social Entrepreneurship. In: Organizational Dynamics, 2008, 37 (4), 313-326

Martin, Maximilian (2011): Four Revolutions in Global Philanthropy. Impact Economy Working Papers, 2011 (1), Genf, 2011

Matten, Dirk / Moon, Jeremy (2008): "Implicit" and "Explicit" CSR: A Conceptual Framework for a Comparative Understanding of Corporate Social Responsibility. In: Academy of Management Review, 2008, 33, 404-424

McCarthy, Daniel J. / Puffer, Sheila M. (2003): Corporate Governance as a Foundation for Corporate Social Responsibility in Transitioning Economies: The Russian Experience. In: Thunderbird International Business Review, 2008, 50 (4), 231-243

Meirovich, Gavriel / Reichel, Arie (2000): Illegal but ethical: an inquiry into the roots of illegal corporate behaviour in Russia. In: Business Ethics: A European Review, 2000, 9 (3), 126-135

Merkel, Wolfgang (Hrsg.) (1994): Systemwechsel 1: Theorien, Ansätze und Konzepte der Transformationsforschung. Leske + Budrich, Opladen, 1994

Merkel, Wolfgang / Sandschneider, Eberhard / Segert, Dieter (1996): Einleitung – Die Institutionalisierung der Demokratie In: Merkel, Wolfgang / Sandschneider, Eberhard / Seger, Dieter (Hrsg.) (1996): Systemwechsel 2: Die Institutionalisierung der Demokratie, Leske + Budrich, Opladen, 1996, 9-36

Mildner, Kirk (2000): Belarus: Kritische Überlegungen zu Politik und Wirtschaft des Lukaschenko-Regimes. Berichte des Bundesinstituts für ostwissenschaftliche und internationale Studien, Köln. 12-2000, 2000

Moir, Lance (2001): What do We Mean by Corporate Social Responsibility. In: Corporate Governance, 2001, 2, 16-22

Monitor Institute (2009): Investing for Social & Environmental Impact. A Design for Catalyzing an Emerging Industry. Monitor Institute, 2009: www.monitorinstitute.com/impactinvesting (zuletzt besucht: 01.04.2011)

Montanari, Josef M. (2008): Erfolgsfaktoren beim City Management Erfahrungen der Steuerung von Innenstädten als Attraktionspunkte und Konzepte für die Zukunft. Hochschulschrift, Master-Arbeit, Universität St. Gallen, 2008: http://www1.unisg.ch/org/biblio/edoc.nsf/wwwDisplayIdentifier/01652569002/$FILE/01652569002.pdf (zuletzt besucht: 22.04.2011)

Moon, Jeremy / Grafski, Stanislav (2004): Comparative Overview of Western and Russian CSR: http://www.citeulike.org/user/solonas/author/Moon:J (zuletzt besucht: 29.03.2011)

Moon, Jeremy / Crane, Andy / Matten, Dirk (2008): Citizenship als Bezugsrahmen für politische Macht und Verantwortung von Unternehmen. In: Backhaus-Maul, Holger et al. (2008): Corporate Citizenship in Deutschland. Bilanz und Perspektiven. VS Verlag für Sozialwissenschaften, Wiesbaden, 2008

Moore, Geoff (1999): Corporate Moral Agency: Review and Implications. In: Journal of Business Ethics, 1999, 21, 113-142

Nekrasov, Nikolai N. (1978): Territorialökonomie. Theorie, Probleme, Aufgaben. Verlag Die Wirtschaft, Berlin, 1879

Nelson, Jane / Jenkins, Beth (2006): Investing in social innovation: harnessing the potential for partnership between corporations and social entrepreneurs. In: Perrini, Francesco (Ed.) (2006): The New Social Entrepreneurship: What Awaits Social Entrepreneurship Ventures? Edward Elgar Publishing Limited, Cheltenham, 2006

Nicolai-on (1893): Die Volkswirtschaft in Russland nach der Bauern-Emancipation. Autorisierte Übersetzung aus dem Russischen von Dr. Georg Polonsky. Verlag von Hermann Lukaschik, G. Franz'sche Hofbuchhaltung, München, 1899

Nyssen, Wilhelm (Hrsg.) (1984): Handbuch der Ostkirchenkunde. Band I. Patmos Verlag, Düsseldorf, 1984

Nyssen, Wilhelm (Hrsg.) (1997): Handbuch der Ostkirchenkunde. Band III. Patmos Verlag, Düsseldorf, 1997

OECD: (2005): Fostering Public-Private Partnership for Innovation in Russia. Paris, 2005

OECD (2006): Structural and demographic business statistics. Paris, 2006

Palazzo, Guido / Scherer, Andreas Georg (2006): Corporate Legitimacy as Deliberation: A Communicative Framework. In: Journal of Business Ethics, 2006, 66 (1), 71-88

Palazzo, Guido / Scherer, Andreas Georg (2007): Towards a political conception of corporate responsibility: business and society seen from a Habermasian perspective. In: Journal of Business Ethics, 2007, 32 (4), 1096-1120

Perrini, Francesco / Vurro, Clodia (2006): Leveraging social change through entrepreneurship. In: Perrini, Francesco (Ed.) (2006): The New Social Entrepreneurship: What Awaits Social Entrepreneurship Ventures? Edward Elgar Publishing Limited, Cheltenham, 2006

Pies, Ingo / Beckmann, Markus / Hielscher, Stefan (2009): Value Creation, Management Competencies, and Global Corporate Citizenship: An Ordonomic Approach to Business Ethics in the Age of Globalization. In: Journal of Business Ethics, 2010, 94, 265-278

Pinchot, Gifford (1985): Intrapreneuring: Why You Don't Have to Leave the Corporation to Become an Entrepreneur. Berrett-Koehler Publishers, San Francisco, 1985

Polishchuk, L. (2009): Corporate Social Responsibility or Government Regulation. An Analysis of Institutional Choice. In: Problems of Economic Transition, 2009, 52 (8), 73-94

Porshakov, Sergey / Gilbert, Chris / Ivakhnik, Alexander / Chumakova, Ekaterina (2010): Modern Corporate Governance in Russia as seen by foreign businessman and experts. Findings of Survey held by National Council on Corporate Governance and Russo-British Chamber of Commerce, 2010, Moscow: http://www.nccg.ru/en/file.xp?idb=425699&fn=Modern%20Corporate%20Governance%20In%20Russia%20As%20Seen%20By%20Foreign%20Businessmen%20and%20Experts.pdf&size=656785 (zuletzt besucht: 13.01.2011)

Porter, Michael E. / Kramer, Mark R. (2011): Creating Shared Value. In: Harvard Business Review, 2011, January-February, 62-77

Puttkamer, Joachim von (1996): Fabrikgesetzgebung in Russland vor 1905. Regierung und Unternehmerschaft beim Ausgleich ihrer Interessen in einer vorkonstitutionellen Ordnung. Beiträge zur Geschichte Osteuropas, Band 20. Böhlau Verlag Köln Weimar Wien, 1996

Radishev, A. N. (1790): Reise von Petersburg nach Moskau. Von A. N. Radischtschew, aus dem Russischen übersetzt von Arthur Luther. Quellen und Aufsätze zur Russischen Geschichte, Karl Stählin, Historia-Verlag Paul Schraepler, Leipzig, 1922

Rahman Belal, Ataur / Lubinin, Vasily (2009): Russia: Corporate Social Disclosures. In: Idowu, Samuel 0. / Filho, Walter Leal (Eds.) (2009): Global Practices of Corporate Social Responsibility. Springer-Verlag Berlin Heidelberg, 2009

Raymond, Susan (2010): Changing Strategies for Philanthropic Giving: Implications for Financial Planners. In: Journal of Financial Planning, 2010, November, 44-49

Riha, Tomas J.F. (1994): Missing: Morality in the Transformation of Former Socialist Countries. In: International Journal of Social Economics, 1994, 21, 10-31. MCB University Press

Robertson, Christopher J. / Gilley, K. Matthew / Street, Marc D. (2003): The relationship between ethics and firm practices in Russia and the United States. In: Journal of World Business, 2003, 38, 375-384

Rubinstein, D.B. (1992): Bridging the gap between green accounting and black ink. In: Accounting Organizations & Society, 17 (5), 501-508

Russian Managers Association (2006): Memorandum – On Principles of Corporate Social Responsibility: http://www.csr-weltweit.de/uploads/tx_jpdownloads/csr_russi_memorandum.pdf (zuletzt besucht: 12.01.2011)

Russian Managers Association (2008): Report on Social Investments in Russia 2008. Integrating CSR Principles into Corporate Strategy, 2008, Moscow

Rutland, Peter (1993): The Politics of Economic Stagnation in the Soviet Union. The role of local party organs in economic management. In: Soviet and East European Studies, 88, Cambridge University Press, 1993

Salman, Maxima (2009): Chancen des Change Managements im heutigen Russland. Die spezifischen Rahmenbedingungen für den geplanten Wandel in Unternehmen aus der Innen- und Außenperspektive. Europäische Hochschulschriften, Reihe XXXI, Politikwissenschaft, Band. 577. Peter Lang, Frankfurt am Main, 2009

Sauschkin, Julian, G. (1978): Studien zu Geschichte und Methodologie der geographischen Wissenschaft. VEB Hermann Haack, Geographisch-Kartographische Anstalt Gotha/Leipzig, 1978

Scherer, Andreas Georg / Palazzo, Guido (2007): Towards a political conception of corporate responsibility: Business and society seen from a Habermasian perspective. In: Academy of Management Review, 2007, 32 (4), 1096-1120

Schmid, Ulrich (2003): Russische Religionsphilosophen des 20. Jahrhunderts. Verlag Herder Freiburg im Breisgau, 2003

Schulze, Eberhard (2001): Das Wiederentstehen von Familienbetrieben in Russland – ihre Bedeutung im Transformationsprozess. In: Alexander Wasiljewitsch Tschajanow – die Tragödie eines großen Agrarökonomen. Wissenschaftsverlag Vauk Kiel KG, 2001, 177-192

Schunk, Sebastian (2009): Unternehmensverantwortung und Kennzahlen. Bewertung und Darstellung von Corporate Citizenship-Maßnahmen. Metropolis-Verlag, Marburg, 2009

Schwartz, M.S. / Carroll, Archie B. (2003): Corporate Social Responsibility: A three-domain approach. In: Business Ethics Quarterly, 2003, 13 (4), 503-530

Shuttleworth, Dale E. (2010): Schooling for Life. Community Education and Social Enterprise. University of Toronto Press, 2010

Sidorov, Alexei (2003): Business Ethics in Modern Russia and Sustainable Economy. International Summer Academy on Technology Studies – Corporate Sustainability, 2003, IFZ - Inter-University Research Centre for Technology, Work and Culture, Graz: http://www.ifz.tugraz.at/index_en.php/filemanager/list/6 (zuletzt besucht: 13.01.2011)

Smallbone, David / Welter, Friederike (2009): Entrepreneurship and Small Business Development in Post-Socialist Economies. Routledge Studies in Small Business, Abingdon, 2009

Soboleva, I. (2006): Corporate Social Responsibility. Global Context and Russian Realities. In: Problems of Economic Transition, 2006, 49 (8), 82-95

Social Finance (2009): Social Impact Bonds. Rethinking finance for social outcomes: http://www.socialfinance.org.uk/sites/default/files/SIB_report_web.pdf (zuletzt besucht: 20.04.2011)

Social Finance (2011): A Technical Guide to Development Social Impact Bonds: http://www.socialfinance.org.uk/sites/default/files/Technical_Guide_Overview.pdf (zuletzt besucht: 20.04.2011)

Solov'ev, V. (1874): Die religiösen Grundlagen des Lebens. Druck und Verlag von Oswald Mutze, Leipzig, 1907

Solov'ev, V. (1888): Der Heilige Wladimir und der christliche Staat. Ferdinand Schöning Verlag, Paderborn, 1930

Stark, D. (1992): Path Dependence and Privatization Strategies in East Central Europe. In: Eastern European Politics and Societies, 1992, 6, 17-51

Stoll, Bettina (2009): Sozial und ökologisch handeln. Corporate Social Responsibility kleiner und mittlerer Unternehmen. Campus Forschung Band 935, Campus Verlag, Frankfurt / New York, 2009

Subarewitsch, Natalja (2005): Großunternehmen in den Regionen. In: Russlandanalysen, 2005, 67, 2-4

Sullivan, Rory / Mackenzie, Craig (2006): Responsible Investment. Greenleaf Publishing Ltd., Sheffield, 2006

Summer, Steven M. / Welsh, Dianne H.B. / Gubman, Boris L. (2000): The Ethical Orientation of Russian Entrepreneurs. In: Applied Psychology: An International Review, 2000, 49 (4), 688-708

SustainAbility (2001): Buried Treasure: Uncovering the Business Case of Sustainability, London, 2001

Taylor, Thomas C. / Kazakov, Alexander Y. / Thompson, C. Michael (1997): Business Ethics and Civil Society in Russia. In: International Studies of Management & Organization, 1997, 27 (1), 5-18

Temnitskii, A.L. (2006): Traditions and Innovations in the Labor Culture of Blue-Collar Employees of Private Enterprises in Post-Soviet Russia. In: Sociological Research, 2006, 45 (2), 59-80

Thielemann, Ulrich / Wettstein, Florian (2008): The case against the business case and the idea of ‚Earned Reputation'. Berichte des Instituts für Wirtschaftsethik, Universität St. Gallen, Nr. 111, 2008

Tidmarsh, Kyril (1993): Russia's Work Ethic. In: Foreign Affairs, 1993, 72 (2), 67-77

Ulrich, Peter (1993): Integrative Wirtschafts- und Unternehmensethik – ein Rahmenkonzept. Berichte des Instituts für Wirtschaftsethik, Universität St. Gallen, Nr. 55, 1993

Ulrich, Peter (2000): Republikanischer Liberalismus und Corporate Citizenship. Berichte des Instituts für Wirtschaftsethik, Universität St. Gallen, Nr. 88, 2000

Ulrich, Peter / Maak, Thomas (Hrsg.) (2000): Die Wirtschaft in der Gesellschaft. Perspektiven an der Schwelle zum 3. Jahrtausend. St. Galler Beiträge zur Wirtschaftsethik, Band 27, Verlag Haupt, Bern

Ulrich, Peter (2001): Integrative Wirtschaftsethik. 3. Auflage, Verlag Paul Haupt, Bern, 2001

Ulrich, Peter (2004): Unternehmensethik – integrativ gedacht. Berichte des Instituts für Wirtschaftsethik, Universität St. Gallen, Nr. 102, 2004

Ulrich, Peter (2009): Die gesellschaftliche Einbettung der Marktwirtschaft als Kernproblem des 21. Jahrhunderts. Berichte des Instituts für Wirtschaftsethik, Universität St. Gallen, Nr. 115, 2009

Vogel, H. / Kontetzki, H. (1966): Betrieb und zentrale Planung in der UdSSR. Nach den Wirtschaftsreformen vom Herbst 1965. Gegenwartsfragen der Ost-Wirtschaft, Band 2, Günter Olzog Verlag München-Wien, 1966

Voronin, N.N./Karger, M.K. (1962): Geschichte der Kultur der alten Rus'. Gesellschaftsordnung und geistige Kultur, Band 2, Akademie-Verlag, Berlin, 1962

Weber, Manuela (2008): The business case for corporate societal engagement. Development and evaluation of value creating societal strategies. Oekom Verlag, Gesellschaft für ökologische Kommunikation mbH, München, 2008

Wettstein, Florian (2009): Multinational Corporations and Global Justice. Human Rights Obligations of a Quasi-Governmental Institution. Stanford Business Books, Stanford, California, 2009

Wood, Arthur / Martin, Maximilian (2006): Market-Based Solutions for Financing Philanthropy: http://papers.ssrn.com/sol3/papers.cfm?abstract_id=980097 (zuletzt besucht: 20.04.2011)

Wood, Donna J. (1991): Corporate Social Performance Revisited. In: Academy of Management Review, 1991, 16, 691-718

Wood, Donna J. / Logsdon, Jeanne M. (2002): Business Citizenship: From Individuals to Organizations. In: Ethics and Entrepreneurship. The Ruffin Series of the Society for Business Ethics, 2002, 3, 59-94

Wood, Donna J. et. al (2006): Global Business Citizenship. A Transformative Framework for Ethics and Sustainable Capitalism, M.E. Sharpe, Armonk, New York, 2006

Yakovlev, Andrei / Avraamova, Elena (2008): Public attitudes towards business in contemporary Russia: influence of economic policy and opportunities for corporate response. In: Post-Communist Economics, 2008, 20 (3), 263-286

Zaostrovtsev, Andrei (2005): The Principal Conflict in Contemporary Russian Economic Thought: Traditional Approaches Against Economics. HWWA Discussion Paper, Nr. 329, Hamburg, 2005

Zweynert, Joachim (2002): Eine Geschichte des ökonomischen Denkens in Russland – 1805-1905. Metropolis Verlag, Marburg, 2002

8.2 Russischsprachige Literatur

Abalkin, L. I. (2003): Očerki istorii rossijskoj ėkonomičeskoj mysli. Institut Ėkonomiki „Moskva", Nauka, Moskva, 2003

Aljamkin, S. N. (2007): Specifika social'noj otvetstvennosti biznesa v regione. "Regionologija", 2008 (1), Saransk, 2008

Anikin, A. V. (1990): Put' iskanij: social'no-ėkonomičeskie idei v Rossii do marksizma. Izdat. Polit. Literatury, Moskva, 1990

Anisimov, L. N. (2006): Kommentarij k Trudovomu kodeksu Rossijskoj Federacii. Biblioteka žurnala Pravo i ėkonomika. Justicinform, Moskva, 2006

Babst, I. K. (1999): Izbrannye trudy. Rossijskaja ėkonomičeskaja mysl'. Nauka, Moskva, 1999

Bačurina, O. N. (2005): Ėkonomičeskoe nasledie S. N. Prokopoviča i ego obščestvenno-političeskaja dejatel'nost' v ėmigracii: [1922 - 1939 gg.]. Izdat. Nestor-Istorija SPbII RAN, S.-Peterburg, 2005

Berdjaev, Nikolaj A. (1916): O naznačenii čeloveka: Opyt paradoksal'noj etiki. Sovrem. Zapiski; YMCA-Press in Komm. Pariž, 1931

Bilimovič, Aleksandr D. (1936): K voprosu ob ėkonomičeskoj programme buduščej Rossii. In: Bilimovič, Aleksandr D. (2006): Ėkonomičeskij stroj osvoboždennoj Rossii, Nauka, Moskva, 2006

Blagov, Jurij E. (2007): Vnedrenie principov KSO i ocenka eë ėffektivnosti v rossijskich kompnaijach. VI-ja Vserossijskaja konferencija «Mechanizmy upravlenija korporativnoj social'noj dejatel'nost'ju predprijatij», S.-Peterburg, 20-22 nojabrja 2007 g.

Blagov, Jurij E. / Ivanova, E. A. (2009): Korporativnaja social'naja otvetstvennost' v Rossii: uroki nacional'nogo Doklada o social'nych investicijach. Rossijskij žurnal menedžmenta, 2009, 7 (1), 3–24

Blagov, Jurij E. (2010): Korporativnaja sozial'naja otvetstvennost': evoljucija koncepcii. Vysšaja škola menedžmenta, S.-Peterburg, 2010

Boenko, I. I. / Garanina, E. V. (2008): Trudovye cennosti i orientacii. In: Semenov, V. E. et al. (2008): Cennostno-nravstvennye problemy rossijskogo obščestva: samorealizacija, vospitanie, sredstva massovoj informacii, Izdat. S.-Peterburgskogo Univ., 2008, 152-167

Bogomazov, G. G. / Blagich I. A. (2010): Istorija ėkonomiki i ėkonomičeskoj mysli Rossii. Ėkonomika, Moskva, 2010

Bogomolov, O. N. / Gerasimova V. V. (2003): Social'naja napravlennost' investicij v postindustrial'noj ėkonomike. Povolžskaja akademija gosudarstvennoj služby im. P. A. Stolypina, Saratov, 2003

Bruckus, Boris D. (1922): Problemy narodnogo chozjajstva pri socialističeskom stroe, žurnal «Ėkonomist», Pg. 1922, № 1 (I—IV), 2 (V—VI), 3 (VII—X)

Bulatov, A. S. (2011): Nacional'naja ėkonomika. Magistr, INFRA-M, Moskva, 2011

Chomjakov, A. S. (1846): Cerkov' odna. In: Chomjakov, A. S. (2007): Aleksej Stepanovič Chomjakov, Russkij Mir, Moskva, 2007

Chomjakov, A. S. (1853): Neskol'ko slov pravoslavnogo christianstva o zapadnych veroispovedenijach. In: Chomjakov, A. S. (2007): Aleksej Stepanovič Chomjakov, Russkij Mir, Moskva, 2007

Čirikova, A. E. (2005): Sozial'nye problemy gradoobrazujuščego predprijatija. In: Lapina, N. (2005): Social'naja politika biznesa v rossijskich regionach. INION RAN, Moskva, 2005

Čirikova, A. E. / Lapina, N. Ju. / Šilova, L. S. / Šiškin, S. V. (otv. red.) (2005): Biznes kak sub'jekt social'noj politiki: dolžnik, blagodetel', partnër? Nezavisimyj institut social'noj politiki, GU–VŠĖ, Moskva, 2005

Dvorcov, Ju. V. (2010):Usilenie social’noj otvetstvennosti biznesa v Rossii: http://www.finanal.ru/003/usilenie-sotsialnoi-otvetstvennosti-biznesa-v-rossii (zuletzt besucht: 27.01.2011)

Emel’janov, Ju. S. / Chačaturjan, A. A. (2011): Čelovečeskij kapital v modernizacii Rossii. URSS, Moskva, 2011

Forum Donorov (2008): Praktiki kompanij v oblasti blagotvoritel’nosti i social’nych investicij. Po materialam proekta «Korporativnyj donor Rossii», Moskva, 2008

Grigor’ev, A. D. (2008): Biznes, korporativnaja blagotvoritel’nost’ i vlast’ v sovremennoj Rossii. Social’nye mechanizmy upravlenija ustojčivym razvitiem. Sankt-Peterburgskij gosudarstvennyj inženerno-ėkonomičeskij universitet, Sankt-Peterburg, 2008

Ivanova, Vera (2009): Osobennosti formirovanija modelej korporativnoj social’noj otvetstvennosti v zarubežnych stranach i Rossii. "Čelovek i Trud", 2009 (10)

Ikonnikov, V. S. (1873): Graf N. S. Mordvinov. Kožančikov, S.-Peterburg, 1873

Janžul, Ivan I. (1907): Iz vospominanij i zapiski fabričnogo inspektora. Brockhaus-Efron, St.-Petersburg, 1907

Jarockij, Vasilij G. (1890): Otvetstvennost’ predprinimatelja. Ėnciklopedičeskij slovar’ Brokgauza i Efrona. Sankt-Peterburg, 1890—1907

Jarockij, Vasilij G. (1890): Žilišča rabočich. Ėnciklopedičeskij slovar’ Brokgauza i Efrona. Sankt-Peterburg, 1890—1907

Kabytov, Pëtr S. (2007): P. A. Stolypin: poslednij reformator Rossijskoj imperii. ROSSPĖN, Moskva, 2007

Kaufman, Aleksandr A. (1908): Russkaja obščina v processe eë zaroždenija i rosta. I. D. Sytin, Moskva, 1908

Kaufman, Aleksandr A. (1890): Pozemel’naja obščina. Ėnciklopedičeskij slovar’ Brokgauza i Efrona. Sankt-Peterburg, 1890—1907

Kočarovskij, K. (1926): Social’nyj Stroj Rossii. Legiografia, Praga, 1926

Kolosovskij, Nikolai N. (1969): Teorija ėkonomičeskogo rajonirovanija. Izd. Mysl’, Moskva, 1969

Korickij, Ė. B. / Nincieva, G. V. / Ščerbakovskij, G. Z. (2005): Ėkonomičeskie idei russkogo zarubež'ja: liberalizm. Literaturnyj Evropeec, Frankfurt-na-Majne, 2005

Kostina, Ekaterina N. (2010): Korporativnoe Graždanstvo v sisteme otnošenij gosudarstva i biznesa v Rossii: http://www.spbu.ru/files/upload/disser/polit/2010/kostina.pdf (zuletzt besucht: 24.03.2011)

Kovnir, V. N. (2011): Istorija ėkonomiki Rossii. LOGOS, Moskva, 2011

Kozlova, V. A. (2009): Korporativnaja social'naja politika. Doklad, predstavlennyj na zasedanii naučnogo seminara Studenčeskogo obščestva "Demograf", 28 fevralja 2009 g.: http://demoscope.ru/weekly/2009/0369/student03.php (zuletzt besucht: 27.01.2011)

Kržižanovskij, Gleb M. (1934): Problemy planirovanija. Ėnergoizdat, Moskva, 1934

Kučukov, R. A. (2011): Gosudarstvennoe regulirovanie ėkonomičeskich i social'nych processov. Ėkonomika, Moskva, 2011

Kul'kov, Viktor M. (2008): Nacional'naja ėkonomika: rossijskaja model'; učebnoe posobie. MAKS Press, Moskva, 2008

Lachina, Alina P. (2009): Korporativnaja Social'naja otvetstvennost' v uslovijach sovremennoj Rossii. Vestnik Moskovskovo universiteta. Serija 21. 2009 (1), 85-99

Lapina, N. (2005): Formirovanie social'noi otvetstvennosti biznesa na regional'nom urovne. In: Lapina, N. (2005): Social'naja politika biznesa v rossijskich regionach. INION RAN, Moskva, 2005

Leškov, Vasilij N. (1858): Russkij narod i gosudarstvo: Istorija russkogo obščestvennogo prava do XVIII veka. Univ. tipografija, Moskva, 1858

Lichač, E. A. (1904): Bližnij bojarin Afanasij Lavrent'evič Ordin-Naščokin. Biogr. Očerk. S.-Peterburg, 1904

Litovčenko, S. E. (2004): Doklad o social'nych investicijach v Rossii za 2004 god / pod obščej redakciej, 2004, s. 9, Associacija menedžerov, Moskva, 2004

Lyščov, V. P. (1969): M. V. Lomonosov o social'no-ėkonomičeskom razvitii Rossii. Izd. Univ., Voronež, 1969

Mendeleev, Dmitrij I. (1960): Problemy ėkonomičeskogo razvitija Rossii. Izd. soc.-ėkonom. lit., Moskva, 1960

Mendeleev, Dmitrij I. (1991): S dumoju o blage rossijskom: izbrannye ėkonomičeskie proizvedenija. Nauka, Novosibirsk, 1991

Minakova, Ė. A. (2004): Knjaz' Igor' Staryj i "Igoreva Rus'": pervaja polovina X v., Vorob'ev, Orël, 2004

Olejnik, O. V. (2008): Uspešnye social'nye investicii — vklad v buduščee Rossii. Izdatel'skij centr «Mir Dobra» Meždunarodnoj Akademii Obščestvennych Nauk, 2008, Moskva: http://www.nextstepdesign.ru /portfolio/esisp/esisp_pub.pdf (zuletzt besucht: 21.04.2011)

People Investor (2010): People Investor 2009 – Innovacionnyj podchod k biznesu v uslovijach krizisa. Associacija Menedžerov, Moskva, 2010

Pestel', Pavl I. (1906): Russkaja Pravda: Nakaz Vremennomu Verchovnomu Pravleniju. Kul'tura, S.-Peterburg, 1906

Plechanov, G. V. (1909): Za dvadcat' let. Obščestv. pol'za, St.-Petersburg, 1909

Polisčuk, L. (2009): Korporativnaja social'naja otvetstvennost' ili gosudarstvennoe regulirovanie: analiz institucional'nogo vybora: http://finanal.ru/010/korporativnaya-sotsialnaya-otvetstvennost-ili-gosudarstvennoe-regulirovanie-analiz-institutsiona?page=0,0 (zuletzt besucht: 27.01.2011)

Posoškov, Ivan Tichonovič (1951): Kniga o skudosti i bogatstve i drugie sočinenija, Moskva: Akad., Moskva, 1951

Rossijskij sojuz promyšlennikov i predprinimatelej (RSPP) (2008): Social'naja Chartija rossijskovo biznesa: http://sppno.ru/hartia.pdf (zuletzt besucht: 17.05.2011)

Rozanov, V. V. (1902-03): Duchovenstvo, Cham, Mirjane. In: Rozanov, V. V. (1995): Okolo cerkovnych sten. Izdat. Respublika, Moskva, 1995

Rusalinova, A. A. (2008): Čelovek i trud v uslovijach postsovetskogo razvitija Rossijskovo obščestva. In: Semenov, V. E. et. al (2008): Cennostno-nravstvennye problemy Rossijskogo obščestva: Samorealizacija, Vospitanie, Sredstva massovoj informacii. Čelovek i obščestvo; vyp. XXXII. Izdatel'stvo Sankt-Peterburgskogo universiteta, 2008, 80-87

Russkaja Pravoslavnaja Cerkov' (2010): Svod nravstvennych principov i pravil v chozjajstvovanii: http://www.mospat.ru/archive/church-and-society/30427 (zuletzt besucht: 20.03.2011)

Ržiga, V. F. (1926): Literaturnaja dejatel'nost' Ermolaja-Erazma. Izd. Akademii Nauk SSSR, Leningrad, 1926

Šapošnikov, Lev E. (1996): Filosofija sobornosti. Očerki russkogo samoznanija, Izdat. S.-Peterburgskogo Univ., S.-Peterburg, 1996

Senderov, V. A. (2007): Portret solidarizma. Idei i ljudi. Posev, Moskva, 2007

Simagin, Ju. A. (2011): Territorial'naja organizacija naselenija i chozjajstva. Knorus, Moskva, 2011

Simonov, Venjamin V. (2005): Cerkov' - obščestvo – chozjajstvo. Ėkonomičeskaja nauka sovremennoj Rossii, 2005, Glava 1, 33-54

Sokolovskij, Pavel A. (1877): Očerk istorii sel'skoj obščiny na severe Rossii. Demakov, S.-Peterburg, 1877

Sorokin, A. K. et al. (1997): Predprinimatel'stvo i predprinimateli Rossii: ot istokov do načala XX veka. Centr Političeskoj i Ėkonomičeskoj Istorii Rossii, Rossijskogo Nezavisimogo Instituta Social'nych i Nacional'nych Problem; ROSSPĖN, Moskva, 1997

Stepanov, Valerij L. (1998): N. Ch. Bunge: sud'ba reformatora. ROSSPĖN, Moskva, 1998

Strižov, S. A. (2006): Korporativnaja social'naja otvetstvennost': sostojanie i perspektivy. MAKS Press, Moskva, 2006

Struve, Pëtr B. (1952): Social'naja i ėkonomičeskaja istorija Rossii s drevnejšich vremen do našego, v svjazi s razvitiem russkoj kul'tury i rostom rossijskoj gosudarstvennosti. Impr. de Navarro, Pariž, 1952

Struve, Pëtr B. (1999): Izbrannye sočinenija. ROSSPĖN, Moskva, 1999

Taver, Efim I. (2010): Standarty i social'naja otvetstvennost' biznesa. «Akcionernoe obščestvo: voprosy korporativnogo upravlenija» 2010, 5, Centr ėkspertnych programm Vserossijskoj organizacii kačestva, Moskva

Tatiščev, V. N. (1950): Izbrannye trudy po geografii rossii. Gos. izd. geografičeskoj literatury, Moskva, 1950

The Economist Intelligence Unit (2008): Iz Rossii s ljubov'ju. Nacional'nyj vklad v global'nyj kontekst KSO. (From Russia with Love. National insides to the global context of CSR). http://www.csrjournal.com/lib/analiticarticle/1759-issledovanie-iz-rossii-s-ljubovju.-nacionalnyjj.html (zuletzt besucht: 13.01.2011)

Tichonovič, Lidija (2010): KSO: korporativnaja social'naja objazannost'? http://philanthropy.ru/analysis/2010/03/09/1330 (zuletzt besucht: 27.01.2011)

Tugan-Baranovskij, Michail I. (1922): Russkaja fabrika v prošlom i nastojaščem - istoričeskoe razvitie russkoj fabriki v XIX veke. Moskovskij rabočij, Moskva, 1922

Ul'janova, Galina N. (2005): Blagotvoritel'nost' v Rossijskoj imperii: XIX - načalo XX veka. Nauka, Moskva, 2005

Verevkin, Leonid P. (2010): Social'naja otvetstvennost' biznesa. Monitoring obščestvennogo mnenija: ėkonomičeskie i social'nye peremeny, Vserossijskij Centr Izučenija Obščestvennogo Mnenija (VCIOM), 2010, 1 (95), 37-48

Vitte, Sergej. Ju. (1904): Zapiska po krest'janskomu delu Predsedatelja vysočajše učreždennogo Osobogo soveščanija o nuždach sel'skochozjajstvennoj promyšlennosti, Stats-Sekr. Sergeja Jul'eviča Vitte. Kiršbaum, S.-Peterburg, 1904

Vitte, Sergej Ju. (1912): Po povodu nacionalizma. Graf S. Ju. Vitte: Nacional'naja ėkonomija i Fridrich List. Brokgauz-Efron, S.-Peterburg, 1912

Voroncov, V. P. (2008): Ėkonomika i kapitalizm. Astrel', Moskva, 2008

Vyšeslavcev, Boris P. (1953): Krisis industrial'noj kul'tury. Chalidze Publications, New York, 1982

Zimin, A. A. (1958): I. S. Peresvetov i ego sovremenniki. Akad. nauk SSSR. Inst. istorii; Očerki po istorii russkoj obščestv.-polit. mysli serediny XVI v., Akad., Moskva, 1958

8.3 Zeitungsartikel (nach Datum der Erscheinung sortiert)

comScore (07.11.2007) - Russia Has Fastest Growing Internet Population in Europe: http://www.comscore.com/Press_Events/Press_Releases/2007/11/Russia_Fastest_Growing_European_Internet_Population

comScore (02.07.2009) - Russia has World's Most Engaged Social Networking Audience: http://www.comscore.com/Press_Events/Press_Releases/2009/7/Russia_has_World_s_Most_Engaged_Social_Networking_Audience

Neue Züricher Zeitung Online (06.08.2009) - Russlands Stahlindustrie unter Modernisierungsdruck. Schwindende Wettbewerbsvorteile und Altlasten aus der Sowjetzeit: http://www.nzz.ch/nachrichten/wirtschaft/aktuell/russlands_stahlindustrie_unter_modernisierungsdruck_1.3284316.html

The Moscow News (23.08.2009) - Matthew Murray: A question of ethics. Interview: http://themoscownews.com/business/20100823/187999966.html?referfrommn

Informacionnoe agentstvo Chanty-Mansijskogo avtonomnogo okruga Jugra-Inform (24.06.2010) - 40 biznes-idej molodeži bylo otobrano specialistami Sovetskogo rajona i Jugorska : http://www.ugrainform.ru/news/young/3990/

Dejatel'nost' Upravlenija delami Prezidenta RF. Po materialam rossijskich SMI, soobščenijam informacionnych agentstv i special'nych kanalov informacii (27 - 28 sentjabrja 2010 goda) (28.09.2010): http://www.udprf.ru/press-center/soobsch-smi/2010-09-28

Vedomosti (22.11.2010) - Nam by v nebo: http://www.aviaport.ru/digest/2010/11/22/206015.html

RIA Novosti (16.02.2011) - Podderžka obrazovatel'nych programm: blagotvoritel'nost', investicii, sotrudničestvo: http://www.mosblago.ru/news/show-697.htm

Vedomosti (06.04.2011) - V celom: Zastojnoe vremja: http://www.vedomosti.ru/newspaper/article/258005/v_celom

Vedomosti (13.04.2011) - Ot redakcii: Otnjatoe polučil: http://www.vedomosti.ru/newspaper/article/258437/otnyatoe_poluchil

Mosblago (14.4.2011) - Nedelja dobra idet po Rossii: http://www.mosblago.ru/news/show-717.htm

Bloomberg (19.04.2011) - Transneft Says Higher Dividends Would Deprive Orphans, Sick: http://www.bloomberg.com/news/2011-04-19/transneft-says-increased-dividends-would-deprive-orphans-sick.html

Financial Times Deutschland (22.08.2011) - Millionenangriff aus Dagestan: Anschi will Eto'o: http://www.ftd.de/sport/fussball/news/:millionenangriff-aus-dagestan-anschi-will-eto-o/60093971.html

SpiegelOnline (04.09.2011) - Wenn der Clubchef die Kabine stürmt: http://www.spiegel.de/sport/fussball/0,1518,783879,00.html

Focus Magazin (05.09.2011) - Der Krösus und der Super-Kicker: http://www.focus.de/sport/mehrsport/sport-der-kroesus-und-die-super-kicker_aid_661861.html

SpiegelOnline (13.12.2012) - Putin-Herausforderer Prochorow. Das Manöver des Milliardärs: http://www.spiegel.de/politik/ausland/0,1518,803332,00.html

FSC
www.fsc.org
MIX
Papier | Fördert
gute Waldnutzung
FSC® C083411

Kolibri 360 GmbH
Ferdinand-Jühlke-Straße 7
99095 Erfurt, Deutschland
produktsicherheit@kolibri360.de